학교혁신의 지름길

교장제도 혁명

교장제도
혁명

초판 1쇄 인쇄 2013년 6월 15일
초판 1쇄 발행 2013년 6월 21일

엮은이 한국교육연구네트워크
펴낸이 김승희
펴낸곳 도서출판 살림터

기획 정광일
편집 조현주
북디자인 시아

인쇄·제본 (주)현문
종이 월드페이퍼(주)

주소 서울시 마포구 서교동 395-27
전화 02-3141-6553
팩스 02-3141-6555
출판등록 2008년 3월 18일 제313-1990-12호
이메일 gwang80@hanmail.net

ISBN 978-89-94445-45-8 03370

학교혁신의 지름길

교장제도 혁명

한국교육연구네트워크 엮음

살림터

　이 책이 기획된 것은 혁신학교 운동의 확산과 그 성과에 밀접히 관련되어 있다. 그동안 혁신학교 운동을 통해 학교가 달라지고, 교사들이 성장하고, 아이들이 행복해하는 모습을 보면서 많은 교사들은 변화에 대한 자신감을 얻었다. 상당수의 혁신학교는 민주적인 학교 문화를 토대로 한 교육공동체를 지향하였기 때문에 성공할 수 있었다. 민주적인 학교 운영은 단순히 학교 운영 방법의 일환이기보다 학교를 민주주의 학습장으로 만들기 위한 교육적 노력으로 볼 수 있다. 민주적인 문화를 가진 혁신학교에서는 교장과 교사, 교사와 교사, 교사와 학생, 교사와 학부모 등 학교 구성원 사이에 서로 배려하고, 소통하는 모습을 볼 수 있다.

　한편 여전히 많은 학교에서는 관료적, 권위적 학교장과의 갈등으로 인해 학교의 혁신 노력이 좌절되고 있다. 학교를 행정 조직이 아니라 교육 조직으로 변화시키는 데 있어 과거의 권위적 구습이 걸림돌이 되고 있는 것이다. 기존의 학교 구조에서는 교수-학습이 중심이 되지 못하고, '행정'과 '관리'에 우선순위가 있었다. 이러한 구조에서 학교의 장은 아이들과 교사들의 의견을 대표하기보다는, 교육청의 하달에 응답하는 책임을 다해왔다. 이 과정에서 교사들에게는 수업보다 행정 업무 처리가 더 중요한 능력으로 인식되었고, 이는 곧 승진제도와 연계되었다. 학교에서 능력 있는 교사는 행정을 깔끔하게 처리하는 교사라는 상이 자리 잡았다. 이와 관련된 제도가 '근무 평정'이며, 이는 차기 교장이 누가 될 것인지에 있어 현 교장이 결정적인 영향력을 발휘하는 요소가 되었다.

이러한 제도는 교장 권력 카르텔 형성, 뇌물 수수 관행, 순응적 학교 조직, 승진 교사와 여타 교사와의 분리, 협력의 문화 저해, 승진을 위한 학생들의 대상화, 관료주의 심화 등 너무나 많은 문제를 야기해왔다. 따라서 현재의 불합리한 교장승진제도를 개혁하는 것이 시급하다. 물론 학교를 민주적 공동체로 형성하기 위해서는 학교 안에 일상적인 민주주의가 자리 잡는 것이 교장을 바꾸는 것보다 더 중요하다. 그러나 현재와 같은 교장 임용 시스템 하에서는 이러한 노력이 번번이 장애에 부딪히고 만다. 이에 교장승진제를 단계적으로 폐지하고, 대안적 임용제도를 단계적으로 실시할 필요가 있다. 이렇게 함으로써 학교를 보다 교육적이고 민주적인 공교육의 장으로 회복시켜가야 할 것이다.

이 책이 그 논의에 주춧돌을 놓을 수 있는 역사적인 계기를 마련할 수 있기를 희망한다.

이 책의 1부 '교장제도 개혁의 필요성'은 교장제도가 왜 바뀌어야 하는지 그 당위성을 개괄적으로 살피고, 현재의 교장제도로부터 파생되는 여러 가지 폐해들(승진 경쟁, 권위주의 등)을 학교 현장의 사례를 들어 생생하게 증언하고 각각의 현장에서의 요구를 전달하고자 하였다.

이 책의 2부 '교장이 바뀌면 학교가 바뀐다'는 내부형 교장공모제를 통해 혁신학교의 교장으로 임용된 분들의 이야기이다. 학교장의 민주적·소통적 리더십이 학교를 어떻게 혁신할 수 있는지, 교장이 달라지면 어떻게 학교가 달라질 수 있는지 구체적인 사례를 생생하게 제시하였다.

마지막으로 3부 '교장제도 이렇게 바꾸자'에서는 1부와 2부에서 논의한 당위와 현실을 바탕으로 교장제도 개혁에 대한 대안을 제시한다. 이론적 접근보다는, 내부형 교장공모제 등 새로운 변화의 흐름을 토대로, 경험적·실천적 대안을 풍부하게 제시하고자 하였다. 물론 여기서 제시한 대안들은 우리 연구소가 확정한 하나의 대안은 아니다. 그 대안이 정확히 무엇이어야 하는지는 또 하나의 공론적·민주적 절차를 밟아 완성해야 할 것이다. 이 책은 그 길로 가는 다리를 놓기 위한 것이다.

아무쪼록 이 다리가 튼튼하게 설계되어 보다 많은 이들이 이 다리를 건널 수 있기를 바란다. 그 결과 교사들과 아이들이 존경하고 좋아하는 훌륭한 교장이 임용될 수 있는 제도가 하루빨리 실현될 수 있기를 기대한다.

2013년 봄
(사)한국교육연구네트워크 연구소장 성기선

| 차례 |

제1부
교장제도 개혁의 필요성

교장제도 개혁의 중요성과 그 방향

성열관_경희대학교 교수
이형빈_한국교육연구네트워크 연구원

교장, 제도개혁이 시급하다

학교에 대해 조금이라도 식견이 있는 사람이라면, 한국 교장이 매우 권위적 자리에 있다는 것쯤은 잘 알고 있을 것이다. 교장의 권위는 권력에서 나온다. 그 권력은 다음 교장을 만들어줄 수 있는 권한에서 나온다. 다음 교장을 만들어줄 수 있는 힘은 바로 승진 점수를 매개로 발휘되는 것이다.

그런데 이러한 이야기는 공립학교에만 해당한다. 사립학교에서는 아예 승진 점수나 여타 가산점을 따는 '팁'도 전수될 필요가 없다. 재단이 학교장을 직접 임명하기 때문이다. 사립학교 재단이 선호하는 교장은 어떤 사람일까? 물론 모든 사립학교가 다 그렇다고 볼 수는 없지만, 대체로 문제가 많은 비리 사학일수록 그들의 방어막이 되어줄 수 있는 사람을 교장으로 임명하는 경향이 있다.

지금 이 글을 읽는 교사라면, 학교의 문화에 가장 영향력 있는 개인이 교장이라는 것에 전적으로 동의하리라 믿는다. 전국의 많은 초·중등학교에서 근무하는 교사들은 과연 얼마나 그들의 학교장을 신뢰하고 있을까? 그들은 동료 교사 중에서 훌륭한 교육자가 교장이 되는 시스템이 갖춰져 있다고 생각할까? 그들은 과연 자신의 학교장이 모든 아이들의 성장에 관심이 있으며, 교사의 고충을 들어주고, 협력의 교사공동체를 지원해주고 있다고 생각할까? 그들은 과연 자신의 학교장이 그 학교에서 관심과 격려가 가장 필요한 아이들이 누구인지, 이름과 얼굴을 알고 있다고 생각할까? 또한 그 학교장이 존경할 만한 인격이 있으며, 지성미와 교육에 대한 애정이 넘치는 사람이라고 생각할까? 그리고 그가 자신의 치적을 높이는 것보다, 인간적인 우애와 협력이 넘치는 학교공동체를 만드는 데 더 관심이 있다고 생각할까?

이러한 질문들을 던짐에 있어, 이 글이 굳이 부정적 응답을 유도할 필요는 없을 것이다. 이미 교사들은 각자 나름대로의 대답을 갖고 있을 것이기 때문이다. 만약 교사들이 이상의 질문들에 대해서 긍정적으로 응답할 수 없다면 우리에겐 변화가 필요하다. (1) 교장의 역할과 책임 규정에 대한 변화, (2) 누가 어떻게 교장이 되는가에 대한 변화 등이 그것이다. (1)은 교장의 '제왕적' 권위가 아예 발휘될 수 없는 민주적 시스템을 만드는 문제이고, (2)는 교장의 자격과 임용 방식을 바꾸는 문제이다.

그러나 변화는 언제나 어려운 과업이다. 변화가 이루어지려면 틀에 박힌 문화와 내면화된 제도가 바뀌어야 하기 때문이다. 그래서 교장제도는 단순히 법규를 바꾼다고 해서 개선되기는 어렵다.

제도라는 것은 법이나 정책과 달리, 주체들의 마음속에 내면화된 문화이기 때문이다. 교장의 권한과 책임을 법적으로 엄밀히 규정한다 하더라도 기존의 교장제도의 폐해는 여전히 지속될 공산이 높다. 차라리 운이 좋아서 '괜찮은' 교장을 만나기를 바라는 것이 더 속 편할 수도 있다.

교장승진제도의 폐해를 극복하는 방향은 두 가지가 있다. 첫째, 교장의 권한과 역할에 대한 법규를 개선하고, 그 민주적 법규에 의해 학교를 운영하는 방식이다. 예를 들어, '수업하는 교장' 아이디어가 이러한 선택지의 예가 될 수 있다. 또는 교장의 의사결정 권한을 어느 정도 제한하는 방식을 예로 들 수 있다. 더 나아가서는 교장을 승진 대상이 아니라 보직으로서 전환하는 것도 이러한 방식에 해당한다.

두 번째 선택지는 교장이 될 수 있는 사람(교장 또는 교장 후보)이 달라지도록 하는 전략이다. 즉 규정을 바꾸고 학교장이 이를 지키도록 유도하는 방식이기보다, 아예 교장으로서 보다 '훌륭한' 자가 교장이 될 수 있도록 임용 방식을 바꾸는 전략이다. 여기서 보다 '훌륭한' 자가 누구인가, 즉 그 자격에 대해서는 이 글 중반부에 더 이야기하도록 하겠다.

학교운영위원회도 - 여러 가지 한계가 있긴 하지만 - 위에서 말한 첫 번째 방식에 해당한다. 또 학교 내 각종 위원회 제도 역시 교장으로 하여금 교사들의 의사결정을 존중하도록 만드는 민주적 통제 장치이다. 그러나 이러한 방식은 획기적인 변화를 일으킬 수 있는 장치는 아니라고 본다. 학교의 의사결정 과정을 민주화하고,

혹여나 있을 수 있는 학교장의 전횡에 '브레이크'를 거는 역할 이상은 기대하기 어렵지 않을까? 그래서 교장을 승진의 대상이 아니라 하나의 역할로 재정의하는 것이 필요하다.

두 번째 방식은 최근 모범적인 사례를 보여준 혁신학교의 교장 공모제에서 나타나고 있다. 물론 혁신학교 교장 공모가 두 번째 방식을 모두 설명할 수 있는 것은 아니다. 그렇지만 두 번째 선택지는 교장제도를 획기적으로 개선하여 교장이 될 수 있는 후보들의 면면이 달라지도록 유도한다는 점에서 의미가 크다.

그런데 많은 진보적인 교사들이 교장이 되는 데 관심이 없었던 것에는 적어도 두 가지 이유가 있지 않을까? 첫째는 교장이 될 수 있는 사람(예를 들어, 승진 점수 관리 교사)은 정해져 있다고 기정사실화했기 때문이다. 많은 교사들이 그 승진 트랙에 들어가기보다는 차라리 아이들에게 더욱 충실한 교육자이길 원해왔기 때문이다. 둘째는 교장의 리더십 자체에 대한 기대가 적어서이다. 그동안 경험해왔던 교장들의 리더십에 실망해서, 차라리 '가만히 있어주는 교장'이 제일 훌륭한 교장이라는 생각이 지배적이었기 때문이다.

하지만 이러한 사고방식에는 문제가 있다. 이는 교장의 리더십 자체에 대한 이해 부족에서 나온 것일 수 있다. 교장의 리더십은 다수의 교사들을 통제하는 권력이 아니라, 학생들이 경험하는 교육의 질을 결정하는 핵심적인 요소이다. 이러한 오해는 지금까지 '훌륭하지 못한' 교장의 '훌륭하지 못한' 리더십에 길들여진 학교문화 때문에 발생한 것이다.

이제는 사고의 전환이 필요하다. 특히 누가 교장이 될 것인가, 그리고 그 교장직을 어떻게 재개념화할 것인가의 문제로 관심을 돌려야 한다. 그 역사적 전환점은 학교 문화의 변화를 보여준 일부 혁신학교 교장들이다. 이들은 대개 평교사 출신 교장으로서, 승진 점수를 관리해서 교장이 된 것이 아니라 오히려 그 부조리한 승진 체제에 저항하는 방식으로, 오직 아이들에게만 충실했던 교사들이다.

여기서 한 가지 중요한 사실은 이 평교사 출신 교장들은 교장직을 일정한 기간 동안 수행한 후 언제든지 '아이들에게만 충실했던' 교사로 돌아갈 수 있다는 태도를 지니고 있다는 것이다. 학교장은 동료 교사들과 경쟁하여 승진함으로써 교직의 정점을 누리는 자리가 아니라, 법규에 의해 주어진 역할(보직)을 담당하는 자로 개념화될 필요가 있다. 그래서 교장은 법이 정한 경력(보통은 15년)을 가진 교사 중에서 학교 운영의 전문성과 리더십이 있는 자가 일정 기간 동안 역할을 수행하는 직이어야 한다. 그래야만 교장-교사들 간의 의사소통의 민주화는 물론 동료애를 증진시킬 수 있다.

교장 공모를 둘러싸고 때로는 눈살을 찌푸리는 사례가 나오기도 한다. 이러한 과정을 경험해본 교사라면 이 말이 무슨 뜻인지 금방 와 닿을 것이다. 그렇다고 해서 과거의 방식대로, "교장은 그들이 하는 것이고, 우리는 그들을 견제하면서 아이들에게만 충실하겠다."는 사고에 머물러 있어서는 안 된다. 이제는 교장 리더십의 중요성을 인식하면서, 기존의 교장승진제도를 폐지하고, 능력 있는 교사가 교장이 되어 협력의 학교 문화를 정착시킬 시스템을 만들어야 한다. 이는 교사의 집단적 의사결정 과정을 경시하는 처사가 아니다. 오히려 그 반대이다. 학교장의 민주적 리더십과 협력적 학교공동체가 만나야만 혁신학교든 뭐든 제대로 할 수 있다. 이에 교장승진제의 폐지(단계적 축소 후 완전 폐지)를 전제로 어떤 교장임용제도를 만들 것인가에 대해서 적극적으로 논의할 때가 되었다.

기존의 교장들이 하나같이 권위적이고 비교육적인 교육자들이었다는 말은 아니다. 그들 중에 훌륭한 학교장이 왜 없겠는가? 문제는 기존의 교장승진제도 속에서는 동료 교육자들로부터 존경을 받지 못하던 개인이 교장이 되는 비율이 너무 높아 협력적 교사 문화가 형성되기 어렵다는 것이다. 물론 학교장이 전제적인 경우 이를 견제하는 것도 중요하다. 그러나 더 중요한 것은 아이들에게 충실하고 동료 교사들로부터 존경받는 '훌륭한' 교육자가 교장이 될 수 있도록 제도를 바꾸는 것이 아닐까? 그리고 이 교장직조차도 정해진 기간이 지나면 다시 교사로 근무할 수 있는 시스템이 정착되어야 하지 않을까? 그럼 이제 훌륭한 교장이란 어떻다는 것인지 논의해보자.

훌륭한 교장의 리더십은 무엇인가?
그리고 그 리더십은 어떻게 형성되는가?

상당수의 교사들은 '교장 없는 학교'를 좋은 학교라고 여긴다. 이는 경험적 진실일 수 있다. 불행히도 상당수의 교사들은 교직 기간 동안 훌륭한 교장을 만나본 경험이 없었기 때문이다.

서울의 어느 중학교에서는 얼마 전 내부형 교장공모제를 실시 하였다. 학교 구성원들이 민주적 절차에 의해 평교사 출신 교장을 선출했으나 교육부가 그 교장의 임용 제청을 거부하는 바람에 이 학교는 일 년 넘도록 교장 없이 지낼 수밖에 없었다. 하지만 막상 교사들은 교장 없는 학교가 더 좋다는 반응을 보이기도 했다. 과거의 권위적 교장은 오히려 학교 발전에 걸림돌이 되어왔다는 인식 때문이었다. 우여곡절 끝에 학교 구성원들이 선출한 평교사 출신 교장이 그 학교에 임용되었다. 그리고 지금은 교장의 훌륭한 리더십을 바탕으로 새로운 학교혁신의 성과를 낳고 있다.

'교장이 없는 학교'가 좋은 학교라기보다 '훌륭한 교장이 있는 학교'가 좋은 학교이다. 모든 조직에는 리더가 필요하기 마련이다. 평교사들의 모임인 교원노조에도 위원장, 지부장 등 리더가 있다. 다만 이들 리더의 모습이 권위주의적 학교 문화 속 리더의 모습과 다를 뿐이다. 리더의 일을 모든 구성원들이 똑같이 나누어 하는 것은 현실적으로 불가능할 뿐만 아니라 소모적이다. 리더에는 리더만의 역할이 있다. 물론 그 리더십은 과거 권위적·독재적 리더십과는 다른 모습이어야 한다.

리더십이란 단지 리더가 지니는 개인적인 특성을 가리키는 것은 아니다. 과거의 리더십 이론에서는 리더만이 지니는 개인적인 특질, 예를 들어 카리스마적 권위의 특성 같은 것을 탐구해왔다. 하지만 리더십을 개인의 특성으로 규정하는 것은 민주주의의 원리와 어긋난다. 예를 들어 인품이 훌륭하다 하여 리더십이 뛰어난 것은 아니다. 리더십을 이런 식으로 규정해버리면, 학교 구성원들은 단지 좋은 교장을 만나느냐 아니면 나쁜 교장을 만나느냐 하는 운수에 따라 자신의 운명이 결정되는 수동적 위치에 처하게 된다.

교장의 리더십이란 교장 개인의 특성이 아니라 학교 구성원들과의 관계성에 의해 규정되는 구조적 개념으로 규정되어야 한다. 그리고 어떤 리더십이 학교의 혁신에 기여할 수 있는지, 그리고 그 리더십은 어떻게 창출되어야 하는지를 고찰해야 한다.

최근 리더십 이론에서는 '분산적 리더십Distributed Leadership', '변혁적 리더십Transformative Leadership'을 중시하고 있다. 이러한 리더십은 개인의 생각이 곧 조직의 방침이라는 군주적 리더십이나, 구성원들 각자에게 직무에 따른 역할을 나누고 이를 관리 감독하는 관료주의적 리더십과는 성격이 다르다. 분산적 리더십은 한마디로 말해 구성원들에게 리더의 권한을 위임하는 것을 의미한다. 변혁적 리더십은 분산적 리더십을 바탕으로 학교의 구조와 문화를 보다 바람직한 방향으로 변화시키는 것을 의미한다.

분산적 리더십에서는 구성원들에 대한 신뢰를 바탕으로 그들이 자신의 전문성과 역량을 갖고 의사결정의 권한을 행사하게 된다. 학교의 경우 분산적 리더십은 교장의 권한을 부장 교사에게, 부장 교사의 권한을 평교사에게 위임하고, 교사의 권한을 학생과 학부모와 함께 나눔으로써 참여적 의사결정을 활성화시키는 것을 의미한다.

그렇다고 이러한 분산적 리더십에 따른 '권한 위임Empowerment'이 곧 민주적 학교 운영을 의미하는 것은 아니다. 권한 위임은 크게 보아 '위로부터 부여되는 권한 위임'과 '아래로부터 쟁취되는 권한 위임'으로 나눌 수 있다. '위로부터 부여되는 권한 위임'은 상급자의 권한 일부를 하급자에게 나눈다는 개념에 가깝기 때문에 진정한 민주주의와는 거리가 멀다.

오히려 신자유주의적 맥락에서의 권한 위임은 하급자에게 일부 권한을 맡기고 그 권한의 행사가 제대로 이행되는지를 감시하는 책무성 정책에 가깝다. 이른바 '단위학교 책임경영제'에 따른 '학교 자율화 조치'가 대표적인 예이다. 2008년 교육과학기술부는 학교에 대한 규제를 가급적 자제하고 많은 권한을 단위학교로 위임하는 '학교 자율화 조치'를 발표했다. 그러나 실제 학교 자율화 조치의 결과 단위학교 민주주의가 확대되기는커녕 오히려 학교장의 권한 남용만 커지고 교육 공공성은 훼손되었다. 이는 민주화 없는 권한 위임의 한계가 무엇인지 잘 보여준다.

이와 달리 '아래로부터 쟁취되는 권한 위임'은 학교 구성원들을 학교의 주체로 만든다. 학교 구성원들이 자신에게 부과된 권한을 수동적으로 이행하고 그 성과를 입증하는 것이 아니라, 학교 구성원들이 자발성과 역량에 따라 스스로의 권리를 확대하고 이를 바탕으로 학교 운영에 민주적으로 참여하는 것을 의미한다. 학교장은 이 과정에서 조직의 목표와 비전을 공유하도록 독려하고 의사 결정 과정을 조율하며 그 결과에 책임을 지는 역할을 수행한다.

훌륭한 학교장이란 "모든 것을 혼자 결정하는 사람"도 아니고, "모든 것을 방관하는 사람"도 아니다. 그는 "학교 구성원과 동등한 위치에 있는 사람들이자, 그중에서 첫 번째 사람"이다. 그리고 이러한 리더십은 '학교장 개인의 특성'이 아니라 '학교 구성원들의 민주적 역량'에 의해 만들어진다.

몇몇 혁신학교의 사례는 학교 구성원들의 민주적 역량에 의해 어떻게 훌륭한 리더십이 형성될 수 있는지를 잘 보여준다. 대부분의 학교에서 학교 규칙(학칙)은 담당 부장 교사의 의견을 들어 학교장이 일방적으로 결정하기 마련이다. 그러나 혁신학교에서는 인권 친화적인 학교 문화를 형성하기 위해 학칙 제·개정 과정에 교사, 학생, 학부모가 동등한 자격으로 참여하고 있다. 특히 몇몇 혁신학교에서는 교사가 지켜야 할 약속, 학생이 지켜야 할 약속, 학부모가 지켜야 할 약속을 교사회, 학생회, 학부모회에서 만들고 각 주체 대표의 협약식을 통해 이를 '공동체 생활협약'이라는 이름으로 승인하는 절차를 거치고 있다. 이 과정에서 학교장은 교사, 학생, 학부모 등 학교 구성원들을 신뢰하며 이들에게 학칙 제정의 권한을 위임하였고, 쟁점이 되는 사항에 대해서 조정력을 행사하는 리더십을 발휘하였다. 교사들은 스스로 자신들이 지켜야 할 약속을 제시함으로써 학생과 학부모들의 신뢰를 획득하였으며 이를 바탕으로 학생과 학부모들이 의사결정 과정에 민주적으로 참여하도록 유도하였다.

이처럼 훌륭한 학교장의 리더십은 학교 구성원들 간의 신뢰와 민주적 역량을 바탕으로 형성된다. 학교장이 해야 할 일은 학교의 목표와 비전을 공유하도록 하고 학교 구성원들에 대한 신뢰를 보이며 이들의 민주적 역량을 이끌어내도록 지원하는 것이다. 예를 들어 학교혁신의 새로운 패러다임을 제시하고 이를 학교 구성원들과 공유하는 일, 교직원 회의에서 교사의 의견을 충분히 수렴하여 이를 학교 운영에 반영하는 일, 교사의 행정업무 부담을 최소화하고 교사들의 연구 모임을 활성화하여 교사 전문성 신장을 지원하는 일, 학생회 등 학생 자치활동을 활성화시키고 학생들의 의견을 학교 운영에 반영하는 일 등이 민주적 리더십을 갖춘 학교장이 해야 할 일이다.

그런데 이러한 민주적 리더십을 갖춘 학교장이 현행 교장승진제도에서 탄생하기를 기대하기란 쉽지 않다. 이는 현재 제도하에서 교장 승진을 준비하는 교원들이 개인적으로 문제가 있는 사람이라는 뜻이 아니라 현행 교장승진제도의 폐쇄성이 문제라는 뜻이다. 현행 교장 자격증은 기득권을 재생산하는 구조로 되어 있다. 이 제도를 타파하지 않고서는 민주적 리더십을 갖춘 교장의 출현을 기대하기란 여간 어려운 일이 아니다.

자격을 정해라, 자격증은 비논리적이다

교장을 하나의 자격증 소지자로 보아, 그들만의 기득권을 수호하도록 만들어놓은 현재의 시스템은 분명 개혁의 대상이다. 교장 자격증은 교장(자격) 연수를 받았다는 일종의 수료 사실을 자격이 부여된 것으로 승격시킨 것에 불과하다. 이 제도의 문제점과 개혁 방안에 대해서는 다음과 같은 논리의 흐름으로 정리해볼 수 있다.

(1) 교장자격제도는 교장이 될 수 있는 후보군의 수를 배타적으로 조정함으로써 그 기득권을 유지하고 있다. 교장들은 자신들의 지위적 권익을 보호하는 이익단체를 조직적으로 운영해왔다. 그 정치적 영향력은 매우 강력하다.

(2) 그러나 이것만으로는 설명이 불충분하다. 왜냐하면 이러한 기득권을 보호해주고자 했던 정치권력의 동기가 없었다면, 교장들은 스스로 기득권을 수호할 수 없는 위치에 있기 때문이다. 교육이라는 이데올로기적 국가기구를 통해 학교를 정권의 도구로 삼아왔던 기존의 정치권력 입장에서는 '순치된 조직의 장'으로서의 교장이 통제에 훨씬 유용하다.

(3) 그러므로 (1)과 (2)는 상보적이다. 그 사례가 최근에 더 확실해졌다. 수년 전부터 교장승진제도를 폐지하고자 했던 강력한 동기가 나타났는데, 그것은 교육 민주화 세력보다 오히려 신자유주의자들이었다. 이들은 교장승진제도를 비시장적 관료주의 체제로 규정하고 한국교원단체총연합회에 대해서도 한때 적대적인 입장을 취했다. 그러나 이명박 정부 들어 보다 강력한 학교 통제를 위해 교장들의 기득권과 타협하면서, 거의 '정확히' 순치 가능한 범위 내에서만 시장원리를 적용하

였다. 즉 보수적 이데올로기를 수성할 수 있는 선에서만 교장 자격증 수를 일정 비율 높였을 뿐이다.

(4) 이에 교장승진제도는 교장(교감 및 잠재적 후보군을 포함) 기득권 카르텔과 지배 권력의 이데올로기적 동기가 상호 필요에 의해 유지되고 있는 사회적 통치 메커니즘의 일부이다.

(5) 우선 이를 해체하기 위해 '교장 자격증'이란 개념이 성립하는가 의문을 제기할 필요가 있다. 엄밀히 말해 승진 개념은 교장(교감 포함) 자격 연수를 받을 수 있는 배타적 '티켓(입장권)'에 불과하다. 이를 위해 교사들은 승진에 요구되는 '포인트'를 적립해야 하는데, 이는 교장 자격을 준거로 부여한 포인트가 아니기 때문에, 승진 점수와 자격증은 원래 아무런 관계가 없다. 의사 자격증은 있어도 병원장 자격증은 없는 것과 마찬가지이다. 설사 필요한 경우가 있다면 병원장 자격 기준을 제시하고, 그 기준에 미달하는 자에게만 제약을 두면 되는 것이다. 사립학교의 경우를 생각해보라. 재단이 교장을 임명하면, 그 이후에 연수를 받아 교장이 된다. 마찬가지로 공립학교 교사의 승진 '포인트'는 교장의 자격 여부와 관련이 없고, 오직 교장 연수를 받을 수 있는 '수강 자격'을 부여할 뿐이다. 연수를 받을 수 있는 배타적 수강 자격이 연수 후에 갑자기 교장 자격으로 (비논리적으로) 승격되는 것이다. 그러므로 수료증은 줄 수 있어도, 자격증 부여는 성립하지 않는 개념이다. 대학교수도 마찬가지이다. 박사학위가 자격 기준일 뿐 교수 자격증이 존재하는 것은 아니다.

(6) 그렇기에 일정 기간 교사 경력과 학교 운영 및 리더십에 대한 교육과정(일례로 교장 연수와 유사한)을 이수하면, 교장에 지원할 수 있는 자격만 부여하면 된다. 지원이라 함은 승진이 아니라 공모에 의한 방식에 해당하는 것이다. 논리적으로 접근한다면, 교장 공모에서 '자격증 있는 교장' 또는 '자격증 없는 평교사 가능' 등의 카테고리는 불필요하다. 현재와 같이 전문가도 한눈에 보기 어려운 복잡한 카테고리와 비율 등으로 운영되고 있는 교장공모제는 과거의 승진제도와 거의 달라진 것이 없다. 오히려 기득권 유지 비결이 교묘해졌을 뿐이다.

(7) 종합하면, 교장 권력의 기득권화와 교육의 정치적 도구화를 막고 학교 운영의 민주화와 동료애에 기반을 둔 학교혁신을 확산하기 위해서는 교장승진제가 폐지되어야 한다. 그 대신 일정 기간 경력과 소정의 교육과정을 이수한 교사가 교장 지원 자격을 갖도록 규정하는 것이 필요하다. (자격증 개념은 물론) 교장 자격에 대한 어떤 증서의 발급도 필요 없다. 오직 지원 자격을 규정하는 법규만 있으면 된다.

(8) 소정의 교육과정은 대학(위탁 또는 교장학 석사과정 등)이나 교육청 연수원에서 제공할 수 있다.

(9) 이상과 같은 시스템에서, 교장은 승진의 종착점이 아니고 보직으로 규정한다. 이에 모든 교사는 교사일 뿐이다. 교수가 학장을 마치면 다시 교수가 되듯이, 교사가 교장을 마치면 다시 교사가 되는 시스템이 필요하다.

교과서에는 있고 학교에는 없는 민주주의

김영미_보광초등학교 교사

사람들이 모여서 사는 사회에는 여러 가지 사건과 갈등 구조가 있다. 교직 사회도 예외는 아니다. 연일 뉴스의 한 면을 차지할 정도로 등장하는 교직 사회의 비리 문제는 비민주적인 소통과 비합리적인 행정을 적나라하게 드러낸다. 사람들은 가장 신성해야 할 교직 사회에 어떻게 범죄와 인권 유린이 상시적으로 일어나고 극도의 갈등 구조가 만연할 수 있느냐고 심한 질타를 가할 수 있다. 그러나 이러한 문제들은 결론적으로 말하면 개인적인 차원보다는 사회적으로 발생될 수밖에 없는 구조적인 원인에 기인한 것, 즉 교육정책과 교육의 인적 구성, 공교육의 노동 구조, 관료제의 한계 때문에 빚어지고 있는 일들이 대부분이다. 그리고 학교 내 가장 큰 권력을 갖고 있는 교장을 중심으로 학교가 운영되고 있기 때문에 문제의 초점이 교장에 맞춰진다.

이 글은 초등교육 현장에서 일어나는 이러한 문제들의 사례를 드러내 원인을 분석하고 대안을 모색해보려고 한다. 단순한 비난의 글이 아니라 실제 일어나고 있는 일들을 정확히 파악하고 건전한 비판을 통해 문제 해결로 나아가려는 의지를 담은 것이다.

교장의 역할을 규정하는 법적 근거는 초중등교육법 제20조 1항 "교장은 교무를 통할하고, 소속 교직원을 지도·감독하며, 학생을 교육한다."이다. 이는 교장이 교사나 행정 직원, 학생들 앞에서 권위를 앞세우고 군림하라는 뜻은 분명 아니다. 교사의 역할은 동법률 제20조 4항에 "교사는 법령이 정하는 바에 따라 학생을 교육한다."고 되어 있다. 교사들은 법령에 근거하여 교육하는 것이지 교장의 명에 따라 교육하는 것이 아니란 뜻이다. 따라서 법령에 근거하지 않는 교장의 부당한 지시나 명령에는 따를 필요가 없다. 이때 법령은 대한민국 헌법 정신을 기본으로 하여 인간의 존엄과 가치를 인정하고 학생의 성장과 발달을 위한 교육의 가치를 보호한다는 전제에서 정당화된다.

초등학교의 특성과 초등 교장

초등학교의 가장 큰 특징은 모든 교과를 지도하는 담임제를 근간으로 교육 활동이 이루어지는 것이며, 이는 교과 교사를 중심으로 교육 활동이 이루어지는 중고등학교와 다른 점이다. 따라서 특정 교과의 경험만 있는 중등 교장과 달리 초등 교장은 초등학교에서 이루어지는 거의 모든 교육 활동을 경험하고 나서 교감을 거쳐 교장이 된다. 그렇기 때문에 많은 사람들이 초등 교장은 초등 교육의 전문성을 갖추고 있다고 판단하기 쉽다.

그러나 교장이 되었다고 하여 자신의 전문성을 내세워 자기 의지대로만 학교를 이끌어 갈 수는 없다. 학교에서의 교육 활동은 교육 주체들이 협력하며 만들어가는 것이기 때문이다. 학교장이 학교를 경영하는 것은 이윤을 추구하는 사기업의 경영과는 엄연하게 구별되므로 교장 개인의 경영관만으로 이루어질 수는 없다.

실제로 초등 교장이 초등학교 교육과정에 대한 이해가 부족하여 초등학생들의 교육 활동보다 전시행정을 강요를 하거나, 권위주의를 내세우며 명령에 따른 복종을 강요하는 사례들이 너무 많다. 예를 들어 교사들의 수업을 장학한다면서 수업 과정과 내용에 초점을 맞춰 장학을 하는 것이 아니라 자신이 알고 있는 교육방법론을 내세우고 지도안만으로 판별하는 경우가 있다. 심지어 수업 자체보다는 "교실 내부를 화려하고 근사하게 꾸몄는가?", "교실 청소를 잘했는가?"가 장학의 주요 내용이 되는 경우도 상당히 많다. 수업 장학을 한다고 교실에 들어와서 쓰레기통 뚜껑을 열어보고 창문턱의 먼지를 손가락으로 훑어보는 등 수업보다 청소 장학을 하는 경우도 많다. 그래서 수업 장학이 이루어질 때면 초등 교사들은 수업 내용 연구에 전념하지 못하고 교실을 꾸민다거나 청소에 매달리는 일이 일상화되어 있다.

수업 장학을 위한 교장과 교사의 협의회 과정에서도 문제는 쉽게 포착된다. 대도시의 경우 초등학교는 한 학년이 4개 반 이상인 경우가 많고 담임 교사와 교과 전담 교사까지 모여서 협의회를 한다. 이때 교사마다 수업 연구의 과목과 내용이 다 다르다. 또 학년과 지역에 따라 교육 환경, 학생의 수준, 학생 수도 모두 다르다. 교육과정이 급격하게 바뀌고 있는 현실을 감안하면 전체적인 시각에서 분석하는 것은 어려운 과제가 아닐 수 없다. 내용에 대한 협의는 실질적으로 이루어지지 않은 채 교사용 지도서에 준하여 수업지도안의 형식이 갖춰졌는가에만 초점이 맞춰지기 때문에 수업 외적인 장학만 이루어지는 경우가 많다.

일례를 들어보자. 국악 교육에 관심이 많아 나름의 연구를 해온 교사가 '전래동요 부르기' 공개 수업을 하였다. 수업 목표는 '자연스럽게 발성하여 노래 부르기'였다. 교장은 수업 협의회에서 어린이들의 노래는 창작동요처럼 아름답게 노래해야 하는데 국악은 그렇지 못하다는 평을 하였다. 공개 수업을 한 교사는 수업 목표에 맞게 노래 부르기 지도를 했다고 설명했지만 그의 항변을 받아들이지 않았다.

교사는 학생들을 가르치는 일 외에 학교 운영에 필요한 업무를 담당한다. 학교 행사와 공문 처리, 노인정 방문, 심지어 방과후학교 강사들의 임금 관리까지 교사들이 담당한다. 국악기를 관리하는 업무를 맡은 어떤 교사는 국악기 관리를 소홀히 했다고 교장에게 시말서 작성을 강요받은 적도 있다. 초등학교의 경우 음악과 교육과정이나 특별활동, 학교 행사 등에서 국악기를 쓰는 경우가 많은데, 대부분의 학교에 국악실이 따로 없어 이 건물에서 저 건물로 악기를 옮기며 수업과 행사를 치르게 된다. 그런데 악기 관리를 맡은 교사가 일일이 따라다니며 관리를 할 수도 없으니 장구와 같은 악기가 파손되는 경우가 흔하게 일어난다. 그 책임을 물어 교사에게 시말서 작성을 강요하는 교장은 수업시간에 쓰는 악기를 마치 박물관의 전시품으로 착각하는 것은 아닌지 의심이 든다.

최근에는 학교 평가와 교사 평가를 잘 받아야 한다고 종용하면서 수업을 촬영하고 학교 홈페이지에 올리라는 등 무리한 요구를 하는 교장도 많다. 수업 동영상 공개는 초상권 침해 등의 문제로 대부분의 학교에서 시행되지 않고 있으나 아직도 교무회의에서 종종 언급되는 사안이다.

초등학교의 특성상 학예회나 운동회 등 학부모들이 관람하는 학교 행사가 많다. 이런 행사는 학생들에게 발표의 기회를 준다는 점에서 그리고 학부모들은 어린이들의 행사에 참여하는 즐거움을 얻는다는 점에서 긍정적인 면이 있다. 하지만 대부분의 초등 교장들은 이러한 학교 행사를 통해 학부모들에게 학교 경영을 평가받게 된다고 생각하여 기왕 하는 행사이니 제대로 하라는 요구를 한다. 그러다 보면 한 달 이상 수업이 제대로 진행되지 못하고 연습에 몰두하게 되어, 교육과정은 정상적으로 운영되지 못하고 수업이 파행적으로 이루어질 수밖에 없다. 또 땡볕에서 흙먼지 먹어가며 연습을 강요받는 학생들, 특히 초등학교 저학년 어린이들의 고통을 외면하게 된다. 비슷한 예로, 경기의 한 초등학교에서는 전국 줄넘기 대회에 참가하기 위해 예정된 현장학습(소풍)도 가지 말라고 교장이 명령했다고 한다. 제대로 의사 표시도 못하는 어린 학생들은 소풍도 가지 못하고 억지로 강요된 대회용 줄넘기 연습을 했다고 한다.

교과서에는 있고 학교에는 없는 민주주의

대부분의 초등학교에서 월요일에는 수업 전 방송조회를 한다. 이때 교장의 훈화가 교사와 학생들이 공감하기 어려운 내용일 경우가 많다. 교사들이 계기 교육을 할 때는 반드시 교장의 허락을 받아야 하지만 학교장의 훈화 내용에 대해서는 아무도 간섭하지 않는다. 대부분의 초등학교에서는 학생에게 교장의 훈화를 듣고 훈화 내용을 받아 적고 소감 쓰기를 강요한다. 심지어 학교 예산을 들여 소감문을 쓰는 공책을 따로 만들어 쓰게 한 다음 정기적으로 걷어서 잘 쓰고 있는지 확인하는 사례도 있다. 또 훈화로 인해 월요일 1교시 수업을 침해하는 일도 자주 일어나며 이 시간은 교과 전담 시간을 배치하기 어려워 대부분 담임 수업으로 진행되는 것이 현실이다. 교장의 훈화 교육은 일제 강점기 학교를 점령한 일본이 황국신민 의식을 강요하기 위한 장치로 생겨났는데, 해방 이후 애국조회라는 이름으로 바뀌어 계몽과 권위를 행사하는 통로로 지금까지 행해지고 있다. 애국조회가 아니라 방송조회라고 해야 한다고 문제가 제기되어 방송조회로 바꾸었으나, 아직도 애국조회라는 명칭을 쓰는 학교가 많다. 뿐만 아니라 이는 교장의 권위와 일방적인 통치를 강요하는 통로로 거의 모든 학교에서 행해지고 있는 대표적인 비민주적 사례이다.

이보다 더 이해할 수 없는 일은 방송조회로 바뀐 후 화면에 나오는 교장을 보고 '교장 선생님께 경례'를 하는 것이다. 만약 대통령이 국정에 관한 일을 텔레비전을 통해 전할 때 이를 시청하는 국민들이 인사를 한다고 상상해보라. 외국인들은 이 모습을 보고 이해할 수 없다고 고개를 갸우뚱할 것이다. 참 이상하다. 사진 속 인물에다 인사하는 일은 돌아가신 분의 영정에나 하는 것인데 살아 있는 사람에게 매주 절을 하라니. 때와 장소에 따라 인사하는 예절이 달라야 하는데도 참으로 부자연스러운 예절법이 아닐 수 없다.

그동안 우리나라의 학교 구조는 지나치게 폐쇄적이었다. 이를 극복하기 위해 〈초중등교육법〉을 근거로 학교 운영 전반에 대해 교육 주체들의 대표가 모여서 협의하고 심의·의결하는 기구인 학교운영위원회가 만들어졌다. 학교운영위원회는 학교 운영과 관련된 의사결정 단계에 학부모·교원 및 지역 인사가 참여하여 학교 정책 결정의 민주성·합리성·효율성을 확보하고 학교교육의 목표 달성을 이루기 위한 집단 의사결정(심의·자문) 기구이다. 주요 기능은 학교 헌장 및 학칙의 제정·개정, 학교 예산·결산, 교육과정 운영 방법 등 학교 운영 전반에 대한 사항을 다룬다.

1996년 초·중등학교에서 전면적으로 실시된 이후 학교운영위원회는 아직까지도 제 기능을 제대로 수행하지 못하고 교장의 입장을 대변하는 거수기 기능을 한다는 의견이 계속 제기되고 있다. 학부모와 외부 인사가 포함되어 있지만 선출 과정부터 절차상 민주적인 흉내만 낼 뿐 교장의 입장을 대변할 수 있는 학부모와 교장과 친분이 있는 퇴직 교장들이 지역위원으로 선출되기 때문이다. 또 의결할 수 있는 내용도 극히 적고 대부분의 사안에 대해 자문 역할에 머무르는 등 견인과 견제를 제대로 하지 못하고 실효성이 떨어진다. 간혹 지역위원으로 시민단체 등에서 활동하고 있는 사람들이 들어오는 경우 교장은 이를 막기 위해 위법도 불사한다.

학교운영위원이 만들어지던 초기에 일어났던 일이다. 시민단체에서 활동하는 사람이 지역위원으로 지원한다는 이야기를 들은 ○○초등학교 교장은 선출 과정에서 지켜야 할 공지 날짜를 제대로 지키지 않고 급하게 입후보 등록을 마감하였다. 오후 늦게 이를 알게 된 지역위원 지원자는 서둘러 지원서를 내려고 학교에 왔다. 그러나 교장은 막무가내로 서류가 미비하니 받을 수 없다고 하고 지원자는 내겠다고 실랑이를 하다가, 급기야 교장이 나가라면서 경찰을 부르라고 행정실에 소리를 질렀다. 결국 그 지역위원 지원자는 지원서조차 내지 못하였으며 이후 그 학교에서는 "경찰 불러!"가 한동안 회자되었다. 학부모위원 선출 과정에서도 평소 학교 운영에 대해 반대 의견을 내놓은 학부모는 지원서를 냈더라도 교장이 학부모 단체를 동원해 표를 받지 못하게 하는 일들이 현재도 비일비재하게 일어나고 있다.

교원위원 선출 과정에서도 이러한 일들은 항상 벌어진다. 평소 교장의 독단적인 학교 운영에 대해 입바른 소리를 하는 교사는 대부분 운영위원회 교사위원 선거에서 교장의 치밀한 선거 방해 작전에 직면하게 된다. 예를 들어 부장 교사와 원로 교사들을 앞세워 이간질을 하거나 행정실 교직원에게 교장이 미는 교사를 선출하도록 강력히 요청하는 일 등이 일어난다. 학교 구성원들이 의견을 교환하고 논의하고 합의점을 찾아가며 협력 관계가 잘 이루어져야 교육 활동이 제대로 되는 것이며 이를 위해 노력하는 것이 교장의 중요한 임무이다. 그럼에도 오히려 교장이라는 직위를 남용하면서 구성원들의 협력을 방해하고 공정성을 해치는 일을 하고 있다.

이처럼 학교 행정 전반을 책임지는 교장들의 비민주적인 사례는 수없이 많지만, 교장의 권력을 견제할 장치는 전무하다. 인사자문위원회, 성과급평가위원회 등등 형식적인 위원회는 많지만 어디까지나 자문에 불과한 형식적 절차일 뿐 교장이 한 번 결정하면 끝인 경우가 대부분이다. 초등 교사들을 초등학생으로 취급하며 의견이나 이견을 제시하면 여러 가지 불이익을 주고 학년, 지연, 출세 지향적 인간관계만을 중시하는 것이 불편한 진실이다. 따라서 교장 임용 과정에서 가장 중요한 선발 기준은 민주적인 의사소통 능력이어야 하며, 반드시 이를 확인하는 과정이 있어야 한다.

인사의 불공정과 만연한 인사 비리

교장은 보직 교사 임명권 및 근무성적 평정, 인사고과 평가, 학생생활지도를 위한 교칙 개정, 시설 개선 등 예산 집행 및 업체 선정, 기간제 교사 채용 및 면직 등 학교 운영의 전권을 갖는다. 학교에서 일어나는 모든 업무의 최종 결정은 모두 교장의 손을 거친다고 보면 된다. 특히 승진, 성과급 등의 결정에서 교장의 영향력은 막강하다. 2008년부터 승진을 앞둔 교사들에 대한 근무 평정에서 동료 교사의 다면 평가가 30% 반영되긴 했지만 여전히 교장이

40%, 교감은 30%를 차지하고 있다. 실제로 2009년 경남 김해의 한 초등학교에서 교감 승진을 앞둔 50대 여교사가 교장에게 근무 평정을 잘 받게 해달라고 부탁했다가 거절당하자 이를 비관해 스스로 목숨을 끊는 사건도 있었다.

교장은 학교 운영에 필요하면 교사를 초빙할 수 있다. 초빙 교사 임용은 교육청별로 차이가 있겠으나 〈초중등교육법〉 제21조 제2항에 의한 교사자격증을 소지한 교육공무원으로 실교육 경력(학교 근무 경력) 4년 이상, 현임교 근무 경력 2년 이상인 현직 정규 교사로서 당해 학교 초빙 요구 조건에 적합한 자라야 하며, 교사 초빙을 위한 구체적인 초빙 요건은 당해 학교장이 교직원 및 학부모의 의견, 당해 학교교육과정 기타 교육 여건 등을 고려하여 학교운영위원회 심의를 거쳐 결정한다는 규정에 의한다.

그러나 이는 드러난 규칙일 뿐 내면은 전혀 다르다. 초빙 교사는 승진을 앞두고 근무 평정을 받기 위해 오는 경우가 대부분이다. 그렇게 온 교사들은 교장의 방패가 되고 교장과 공생하며 학교 안에서 교사들의 입을 막는 데 앞장선다. 교장 눈에 들기 위해 온갖 행사를 뒤치다꺼리하다 보니 수업은 뒷전이 될 수밖에 없다. 이처럼 승진을 앞둔 초빙 교사는 해마다 늘어난다. 어떤 교장은 같은 조건의 교사들을 해마다 초빙하여 치열하게 교장의 오른팔이 되기를 강요하기도 한다. 그러나 초빙은 서로의 단순한 필요만으로 이루어지지 않는다. '감오장천'이란 말이 도는 것으로 보아 초빙을 선택받기 위해서는 상당한 금품이 오가고 있음을 짐작할 수 있다.

부장 임명권을 가진 교장은 진보 성향 교원 단체에 가입했거나 교장과 의견 대립을 보여왔던 교사들을 배제시킨다. 학교와 학년 교육과정을 잘 이끌고 인화단결을 잘하고 업무 능력을 갖춘 교사가 부장 교사가 되어야 함에도 교장의 입맛에 맞지 않는 교사의 임명은 거의 배제된다.

승진 구조를 살펴보면, 일단 교감이 되기 위한 경쟁이 치열하다. 근무 평점에서 '수'를 여러 번, 그것도 '수'를 받은 그룹에서 1등을 의미하는 일명 '1수' 또는 '왕수'를 받아야 교감 자격 연수를 받을 수 있기 때문에 평가자인 교장, 교감에 대한 로비가 치열하다. 경쟁자를 물리치고 '왕수'를 받으려면 교장, 교감에게 경쟁자보다 더 많은 현금과 선물을 하고 교장의 오른팔 노릇을 제대로 해야 한다. 교육 활동은 부차적인 것이 되고 동료의식을 상실한 채 오로지 승진을 위해 교육적 양심까지 버려야 하며 결국 그 피해는 고스란히 학생에게 간다.

보통 교감이 되는 데는 20년 이상이 걸리므로 승진을 결정한 교사들은 빠른 코스로서 교육전문직인 장학사로 나가는 것을 선택한다. 장학사로 5년 이상 근무하면 교감 자격 연수를 받을 수 있기 때문이다. 그러나 장학사 시험을 치려면 교장의 추천서가 필수인데다 교육청 면접이 중요하기 때문에 교장과 교육청 인사들에 대한 로비가 횡행하고 있다. 교감 자격증을 얻은 뒤에도 교장 자릿수보다 자격증을 가진 사람이 1.2~1.5배가량 많기 때문에 교장으로 발령을 받기 위한 인사 청탁이 비일비재하게 일어난다. 교감이 교장이 되려면 역시 교장과 교육청의 근평이 중요하기 때문이다.

교장이 된 다음에는 좋은 학교로 발령받기 위해 또 교육청에 로비를 벌이기도 한다. 어느 교장의 경우 승진을 앞둔 교사들로부터 매달 일정 금액을 타인 명의 통장으로 상납받는다는 이야기도 전해진다.

2010년 공정택 전 서울시 교육감은 뇌물 1억 4,600만 원을 받고 부정 승진을 지시한 혐의로 징역 4년을 선고받았으며, 공정택 전 교육감을 비롯한 55명의 관련자가 법정에 섰다. 이 모든 인사청탁의 근원은 수직적 승진 구조에 기인한다. 교장이 되려 하거나 교장인 사람 중에는 부패에 대한 불감증을 앓는 사람들이 많다. 교장이 되고 나서 뿌린 돈을 몇 배로 불려 회수할 수 있기 때문이라고 충분히 유추할 수 있다.

대한민국 학교는 흡사 군대와 같다. 교장, 교감, 교무부장, 연구부장 등으로 이어지는 피라미드식 관료 구조는 오로지 상명하복만을 강요한다. 대부분의 교사들은 교장의 명령에 절대 복종을 할 수밖에 없다. 학교 안의 인사권을 교장이 갖고 있기 때문이다.

한 초등 교사는 업무 처리 방식에 새로운 의견을 냈다가 다음 해 비희망 학년에 배치됐고, 교무회의에서 심한 모욕을 들었다고 한다. 교사들은 정기 전보 외에 각 시도 교육청 인사관리 세부 기준에 따라 비정기 전보가 이루어지는데, 교장은 '교육상 전보가 불가피하다고 인정되는 자'라는 기준을 빌미로 껄끄러운 교사들을 솎아내기도 한다. 일부 학부모를 사주하여 교육청에 민원을 넣게 하거나 아니면 다른 방법으로 해당 교사를 문제 교사로 매도하여 결국 직권 내신을 결정하는 것이다.

어느 교장은 교사초빙제를 악용하여 정년이 얼마 남지 않은 자기 친구들을 여러 차례에 걸쳐 초빙하였다. 인사자문위원회와 학교운영위원회에서도 자기 편의 교사, 학부모들을 내세워 초등교육은 경력이 오래된 교사들이 학생 교육을 더 잘한다는 명분으로 초빙을 관철시켰다. 이렇게 불러들인 초빙 교사들이 초빙 요건에 해당하는 업무를 제대로 수행한 것도 아니었다. 자기와 가깝다는 개인적 사정 말고는 요청된 업무에 대해 공문 처리도 제대로 못하는 교사들을 마구잡이로 불러들인 것이다. 그 업무는 다른 교사들에게 고스란히 전가되었다. 이 외에 어느 교사가 학교생활규정의 문제점을 국가인권위에 제소했다는 이유로 교장이 해당 교사를 직권 내신한 사례도 있다.

노동자로서의 당연한 권리가 학교 사회에는 없다

교사도 노동자이기에 결혼, 출산, 질병 등의 경우 법적으로 휴가나 병가를 보장받는다. 하지만 교사가 휴가나 병가를 사용한 경우 교장이 사적인 배려를 해주었으니 이에 대한 물질적 또는 정신적인 고마움의 표현을 해야 인간적이라는 평가를 받는다. 또 교장의 학교 경영이나 요구에 반하는 교사에게 교장이 자신의 권위를 악용하여 출장이나 조퇴, 연가 등의 권리 사용에 상당한 제약을 주는 일도 많이 일어난다.

초임 교사의 경우 임상장학을 한다는 명목으로 인사치레 상납을 은근히 강요하는 교장들도 있다. 또 동일한 업무 수행을 했음에도 특정 교사에게만 야단을 치거나 칭찬하는 등 공식석상에서 차별 행동을 보여주기도 한다.

출장을 가는데 메신저로 알리고 전자결제를 요청했음에도 교장한테 직접 찾아가서 허가를 받지 않았다고 결제를 지연시키거나 허가하지 않는 등 이와 유사한 사례들도 종종 발생한다. 연가, 조퇴는 노동자의 기본 권리로서, 교장은 학사 운영에 지장을 초래하지 않는 한 이를 허가해야 하는데도 말이다.

예산 편성과 학교 운영비

매년 11월이 되면 다음 학년도의 교육 계획을 수립하기 위해 교육과정 운영을 평가한다. 학교교육과정 평가에서는 교육과정 운영 전반과 예산의 집행과 반영도 함께 이루어진다. 그런데 11월부터 12월까지 학교는 교육과정을 통한 학생 평가가 집중되는 시기와 맞물려 있어 차분히 내용을 검토할 시간적 여유 없이 회의가 잡히거나, 심지어 학생들을 가르치고 있는 오전에 자체 평가서를 돌리고 불과 두세 시간 만에 내라고 하는 일들이 되풀이되고 있다.

어느 초등학교에서 일어났던 일이다. 학교 건물이 낡고 해가 잘 비치지 않는 1층 교실 5개가 장마를 지나면서 한쪽 벽과 바닥에 곰팡이가 몹시 피었다. 원인을 조사하니 건물 밑에 지하수처럼 물길이 지나가서 습기가 더욱 심하다는 것이다. 새로 건축하기 전에는 별다른 대책을 세울 수 없어 곰팡이를 청소하고 공기청정기라도 가동해달라고 요청했다. 교장은 예산이 책정되어 있지 않아서 구입은 불가능하기에 대여를 하기로 결정하였고, 렌탈 업체 영업사원을 통해 공기청정기가 들어왔다. 그런데 한 대에 3만여 원에 불과한 대여비(기기와 청소를 포함한 한 달 대여비)를 지불하면서 교감과 교장은 영업사원에게 인건비보다 더 큰 액수의 리베이트를 요구했다. 말도 안 되는 요구가 계속되자 마침 전직 교사였던 영업사원이 이를 교육청에 고발하기에 이르렀다.

학교 운영비 등 공공 예산인 학교 교비를 교장 개인의 경영 자금으로 혼동하는 경우가 너무 많다. 특히 시설을 확충하거나 내부 집기를 구매할 때 많은 자금이 목적 경비로 내려오는데 소위 리베이트가 오고 가는 관행은 여전하다. 연일 뉴스에서 보도되는 교육 비리 중 교장 전횡이 초중교 사업 비리의 한몫을 차지한다.

예를 들어 물품을 구입할 때 꼭 정가로 품의를 하라고 하거나 교장이 지정하는 업체에 구매하라고 요구하는 사례는 너무도 많다. 최근 조달청이나 학교 장터 등을 이용하고 공동 구매를 장려하는데 이 또한 문제점이 많다. 구매할 물품이 다양하지 않아 소비자로서 물건 고르기가 어렵고 물품의 질이 떨어지거나 수리와 교환 요구 등이 원활하지 않은 경우 등이다. 투명한 예산 집행을 위해 에듀파인이라는 전자결제 시스템을 통해 학교 운영비가 지출되면서 과거 관행이 많이 사라졌다고는 하나 여전히 교사에게는 업무가 과중되고 우수한 물품 확보에는 어려움이 따르고 있다. 왜냐하면 최저가 견적으로 낙찰하는 시스템이기에 물건을 구입하면 질이 떨어지는 사례가 빈번하고 꼼꼼히 따져서 구입하려면 그만큼 교사의 일이 늘어나기 때문이다.

서울의 경우 곽노현 교육감이 투명 행정을 강조하며 시설 공사 계약 정보 공개 제도를 도입하였으나, 시설 공사 업체 선정과 관련해 주의·경고 등 행정조치가 상당수 나와 현장의 잘못된 관행이 여전한 것으로 나타났다. 2009년 말 터진 창호 공사 비리를 비롯해 2010년 특정 업체를 선정해주고 돈을 받은 수학여행 비리 등으로 교장들이 각종 징계 처분을 받았다. 또 학교 운동장 놀이기구를 부실시공하고 지출을 부풀리거나, 공기정화기를 신규 구매하면서 뇌물을 받은 교장들이 적발되기도 하였다.

교장의 권위

교장이 바뀌면 제일 먼저 하는 일이 교장실의 집기를 바꾸는 것이다. 교장의 권위를 상징하는 교장실은 손님 대접과 회의를 위해 멋진 소파를 두어야 하므로 공간이 넓어야 한다고 생각한다. 하지만 교장실에서 진행되는 학교운영위원회나 부장회의에서는 대부분 서류를 갖춰 회의가 진행되기 때문에 소파는 매우 불편하다. 차라리 교장실을 줄이고 그 공간만큼 회의실을 만들어 회의에 적합한 책상을 두는 것이 타당하다.

교사들의 복장에 대해서도 권위적인 요구가 작동한다. 2009년 9월 행정안전부는 '공무원 복장 관련 지침'을 통해 공무원의 창의적인 사고와 공직 생산성을 높이기 위해 '유연 복장제'를 실시하였다. 복장이 유연해야 사고력이 유연해지고 더욱더 창의적인 업무 수행이 가능해진다는 판단에 의한 것이다. 교사들의 복장은 교직 수행에 어긋나지 않을 정도의 편안한 복장이면 아무런 문제가 없다. 그럼에도 청바지를 입거나 짧은 치마를 입으면 비교육적인 복장이라고 제지하는 교장들이 있다.

학생들이 작성하는 가정환경조사서에 부모의 학력, 직장에서의 구체적 지위, 재산 정도 등 인권 침해 소지가 있는 기재란은 폐지되었다. 아울러, 학교생활기록부 관련 부령인 〈학교생활기록의 작성 및 관리에 관한 규칙(부령 제867호)〉은 학생에게 부정적인 영향을 줄 수 있는 특기 사항은 기록하지 않는 등 인권 침해 가능성을 최소화하는 방향으로 운영되어야 한다고 규정하고 있다. 개인의 신상에 대하여 본인의 동의 없이 학급 담임이 타인에게 정보를 제공해서는 안 된다. 교장이 교육 목적의 필요성에 의하여 분명한 이유를 들어 자료 제공을 요구할 경우 학급 담임은 그 내용을 구두로 설명하면 된다. 그런데도 몇몇 교장들은 학생의 기본적인 신상, 취미, 특기, 고민 등 개인별 상담 자료를 포함하여 요청하는 사례가 종종 있다. 학부모 단체나 학교운영위원회 구성에 있어서 교장 편의 학부모 그룹을 만드는 데 활용하려고 학부모의 직업이나 경제력 등을 파악하기 위해서이다.

출장이 잦은 교장도 문제이다. 교장이 학교를 비우면 교육과정 운영이 원활하지 않고 그만큼 학교 경영에 충실하지 못할 것이 뻔하다. 관리자인 교장이 없어 마음이 편하다고 하는 교사도 있으나 한편으로는 업무가 진행되지 않아 황당한 상황이 연출되기도 한다. 심지어 교장이 수업일수의 3분의 1 이상을 각종 사유로 학교를 비우거나 특별한 사유 없이 출퇴근을 마음대로 하는 경우도 있다.

학교는 인권과 노동권이 지켜지지 않는 사각지대

초등학교에서 정규 교사를 대신해 기간제 교사를 채용하는 과정에 수시로 부당노동행위가 일어나고 있다. 어느 기간제 교사가 임용권의 100%를 쥐고 있는 교장에게 잘 보이기 위해 명절마다 상품권 등을 선물하고, 교사 본연의 업무와 상관없는 교장의 잔심부름을 하거나 심지어 회식 자리 참석을 요구받는다고 하소연하는 일이 신문에 보도되었다.

교사자격증이 있는 기간제 교사 말고도 학교의 비정규직은 매년 확대되고 있다. 이들은 교무보조, 행정보조, 과학실 보조, 전산보조, 도서실 사서, 급식보조 등의 업무를 담당하고 있다. 또 방과후학교의 업무가 많다 보니 코디맘이란 이름으로 오후제 근무를 하는 일종의 시간제 근무를 하는 사람과 특수아동을 돌보는 보조원도 있다. 이들의 임용권 역시 학교장이 갖고 있다. 각각 계약일도 다르고 보수도 다르다. 1년을 단위로 근무 일수와 보수가 지급되는 것이 아니라 275일 기준으로 연봉이 정해지며 이 연봉을 12개월로 나누어 월급이 지급된다는 것이 공통적일 뿐이다. 이러한 학교의 비정규직 근로자들은 고용의 불안정과 저임금, 부당한 근로 요구 등에 시달리고 있다.

교무보조로 불리는 행정보조사의 경우 개인적으로 일을 부리는 사람이란 인식이 많아, 실제로 학교 업무가 아닌 개인 비서 내지 허드렛일을 담당하는 사례도 빈번하다. 아침마다 교장에게 차를 대접하는 일을 당연한 업무로 생각하는 교장이 많고, 심지어 방학 중 약국을 경영하고 있는 딸의 약국으로 출근하라고 시킨 교장도 있다. 어느 교장은 나물을 한 보따리 들고 와서 교무보조와 과학보조 등 비정규직 행정보조사들을 교무실에 모이게 한 다음 이를 다듬으라고 하였다. 하루는 밤을 가져와 벌레 먹은 것을 골라내라고 하더니 급식실에 가서 삶으라고 요구했다. 급식실에서 규정상 이 일을 할 수 없다고 하자 그 교장은 점심 식사 준비를 끝낸 급식 보조원들의 휴식 시간을 없앴다. 출근 후 식사 준비로 3시간 이상 쉬지 못하다가 겨우 한숨을 돌리며 작업복을 갈아입는 방에서 잠시 다리와 허리를 펴는 시간조차 빼앗아버린 것이다. 심지어는 집에서 쓰는 반찬그릇을 가져와 씻으라고 하거나 겨울 방학이라 급식이 시행되지 않는데도 자기 집 김장 김치를 들고 와 방학 내내 냉장고를 가동하라고 요구하였다. 이 또한 규정에 어긋나는 일이라고 거부하니 명령을 따르지 않는다며 언성을 높였다고 한다. 2012년 9월 26일 한국일보 기사에 따르면, 충남 천안의 한 초등학교 행정실에서 2002년부터 학교 예산 담당 실무를 해온 고○○ 씨는 2007년 무기계약직이 됐으나 일방적으로 조리실에서 일을 하라고 명령하였고 이를 거부하자 지난해 4월 해고됐다고 한다.

캐나다의 경우 교육정책, 교육의 지도력, 교육의 조직적 결정에는 우선순위의 기준이 있다고 한다. 첫째 우선순위는 학생들이고, 둘째 우선순위는 학습이며, 셋째 우선순위는 공공선이다. 과연 우리에게는 교육에 대한 사회적인 합의 기준이 세워져 있는가? 사회적 교육과정위원회조차 설치되어 있지 않으며 교원회의가 법제화되지 않은 상황에서 학교의 자율성과 민주성을 이야기할 수 있는가 되묻지 않을 수 없다.

교장의 자율성이 곧 학교의 자율성이라는 착각에 빠져 있는 우리 교육 현장을 정확히 진단해야 한다. 사회적으로 하루빨리 교육의 기본 원칙에 대해 합의하고 이를 바로 세워야 한다. 이러한 합의를 수행하는 것이 교장의 학교 경영 원칙이 되도록 해야 하며, 다른 한편으로 교장승진제도의 전면적인 혁신 방안이 마련되어야 한다. 초등학교 교장의 학교 운영 방식이 초등교육을 담당하고 있는 교사들을 초등학생처럼 대하고 직권 남용에 가까운 비민주적인 처사를 마치 교장의 고유 권한인 것처럼 행사하는 일은 하루빨리 사라져야 한다. 교사로서 제 임무를 다할 수 있도록 이끌어주는 존경스러운 교장 선생님을 만나게 되기를 현장 교사들은 진정 희망한다.

민주공화국에 대한 냉소를 가르치는 반헌법적 존재

권재원_풍성중학교 교사

교장만 되면 발 뻗고 잔다?

한때 중학교 교사들 사이에 "교사는 학생만 없으면 참 좋은 직업이다."라는 말이 있었다. 사실 이건 학생들 가르치기 싫다는 것이 아니라 그만큼 교육이 고된 일이라는 뜻이다. 이 고된 일을 하면서도 "아무나 할 수 있는 일 하는 사람" 취급을 받고, "아무나 할 수 있는 일마저 게으름 피우는 사람" 취급을 받으며 온 사회의 질시를 한 몸에 받는 교사들의 자조감 역시 이 말 속에 들어 있다.

그래서일까? 우리나라 학교에서 교사들은 학생들을 얼마나 많이 접하는가 하는 순서대로 서열이 매겨진다. 많이 접할수록 서열이 낮음은 물론이다. 기간제 교사, 시간강사 등 비정규직 교원은 임용되면 즉시 수업 폭탄을 각오해야 한다. 학급 담임을 맡는 중견 교사들이 좀 더 수업을 적게 하고, 각 부서 부장이라 불리는 교사들은 그보다 더 적게 수업을 한다. 교감은 수업을 하지 않으면서 이런저런 보강에 투입되거나 말썽 부린 학생들을 상대할 뿐이고, 대망의 교장은 수업을 전혀 하지 않으며, 특별한 경우가 아니면 학생을 상대하는 경우도 거의 없다. "학생만 없으면 참 좋은 직업"이라는 이 꿈같은 상황이 현실이 된 것, 그것이 바로 우리나라의 교장이다. 그런데 교육이란 학생과 만나지 않고서는 이루어지지 않는다. 그러니 우리나라 학교는 교육자가 아닐수록 서열이 높은 것이며, 그 정점에 교장이 있는 것이다.

이 꿈같은 상황이 주는 감격을 아주 노골적으로 드러냈던 어느 교장의 사례가 있다. 내가 근무했던 학교의 일이다. 이 학교에 교양이라고는 찾아볼 길이 없던, 그래서 달리 말하면 자기감정과 생각에 거의 숨김이 없어서 내면세계 파악이 매우 용이한 교장이 부임했다. 이 교장의 기이한 언행을 몇 가지만 들어보자면 아침마다 교무실에서 국민의례를 시킨다거나, "여자들은 군대에 안 갔다 와서 애국심이 없다."라고 말한다거나, 주차장을 확보하기 위해 페인트로 '교장 전용'이라는 글씨를 칠하라고 요구해서 기능직 직원들의 빈축을 사고, 학생들이 듣는지도 모르고 "내가 덕이 없어서 이딴 학교에 부임했다."고 마이크에 대고 말하다가 그게 학교 홈페이지에 올라가 곤욕을 치르거나, 수련회 때 업자에게 하도 많은 뇌물을 요구해서 도리어 그쪽에서 계약을 거부해 수련회가 무산되게 만들었다거나 등등이 있다. 심지어 당시 학교 돈 교묘히 떼어먹는 일이 횡횡하던 시절, 공범자가 되기 마련인 행정실장조차 "해도 해도 너무하시는 거 아니냐? 당신 같은 교장 처음 본다."면서 전보를 요청하기까지 했다.

당연히 교사들의 저항도 엄청났다. 이 교장의 전횡이 어찌나 심했는지, 이 저항의 선두에는 전교조 교사가 아닌 평범한 교사들이 더 적극적이었다. 직원 조회 때 마이크 잡고 일어서는 교사들도 전교조 교사가 아니었다. 물론 그 덕에 전교조에 가입하는 교사들도 문전성시를 이루었다. 이 교장 덕분에 그 학교는 지부장이 아니라 분회장을 치열한 경선으로 뽑아야 할 정도로 전교조 조합원이 많은 학교가 되었다.

　　마침내 이런 상황에 질려버린 그 교장은 직원조회에서 버럭 화를 내며 "교장만 되면 발 뺑고 잘 줄 알았더니 이게 무슨 꼴이냐."고 외쳤다. 여기서 우리나라 학교에서 교장이 무엇인지, 왜 그렇게 교장이 되고자 하는지 그 민낯이 드러나고 말았다. 교장은 "발 뺑고 자기" 위해 되고자 하는 자리, 한마디로 좀 편하게 있고 싶은 자리였던 것이다.

　　여기서 말하는 편함은 비단 노동을 하지 않는다는 의미만은 아니다. 물론 대다수의 교장은 교사에 비해 턱없이 적게 일한다. 하지만 경우에 따라서는 교사보다 더 많이 일하는 교장들도 찾아볼 수 있다. 그럼에도 불구하고 그들이 발을 뺑을 수 있는 것은 더 적게 일하건, 더 많이 일하건, 혹은 어떻게 일하건 간에 그 결정을 순전히 자의적으로 할 수 있기 때문이다. 반면 교사들은 적게 일하자고 하는 교장을 만나면 적게 일하고, 많이 일하자고 하는 교장을 만나면 많이 일해야 한다. 이 과정에서 의견 수렴 따위는 있어도 그만 없어도 그만이다. 학교 방침을 결정하기에 앞서 교장이 교사들의 의견 수렴을 하는 것이 당연한 절차가 아니라 교장의 은

덕으로 받아들여지는 곳이 우리나라의 학교다. 구성원들의 의견 수렴을 할지 말지조차 권력자의 자의적 판단에 맡겨진 곳에서는 어떤 민주주의도, 공화주의도 찾을 수 없다. 그런 낡고 봉건적인 공간에서 절대 권력자로 군림하는 달콤함, 모두가 자유를 상실한 곳에서 혼자 누리는 자유의 달콤함, 그것이 바로 교장이 되면 발 뻗고 잘 수 있다는 너무도 솔직한 '워딩'의 진실이다. 그런데 사건건 교사들이 딴죽을 걸고, 감히 교장이 말을 했는데도 따르지 않고 버티니, "아니 교장이 뭐 이래?" 하며 발끈한 것이다.

사실 그의 심정이 이해 안 가는 바는 아니다. 그는 필경 교사 시절부터 교장이 되고 싶었을 것이다. 아이들하고 부대끼는 일도 귀찮고, 학교를 멋대로 좌지우지하는 교장이 몹시 부럽기도 했을 것이다. 그의 교직 경력 30년은 교육에 대한 고민이 아니라 교장이 되기 위한 경로를 탐색하는 고민으로 점철되었을 것이다. 그의 인생 목표가 교장이었을 것이며, 교장 임명장을 받은 날 그의 눈앞에는 지나온 세월이 주마등처럼 흘러갔을 것이다. 이제부터는 아무 일 안 하고 마음껏 학교를 농단하고 자유롭게 살 수 있는 그런 위치에 올라섰다고 생각했을 것이다. 마음껏 권력을 휘두르며 그 달콤함을 즐기면 된다고 생각했을 것이다.

그런데 문제는 우리나라 학교에서 교장이란 실제로 그런 존재라는 것이다. 저 교장이 곤혹을 치른 것은 전횡을 했기 때문이 아니라 내숭을 떨지 않고 너무 노골적으로 자신의 욕망을 드러냈기 때문이다. 그나마 중학교는 교사들의 출신 대학이 다양하기 때문에 모든 교사와 교장이 선후배로 엮인 초등학교와 달리 교장의 전횡에도 약간의 내숭이 필요한데, 그걸 너무 솔직하게 드러냈기 때문이다.

교육을 하지 않을수록, 일을 하지 않을수록 교장에 가깝다

중학교의 교장은 깊숙이 감추어진 존재다. 으리으리한 교장실에 홀로 들어서 있는 교장은 교장 선생님이라는 칭호에도 불구하고 '북한군도 무서워한다'는 중학생들을 직접 마주할 일이 거의 없다. 경우에 따라서는 아예 학생들 앞에 훈화 따위 할 때 외에는 나타나지 않는 교장이 대부분이지만, 학생들 앞에 빈번히 나타나는 교장이 있기도 하다. 그런데 이런 교장들도 직접적인 교육 활동에 참가하지 않고, 다만 학생들 근처를 어슬렁거릴 뿐이다. 예컨대 과학 교사가 아파서 결근했을 때 과학이 전공인 교장이 그 수업 보충을 해줄 법도 하지만, 이는 꿈같은 소리다. 교장은 절대 수업하지 않는다. 창의적 체험이고 뭐고 절대 학생을 직접 상대하지 않는다. 그것은 체면을 손상시키는 일이다. 심지어 교장들 중에는 교사를 직접 상대하지 않는 사람도 드물지 않게 있다.

하지만 그 '내숭'이 뭐 그리 어려운가? 여러 사람들 있는 곳에서는 내숭을 떨고 민주적이고 개방적인 교장 행세를 하다가 학교 깊숙이 혼자 있는 교장실에 교사들을 개인적으로 불러들여서 면박 주고 뭉개버리는 것은 교장에게는 일도 아니다. 게다가 교장은 학교에서 일어나는 모든 일의 결재권자다. 교장이 승인하지 않으면 그 학교 교사 전체가 원하는 일도 추진될 수 없다. 그러니 교장이 교사들 골탕을 먹이고자 한다면 웃는 낯으로도 수십 가지 방법을 찾아낼 수 있다. 열 교사가 한 교장 못 당한다는 말이 괜히 나온 것이 아니다. 게다가 무엇보다 이들을 즐겁게 만드는 것은 그 지긋지긋한 사춘기 청소년들을 직접 마주하지 않아도 된다는 것이다.

실제로 중학교 교장들은 자기가 필요할 때가 아니면 의무적으로 학생을 만나는 경우가 거의 없다. 교장에 따라서는 급식 때 배식 도우미를 한다거나 등하교 지도를 하기도 하지만, 정식으로 배식 도우미 당번, 혹은 등하교 지도 당번에 교사들과 같이 편성되어 학생들을 지도하진 않는다.

수학여행이라도 간다 치면, 소규모로 나누어 수학여행을 갈 경우에는 담임교사를 도와서 학생을 인솔해줄 사람이 하나라도 더 있으면 그것만큼 고마운 일은 없다. 하지만 교장이나 교감이 학생 한 팀이라도 인솔하는 경우는 거의 없다. 만약 수학여행 기안자가 교장이나 교감을 학생 일부의 인솔이나 숙소의 불침번 당번에 넣는다면 아마 교장은 서류를 집어던지면서 반려할 것이다. 교장은 그저 수학여행 장소를 부장 교사가 운전하는 차를 타고 한 바퀴 돌아보면 그것만으로도 훌륭하다고 칭찬받는다.

이렇게 놀고먹는 직책을 학교에 둘 이유가 없지 않은가? 초중등교육법에 따르면 교장은 분명히 일을 맡아서 해야 한다. 자의로 하거나 말거나 혹은 할 일을 골라서 하는 게 아니라, 명시된 일을 담당해야 한다.

교장의 업무와 권한에 대해 명시적으로 규정해놓은 법 규정은 〈초중등교육법〉 20조다. 법조문 자체는 매우 단순하다. 이 조문은 교장, 교감, 교사, 그리고 학교 행정직원 등 직원이 해야 할 바를 간결하게 정리하고 있다. 즉 학교에는 교원과 직원이 있고, 교원에는 교장·교감·교사가 있으며, 이들의 가장 기본적인 업무 분장은 교장이 정하는 것이 아니라 이렇게 법률로 정해져 있다. 물론 일선 학교에 가 보면 이 법률은 완전히 묵살되고 있다. 그 존재 자체만으로도 불법인 것이 현행 학교의 업무 분장인 것이다. 자, 긴 말 집어치우고 법을 좀 자세히 읽어보자.

　제20조 (교직원의 임무) ① 교장은 교무를 통할하고, 소속 교직원을 지도·감독하며, 학생을 교육한다.

　여기에 따르면 교장의 일은 셋인데, (1) 교무 총괄, (2) 교직원의 지도감독, (3) 학생 교육이다. 여기서 말하는 교무란 교무실의 교무가 아니라 학교의 제반 사무, 즉 교육을 제외한 일체의 학교 일을 일컫는 말이다. 교장의 업무를 간단히 말하면 교무, 인사, 교육이다.

　그런데 교장은 이 셋 중 어느 하나도 제대로 하지 않는다. 만약 법대로라면 교장은 학교에서 제일 바쁜 사람이라야 한다. 하지만 교장이 그렇게 바쁜 학교는 거의 없다. 만약 교장이 아주 부지런해서 바쁜 학교가 있다면, 그런 학교의 교사는 거의 가정을 포기해야 할 정도로 바쁘다. 그 어느 경우에도 교장은 교직원 중 가장

한가한 자리다. 이는 일이 너무 힘들다며 교사로 돌아가고 싶다고 전보를 내는 일본의 교장, 수업과 평가 이외의 모든 일을 행정실 직원 서너 명과 함께 도맡아서 하는 미국의 교장, 혹은 수업도 하면서 각종 교무 총괄도 해야 하는 영국이나 독일의 교장과는 너무도 다르다. 세상에 이런 교장은 한국에만 있을 것이다.

기왕 나온 김에 교감은 무슨 일을 하나 보자. 법에 따르면 교감의 임무는 다음과 같다.

제20조 (교직원의 임무) ② 교감은 교장을 보좌하여 교무를 관리하고 학생을 교육하며, 교장이 부득이한 사유로 직무를 수행할 수 없는 때에는 그 직무를 대행한다. 다만, 교감을 두지 아니하는 학교의 경우에는 교장이 미리 지명한 교사가 그 직무를 대행한다.

교장은 교무를 총괄하는데, 교감은 교무를 관리한다. 그러니 실제 교무 담당자는 교감임을 알 수 있다. 물론 학생도 교육해야 한다. 그런데 학교에서 교감이 교무를 직접 하는 경우는 거의 없다. 교감이 하는 일은 교사가 작성한 공문서에 사소한 시비를 걸어서 자꾸 되돌리거나 빨간 줄 치는 일이다. 교감이 프로그램에 따라 의무적으로 학생을 지도하거나 교육하는 경우도 없다. 어쩌다 한 번씩 부정기적으로 학생을 우연히 지도할 뿐이다. 다만 교감은 간혹 보강에 들어가기도 하는데, 그것도 본인이 허락해야 가능한 일이다.

그럼 교사는 무슨 일을 하도록 되어 있을까? 법에 따르면 "③

교사는 법령이 정하는 바에 따라 학생을 교육한다.”이게 전부다. 얼마나 심플한가? 교사가 하도록 되어 있는 일은 교육뿐이다. 그런데 법에 정해진 바에 따라 교육 이외의 업무는 교사가 하지 않도록 하겠다던 곽노현 교육감의 교원 업무 정상화 방안이 도리어 이상적이고 급진적이라는 말을 듣는 이상한 나라에 우리가 살고 있다.

실제 학교에 가 보면 그렇다. 우리나라에서 교사가 법에 정해진 바에 따라 수업하고 평가하고, 학생을 지도하고 상담하는 일에만 전념하는 학교를 찾기란 거의 불가능한 일이다. 물론 학교 밖에서는 교사가 으레 그럴 거라 짐작하면서 교사가 뭐가 바쁘고 힘드냐며 교원 평가에 성과급제를 하면서 더 빡빡이 돌려야 한다고 가학적인 주장을 한다. 신규 교사들도 교사가 교육자일 거라 짐작하고 학교에 첫발을 내딛는다.

그러나 신규 교사가 제일 놀라는 것 중 하나가 교사가 교육 아닌 일을 왜 이렇게 많이 하느냐는 것, 그리고 왜 교사가 학년이나 교과에 따라 부서 편성이 되어 있지 않고 이런 교무행정에 따라 부서 편성이 되어 있느냐는 것이다. 법과 달리 학교의 현실은 “교사는 교장의 뜻에 따라 학생을 교육하고, 각종 행정 사무 및 기타 사무를 담당하며, 기타 법에 규정되지 않은 업무를 분담한다.”이다.

어떻게 이런 일이 일어났을까? 누군가가 하지 않는 일을 교사가 하기 때문이다. 그럼 그 누군가는 누구일까? 행정직원일까? 어떤 면에서는 그렇다. 법에 따르면 “④ 행정직원 등 직원은 법령이 정한 바에 따라 학교의 행정 사무와 기타의 사무를 담당한다.”라고 되어 있다. 여기서 기타의 사무란 말에 주목하자. 교육, 행정 사무에 포괄되지 않는 애매한 업무가 있다면 이는 직원이 담당해야 한다는 뜻이다. 즉 교사의 업무 분장은 교육으로 고정하여 두고, 계속해서 새로운 업무가 발생하면 담당 직원을 두어야 한다는 뜻이다. 그러나 현실은 정반대다. 행정직원의 업무는 회계, 시설 이런 식으로 고정해두고, 정보화, 지역사회, 복지 등 시대의 변화에 따라 새로 생기는 업무가 있으면 교사들에게 분할해서 할당하는 것이 현실이다.

왜 그러는 것일까? 행정직원들의 압력인가? 그렇지 않다. 학교 행정실 역시 일손이 부족하기는 마찬가지다. 그리고 학교에 새롭게 추가되는 업무들은 대부분 교육을 지원하고 학생을 지원하는 업무다. 이것은 교사의 일을 잘 이해하는 사람이 해야 하는 일, 교사의 교육 활동을 지원하도록 되어 있는 사람이 해야 할 일, 즉 교장, 교감이 해야 할 일들이다. 이런 일을 하라고 우리나라의 교장과 교감은 수업을 하지 않는데도 교원이라 불리는 것이다. 예를 들면 교사가 열심히 가르치고, 상담해서 여러 기록물을 남겼다. 그럼 이 기록물을 정리하고 관리하는 일은 누구의 일일까? 교장의 일이다. 법에 그렇게 되어 있다. 초중등교육법 25조를 보자.

제25조 (학교생활기록) ① 학교의 장은 학생의 학업 성취도 및 인성 등을 종합적으로 관찰·평가하여 학생 지도 및 상급 학교의 학생 선발에 활용할 수 있는 다음 각호의 자료를 교육과학기술부령이 정하는 기준에 따라 작성·관리하여야 한다.

1. 인적 사항 2. 학적 사항 3. 출결 상황 4. 자격증 및 인증 취득
상황 5. 교과 학습 발달 상황 6. 행동 특성 및 종합 의견 7. 그 밖
에 교육 목적에 필요한 범위 안에서 교육과학기술부령이 정하는
사항
② 학교의 장은 제1항의 규정에 의한 자료를 제30조의 4의 규정에
의한 교육 정보 시스템으로 작성 · 관리하여야 한다.
③ 학교의 장은 소속 학교의 학생이 전출하는 때에는 제1항의 규정
에 의한 자료를 전입하는 학교의 장에게 이관하여야 한다.

이른바 생활기록부 작성의 최종적인 책임은 바로 교장의 일인
것이다. 물론 교장이 모든 학생의 모든 기록을 다 할 수는 없다.
그래서 교과 담당 교사, 상담 교사, 생활지도 교사, 그리고 학급 담
당 교사가 나름의 기록을 하고, 교장은 이것을 최종적으로 생활기
록부로 종합하는 시스템이 되어야 정상이다. 이게 혼자서는 힘드
니 교감이 있는 것이고, 41학급 이상 학교에는 교감이 둘이나 있
는 것이다. 그리고 제대로 꼴을 갖춘 나라의 교장들은 다 이런 일
을 하고 있다. '보수 진영의 원조국'인 미국에서는 우리나라의 행
정실장이 할 일까지도 모두 교장이 하고 있다. 교사는 자기 수업
들어가는 학생만 알고 있지만, 교장은 전교생을 다 알아야 하는
것이 의무사항으로 되어 있을 정도다.
하지만 학생들과 거리가 멀수록, 또 직접적인 일을 하지 않을수
록 지위가 높아졌다고 생각하는 우리나라의 풍토에서, 또 일을 하
지 않는 위치에 가고 말겠다는 일념으로 수십 년을 스펙 관리해서

교장이 된 자들이 그런 일을 할 턱이 없다. 적어도 법적으로는 교감과 같은 급의 대우를 받아야 할 수석교사들이 천덕꾸러기가 된 까닭도 수석교사는 수업을 하기 때문이다. 대한민국 학교에서는 수업을 담당하는 한 카스트의 제일 말단일 수밖에 없다.

그러니 교사들이 교육 활동을 더 잘할 수 있도록 도와야 하지 않느냐는 설득도 교장에게는 소용없다. 그건 농노들이 농사 잘 짓게 도와주는 것이 영주의 역할 아니냐는 물음처럼 어리석은 것이다. 영주의 목적이 농사가 아니듯, 애초에 교육은 그들의 관심사가 아니었으니. 그들의 관심사는 교장이 되는 것뿐이었다. 그러니 마땅히 교장과 교감이 해야 할 일을 모조리 교사들에게 떠넘기고, 또 각종 부패 비리의 공범자가 되어야 할 행정실장이 해야 할 일도 교사에게 떠넘기는 것이다. 교장쯤 되면 이미 수업 안 해본 지 적어도 7년 이상 된 사람들이다. 그러니 교사들이 수업하고 학생 지도하는 일이 얼마나 어려운지에 대한 감각은 진즉에 상실했다. 게다가 알아도 상관없다. 교사들이 고생하면서 우왕좌왕하는 모습을 보면 볼수록 자신이 교장이 되었다는 사실이 더 실감 날 테니 말이다.

물론 야심이 좀 더 큰 교장이 있을 수도 있다. 그런 교장은 일하지 않는 것은 물론이려니와 다른 사람들에게는 일을 더 많이 시키는 최악의 조합을 선사한다. 만약 교장으로 만족하지 못하고 본청 과장, 지역청 교육장, 그리고 본청국장까지 해보고 싶다면 그냥 교장으로 앉아 있어선 안 된다. 뭔가 눈에 띄는 업적이 있어야 한다. 문제는 그 업적이 교육이 아니라는 것이다. 어차피 교육은 당연히 모든 학교가 다 하는 것이다. 이걸로는 티도 나지 않는다. 그러니 업적은 정규 교육과정을 충실하게 이행하는 것이 아니라 뭔가 특색 있는 사업, 정부 시책하고 딱 맞아떨어지는 특별한 사업이라야 한다.

물론 사업을 열심히 한 것만으로 끝나는 게 아니다. 중요한 것은 포장이다. 그래서 번쩍거리는 발표회와 요란한 보고서로 티를 내어야 한다. 대부분의 교장들은 이 특색 사업, 시범 사업을 따내는 것까지만 교장의 일이라고 생각한다. 그래서 내가 이 일 따오느라 힘 좀 썼으니 너희들이 계획 잘 짜서 잘해봐라 하고 던지기 십상이다. 그럼 교사들 중 교육보다 승진에 목마른 부류가 여기에 달려든다. 문제는 이렇게 일이 벌어지고 나면 학교의 일거리가 엄청나게 늘어나며 늘어난 일거리는 죄다 교사들 몫이라는 것이다. 정작 본 수업은 소홀히 하더라도 상관없다. 하지만 교장이 관심을 두고 있는 이 특색 사업에 소홀하면 당장 잔소리나 불호령이 떨어진다. 으리으리한 발표회, 자료집, 이런 것도 죄다 교사가 해야 할 몫이다. 물론 정규 수업도 해야 하고, 전가된 갖가지 행정 업무도 하고 있는 와중에 말이다.

교장 승진 : 교육으로부터 벗어나기 위한 교사들의 경쟁

이제부터 고약한 악순환이 시작된다. 상황이 이쯤 되면 교사는 자신이 교사라는 사실이 지긋지긋해지기 시작한다. 잊을 만하면

한 번씩 교육자로서의 자긍심을 깔아뭉개는 행정 말단 업무가 쏟아진다. 행정실에서 사용할 컴퓨터와 프린터 주문하는 일, 저소득층 학생 가정에 설치할 인터넷 공유기 구입 신청, 원어민 교사 전셋집 구하고 이삿짐 포장하기, 이런 일을 하면서 자신을 지성인으로 생각하며 자긍심을 유지해가며 수업할 수 있는 교사는 많지 않다. 이렇게 일이 고달파지면 여러 일들 중 더 어려운 일을 포기하고, 쉬운 일에 정력을 쏟게 된다. 교육과 행정사무 중 당연히 더 어려운 것은 교육이다. 그리고 이 둘을 다 하느라 일에 치여 사는 교사들의 생존 전략은 교육을 포기하는 것이며, 더 확실한 생존 전략은 교육을, 학생들과 부대끼는 일을 혐오하는 것이다. 교사도 사람인지라 고귀하게 대하면 고귀해지고, 막일꾼으로 대하면 막일꾼이 된다. 그리고 우리나라 학교는 교사를 최말단의 막일꾼으로 대접하는 구조를 가지고 있다. 그런데도 여전히 사회에서는 교사들이 어디 노동자처럼 월급 받은 만큼만 일하려 하느냐며 헌신과 무한 경쟁을 강요한다.

여기까지 왔으면 경력이 20년이 넘어간 교사들에게는 선택지가 얼마 남지 않는다. 대부분의 교사들은 50세 전후가 되면 명예퇴직 타이밍을 재고 있는 교사들과 이 지긋지긋하고 '찌질한' 교육 노가다에서 벗어나 교감, 교장 되고 싶어 하는 교사들로 나뉜다. '명퇴파'는 이제 노후 대비가 인생의 목표이므로 수업에 열정을 바치지 않는다. '교감 승진파'는 이 지긋지긋한 수업 같은 것 안 하는 자리에 가는 게 인생의 목표이므로 역시 수업에 열정을 바치지 않는다. 더욱 안타까운 사실은 그나마 명퇴파보다 승진파가 더 영리하고 유능한 교사들이라는 것이다. 10여 년 전만 해도 이 둘 어디에도 속하지 않는 '참교육파'나 '정의파'도 제법 있었지만, 이들도 나이를 먹으면서 저 둘로 양극화되는 경향이 있다.

명퇴파는 방학 때 갈 해외여행 계획하는 것이 인생의 낙이며, 승진파는 차곡차곡 쌓여가는 승진 점수 바라보는 것이 인생의 낙이다. 그래서 천신만고 끝에 교감이라도 되면 교사 시절에 했던 '천한' 교육일 따위에는 아예 눈길조차 주지 않는다. 이 양자의 공통점은 결국 교육을 하기 싫어한다는 것이다. 교육이 싫어서 명퇴를 하고 싶고, 교육이 싫어서 교장이 되려는 것이다. 그리고 이들이, 교육이 싫어지게 만든 원인은 결국 교장이 교무와 행정 사무를 책임져주지 않으니 그런 일을 하느라 교육에 필요한 열정과 활력을 잃어버렸기 때문이다.

이렇게 베테랑 교사들이 교육을 싫어하게 된 학교에서는 어떤 희망도 기대할 수 없다. 그리고 이런 베테랑들로 이루어진 학교에서는 각종 교육 업무를 젊은 교사들에게 떠넘기는 나쁜 풍토가 보편화된다. 교장·교감은 교사에게, 다시 교사는 신규 교사나 비정규 교사에게 일을 떠넘기는 것이다. 이렇게 되면 교육이 지긋지긋해지는 연령도 더 내려간다. 요즘은 30대 초반에 벌써 교감 되기 위해 스펙 관리하는 젊은 교사들 찾아보는 것이 그리 힘들지 않다.

사태가 여기까지 왔으면 이제 학교는 거의 막장이라고 할 수 있다. 교육에 무관심해진 교사들에게 수업시간은 무엇일까? 학생들과 똑같이 끝나는 종만 기다려야 하는 시간이다. 수업시간의 절대 목표는 자신의 목이 아프지 않고, 또 신경도 쓰이지 않게, 학생들을 완전히 제압하여 침묵의 교실로 만들어놓는 일이다. 그래서 무탈하게 시간을 잘 보내는 것, 그것이 지상의 과제가 된다. 교육은 곧 대화라고 말한 마르틴 부버, 한스 쇼이얼 등의 교육학은 이미 잊어버린 지 오래다. 조용히 편하게 수업시간을 때운 뒤 승진 점수 따는 일에 몰두하거나, 아니면 해외여행 계획하는 것이 이들의 삶이 되고 만다.

교장 얘기하라고 했더니 웬 교사 얘기를 이렇게 늘어놓느냐고 힐난할 독자가 있을지 모르겠다. 하지만 교육의 질은 교사의 질을 넘지 못한다는 상투어가 보여주듯, 교육의 핵심은 교사를 통해 구현된다. 그리고 교장제도의 폐해는 바로 이 가장 본질적인 교사들의 교육을 망치는 것이다. 이것보다 더 신랄한 지적이 어디 있겠는가? 교장제도는 교사들을 교육 이외의 일로 번거롭게 하며, 심지어는 교장이 되기 위한 행렬에 뛰어들게 만들어 결국 교육마저도 내려놓게 만든다. 이는 전적으로 교장이 그리고 교감이 그들이 마땅히 해야 할 일을 하지 않아서 비롯된 것이다.

민주공화국? 교장에게는 남의 나라 일

교장의 문제는 교사들을 고달프게 해서 망가뜨리는 데만 있지 않다. 현행 교장제도는 우리나라 헌법에 대한 부정이다. 제도적으로 수많은 교장들을 헌법을 위협하는 국기문란 사범으로 만들고 있으니 이게 더 심각한 문제다. 과연 과장된 표현일까? 전혀 그렇지 않다.

　대한민국 헌법 제1조는 "대한민국은 민주공화국이다."로 시작
한다. 민주란 문자 그대로 다수의 지배이며, 공화국이란 누구도 자
의에 의해 타인을 지배할 수 없다는, 즉 견제받지 않는 권력이 없
다는 의미다. 그런데 학교 안에만 들어오면 민주도 공화도 사라진
다. 물론 교장들 중에는 나름 민주적인 리더십을 발휘하는 이들도
적지 않다. 그러나 민주공화국에서는 교장이 설사 민주적이지 않
더라도 민주적으로 행동하고 결정하지 않으면 안 되게끔 제도화
되어 있어야 한다. 민주공화국에서는 특별히 민주적인 교장을 칭
찬하고 포상하지 않는다. 그 대신 비민주적인 교장을 응징하고 제
재할 뿐이다. 심지어 독재를 선호하는 교장이라 할지라도 독재적
권력을 발휘할 수 없고 민주적이 되어야만 하는 제도가 갖추어졌
을 때 우리는 그것을 민주공화국이라고 부르는 것이다.

　그러나 우리나라의 교장제도는 교장이 민주적인 리더십을 발휘
하든지 혹은 소위 완전 '수구 꼴통' 짓을 하든지 이는 전적으로 교
장의 자의에 맡겨져 있다. 제도 자체가 이런 극단적인 자의성을
보장하고 있다. 우리나라 학교에는 교장 외에는 의사결정권자가
없다. 심지어 대통령도 국회에서 의결된 것을 따라야 하건만, 학교
에 있는 그 많은 협의체들은 학교운영위원회를 제외하면 모두 자
문기구에 불과하다. 학교운영위원회도 심의기구에 불과하다. 절차
상 반드시 거쳐야 하지만 결정권은 없다. 게다가 사립학교의 경우
는 학교운영위원회조차 심의기구가 아니고 자문기구다. 이렇게 의
결권을 가진 기구가 단 하나도 없는 기관에서 모든 의사결정권을

독점하고 있는 존재가 바로 교장이다.

교장은 학교 회계의 운영에 대한 전권을 가지고 있다. 원칙적으로 교장이 학교 회계 계획 전체를 다 세워도 막을 사람이 없다. 물론 실제로는 교장이 이 귀찮은 일을 하지는 않고, 행정직원과 교사들에게 기초 계획을 세워 오게 한 다음 자기 입맛에 맞게 뜯어고칠 것을 지시한다. 당연히 학교운영위원회에 회부해야 하지만 학교운영위원회는 심의기관에 불과하기 때문에 의결권이 없다.

따라서 사실상 학교 예산(연 수십억에 달하기도 하는)은 전적으로 교장 한 사람의 뜻대로 집행할 수 있다. 그 돈을 학생 수업을 도와주는 기자재에 사용할지, 교사들의 연구 지원에 활용할지, 아니면 각종 토목 공사에 사용할지는 전적으로 교장 마음이다. 대개의 교장들은 토목 공사를 선호한다. 학교에는 은근히 공사할 거리가 많다. 건설업계의 불투명한 관행을 알고 있는 사람이라면 교장들이 왜 재물 조사에 딱딱 걸리는 각종 기자재 등의 동산 구입보다 토목, 건설 사업에 예산을 펑펑 쓰는지 금방 알 수 있을 것이다. 가장 등한시되는 것은 교사들의 연구를 지원하는 일이다. 여기에 들어가는 돈은 교장들이 마치 자기 돈 쓰기라도 하는 양 아까워한다. 어쩌면 정말 자기 돈이라고 생각하는지도 모르겠다.

법적으로는 아무 하자가 없다. 하지만 알 만한 사람은 다 안다. 교장이 그 학교를 떠날 때가 되었거나 혹은 정년이 얼마 남지 않았다면 어김없이 각종 공사를 벌인다. 공사 자금은 상상을 초월한다. 예를 들면 농구 코트 한 면 설치하는 데 3~6억이 들어간다. 운동장 트랙 한 바퀴 포장한다면 물경 10억 정도가 들어간다. 거기서 건설 토목업계의 부정한 관행상 리베이트가 얼마쯤 거래될지는, 그런 식으로 교장 4년 하면 그가 얼마의 리베이트를 챙길 수 있는지는 상상에 맡기겠다.

물론 최근에는 이런 부분에서 착복하기가 점점 어려워지고 있다. 특히 곽노현 교육감 2년 동안 서울 지역의 교장들은 정말 "해 먹기" 어려워졌다. 물론 "해 먹는 것"에 관심이 없는 청렴한 교장들도 많다. 그런데 이 청렴한 교장들조차도 청렴해야만 하는 것이 아니라 스스로의 의지에 따라 청렴하다는 것, 그래서 청렴하다는 당연한 의무를 수행한 것만으로도 칭찬받는다는 것이 우리나라 교장제도의 비민주성을 증명한다.

게다가 청렴한 교장들 중에서도 상당수는 영광을 독점하곤 한다. 예컨대 언론 보도를 보자. 어떤 학교에서 뭔가 자랑할 만한 일이 생기면 그 인터뷰는 막상 그 일을 한 교사가 아니라 교장이 한다. 예컨대 바다중학교(학교장 아무개) 이런 식으로 소개가 되는 것이다. 그런데 어떤 학교에서 뭔가 나쁜 일이 생기면 결코 교장의 이름이 노출되지 않고, 담당 교사가 노출된다. 바다중학교 김파도 교사가 학생을 어찌했다 이런 식으로 나오거나, 그 교사가 전교조 교사이기라도 하면 전교조 교사가 어찌했다 이런 식으로 나온다. 교장의 잘못이 명백한 경우에는 '학교 측'이라는 집합명사로 보도된다. 그런데 실상 학교의 모든 훌륭한 일은 이름 없이 노력한 교사들의 몫이고, 학교의 거의 모든 나쁜 일은 교장이 주도했거나 교장을 꿈꾸는 이들이 저지른 일이다.

또 교장은 학교에서 어떤 식의 수업이나 교육 활동을 하는지에 대한 전권을 쥐고 있다. 방송 프로그램을 수업에 활용할지 말지, 정보매체를 수업에 활용할지 말지, 혹은 교외 체험 학습을 활용할지 말지 결정하는 것은 교장의 전권이다. 제아무리 유능한 교사가 제아무리 참신한 교육 방법을 활용하고 싶어도 교장이 안 된다고 하면 그만이다. 어떤 교육 프로그램을 교사 100%, 학생 100%, 학부모 100%가 요구한다 하더라도 교장이 안 된다고 하면 그만이다. 물론 그 정도로 고집 센 철면피 교장은 현실에서 찾기 어렵지만, 그럴 가능성이 있다는 사실, 그리고 정말 그런 교장이 있을 경우 이를 제어할 제도적 방법이 없다는 사실만으로도 우리나라 학교는 민주공화국의 학교가 아니다.

마지막으로 아주 치졸한 방법이지만, 교장은 소속 교직원에 대한 감독권을 가지고 장난을 치는 재미를 만끽할 수 있다. 우리나라 학교에서 근로기준법 따위는 먼 나라 이야기다. 근무 조건, 처우 등과 관련한 거의 모든 사항이 교장 마음대로다. 특히 휴직 문제 때문에 스트레스 주기로 마음먹으면 교장은 교사 하나를 거의 신경쇠약까지 몰고 갈 수 있다. 관련 법령인 〈교육공무원법〉에는 교사의 휴직을 다음과 같이 규정하고 있다.

제44조(휴직) ① 교육공무원이 다음 각 호의 어느 하나에 해당하는 사유로 휴직을 원하면 임용권자는 휴직을 명할 수 있다. 다만, 제1호부터 제4호까지 및 제11호[1]의 경우에는 본인의 의사와 관계없이 휴직을 명하여야 하고, 제7호 및 제7호의2의 경우[2]에는 본인이 원하면 휴직을 명하여야 한다.

휴직은 그 기간 동안 보수를 받지 아니한다. 그럼에도 불구하고 휴직하기가 매우 어려운 것이 우리나라 학교다. 신청과 동시에 휴직을 받는 방법은 중환자이거나, 군대 가거나, 교원단체 전임자가 되거나, 아니면 육아 휴직밖에 없다. 그 이외에 유학을 가거나, 더 많은 연구를 하고 싶거나, 연구단체나 시민단체에서 봉사하고 싶거나, 기타 여러 가지 이유로 잠시 교직을 쉬고 싶다면, 교장의 승인을 받아야 한다. 이때 교장이 승인/불승인을 결정할 어떤 지침이나 조건이 없다는 것이 문제다. 그러니 유학 승인을 이미 받아놓았는데, 교장이 허가하지 않아서 휴직을 못해 사직을 하는 경우가 발생하고, 심지어 배우자가 해외 근무를 하게 되었는데도 교장이 이 핑계 저 핑계로 휴직을 허가하지 않아 생이별을 하는 경우도 발생할 수 있다.

물론 이렇게 사악한 교장이 많지는 않지만, 어쩌다 한둘 나오기라도 하면 그 학교는 정말 고통스럽다. 그리고 실제로 나올 가능성이 적지 않다. 누구나 학교 다니던 시절, 가학적인 교사가 한둘 정도 기억날 것이다. 그런데 그런 사람들이 어떻게 된 일인지 교장이 되는 경우가 많다. 어쩌면 교장이 되기 위한 승진 경쟁 스트레스가 그들의 인성을 그리 바꾸어놓았는지도 모르겠다.

또 기속재량권(법적 요건을 갖추었는지 판단할 수 있는 재량권. 요

---

1 1. 신체상·정신상의 장애로 장기 요양이 필요할 때, 2. 〈병역법〉에 따른 병역 복무를 위하여 징집되거나 소집된 경우, 3. 천재지변이나 전시·사변 또는 그 밖의 사유로 생사生死나 소재所在를 알 수 없게 된 경우, 4. 그 밖에 법률에 따른 의무를 수행하기 위하여 직무를 이탈하게 된 경우, 11. 〈교원의 노동조합 설립 및 운영 등에 관한 법률〉 제5조에 따라 노동조합 전임자로 종사하게 된 경우.
2 7. 만 8세 이하의 자녀를 양육하기 위하여 필요하거나 여성 교육공무원이 임신 또는 출산하게 된 경우. 7의2. 만 19세 미만의 아동을 입양하는 경우.

건을 갖추면 승인해야 함)을 임의재량권(요건 자체를 직접 판단하는 재량권. 승인 여부의 전권을 행사함)으로 행사해도 법령과 친하지 않은 순진한 교사들은 알아서 긴다. 이걸 즐기는 맛도 교장의 맛이라면 맛이겠다. 예를 들면 〈교육공무원법〉 41조 "교원은 수업에 지장을 주지 아니하는 범위에서 소속 기관의 장의 승인을 받아 연수기관이나 근무 장소 외의 시설 또는 장소에서 연수를 받을 수 있다."가 그것인데, 이것이 교사들의 방학 기간의 근거다. 이 법령은 "수업에 지장을 주지 아니하는 범위"를 교장이 판단하도록 되어 있다. 즉 교사가 학기 중 일과 시간 중에 도서관에 가서 자료 조사를 하겠다고 요구하면 "수업에 지장"을 이유로 반려할 수 있는 것이다. 그러나 교장들의 눈에는 "승인을 받아"라는 문구밖에 보이지 않는다. 그래서 학생들이 오전에 모두 하교하는 시험 기간에도 교사들을 퇴근시간까지 붙잡아두면서, 교사들이 학교 밖에서 연수를 받고자 하는 41조 연수를 불승인하는 횡포를 부리는 것이다.

이게 우리나라의 학교다. 굳이 비유하자면 우리나라의 학교는 몽테스키외의 기준에 따르면 폭군 정치가 이루어지고 있는 곳이다. 하긴 몽테스키외는 폭군은 공포감을 통해 다스리고 백성들의 비웃음에 의해 무너진다고 했는데, 그것도 우리나라 학교에 딱 들어맞는 얘기다. 교사와 학생들을 억압하는 교장, 그리고 술자리나 다른 자리에서 교장을 조롱하는 교사와 학생들. 더 나쁜 것은 학생들이 이런 학교를 다니면서 최고 권력자가 뭐든지 마음대로 자의적 판단과 결정을 하는 것을 당연한 것처럼 여기게 된다는 것이

다. 북한의 학교가 수령론을 노골적으로 가르친다면, 남한의 학교
는 수령론을 이렇게 잠재적으로 가르친다.

이제 정리하자. 교사들이 교장이 되겠다고 악다구니를 쓰는 이
유가 교육적일 가망이 별로 없다. 그들이 교장이 되고자 하는 이
유는, 그리고 교장의 직무 만족도가 교사보다 훨씬 높아서 일본이
나 미국과 큰 차이를 보이는 까닭은 이 셋으로 축약된다.

(1) 별로 일 안 하고도 월급 받는다.
(2) 누구의 제어도 받지 않는 유일한 행위자로서의 권력을 만끽
    한다.
(3) 해 먹는다.

교장제도의 개혁 방향은 그러니 아주 간단하다. 이 셋을 반대로
뒤집으면 된다.

(1) 교장은 수업을 안 하는 만큼 행정 일을 전담하거나, 아니면
    수업도 분담하도록 한다.
(2) 교장의 학교에서의 결정권, 특히 교육에 대한 결정권은 교사
    들에게 분산시키며, 소속 교직원에 대한 감독권은 철저하게
    법령으로 제한하여 임의재량권처럼 남용하지 못하게 한다.
(3) 교장은 모든 회계 관리를 학교운영위원회, 교사회의 승인을
    받아서 하도록 한다.

제2부

교장이 바뀌면 학교가 바뀐다

교장공모제의 성과와 한계

이용환_서울 상원초등학교 교장

얼마 전 선진 교육 체험이라는 이름으로 독일을 방문할 기회가 있었다. 프랑크푸르트 근교의 한 초등학교를 가게 되었는데 교장 선생님이 매우 인상적이었다. 약간 수줍음을 타며 자신을 소개하는데 놀랍게도 3학년 담임을 겸임하고 있다고 했다. 다른 선진국에서는 교장이 수업을 한다는 이야기는 들었어도 담임까지 맡고 있는 줄은 몰랐다. 교직 경력이 20년인데 교사 6년, 교감 2년, 교장은 12년째란다. 그리고 자신의 모교에서 낸 교장 모집 공고를 보고 이 학교에 지원하였다고 한다.[3] 내 미래의 모습이라는 생각이 들었던 것일까? 자신의 학교를 자랑스러워하며 아이들과 늘 함께하고자 하는 독일의 교장 선생님이 왠지 친근하게 느껴졌다.

독일의 교장은 교사 경력 외에 별도의 교장 자격증이 필요하지

---

[3] 독일의 교장 임용 방식은 각 주에 따라 다소 다르지만 교장 자리가 결원이 되면 어떤 경우에도 신문에 공개 모집 공고를 하게 되어 있다. 이 공고는 학교명, 학교 규모, 보수 기준, 갖추어야 할 자격 및 능력 등의 요건을 제시한다.

않으며 더군다나 승진 개념으로 교장이 되는 것은 아니다. 오히려 보직 개념에 가깝다고 할 수 있다. 이와는 달리 우리나라의 교장 제도는 교장 자격증이 필요한 교원승진체제에 바탕을 두고 있다. 따라서 교장이 되는 것을 승진이라고 말하고 있으며 아무리 교직 경력이 많고 훌륭한 교원일지라도 교장 자격증을 취득하지 않으면 교장이 될 수 없다. 이러한 우리나라의 승진교장제도의 문제점을 보완하고자 교장이 될 수 있는 경로를 좀 더 다양하게 만들기 위해 도입된 것이 교장공모제이다.

2007년부터 시범적으로 실시된 교장공모제는 2011년 법제화를 계기로 정식 실시되고 있다. 교장공모제를 둘러싸고 수많은 논란이 거듭되면서 애초의 안으로 합의되지 못하고 어정쩡한 상태로 시범 실시되기는 하였지만 짧은 기간 동안 학교 현장에서는 많은 성과를 낳았다. 그렇지만 여전히 제도적 미비와 기득권 보호라는 한계를 넘지 못해 명실상부한 제도로 자리 잡지 못하고 우왕좌왕하고 있으며, 더 많은 학교로 확산되지 못하고 있다.

실시 5년째를 맞이하고 있는 교장공모제를 되돌아보며 그 성과와 한계를 나름대로 점검해보기로 한다.

1. 공모 교장들의 빛나는 성과

공모 교장 소통의 중심에 서다[4]

완도에서 쾌속 여객선으로 50여 분 가면 점점이 흩어져 있는 다도해의 섬들 가운데 외딴섬 청산도에 도착한다. 이 조용한 작은 섬에 언제부터인가 '교육 희망의 바이러스'가 퍼지기 시작했다. 바로 청산중학교 공모 교장 정연국 선생님이 새로 부임해 오셨기 때문이다.

정연국 선생님은 전교조 해직 교사 출신으로 전교조 전남지부장을 역임하는 등 교육운동가로 헌신하셨으며, 학교급식전남운동본부 운영위원장으로 우리 땅에서 난 제대로 된 먹을거리를 우리 학생들에게 먹이자는 학교급식운동의 주체로 더 열심히 활동하고 계셨다.

교육운동가이면서 친환경 먹을거리 생산과 소비의 전도사인 정연국 선생님이 이 작은 섬, 작은 학교의 공모 교장으로 오게 된 것은 무엇 때문일까?

지금까지 제가 해온 운동들, 그러니까 교육운동과 친환경 먹을거리 운동의 지향점은 소외된 이웃들과 함께하는 것이었다고 믿고 있습니다. 세상은 작년과 올해가 다르고, 어제와 오늘이 다를 정도로 빠르게 변하고 있고 그 빠른 변화 속에서 자신의 노력이나 의사와는 상관없이 구조적으로 소외되는 사람이 언제나 있었습니다. 신자유주의 사회의 모든 분야를 보이지 않게 혹은 노골적으로 통제하는 이 시대에 그 소외 현상은 더 심화되고 있습니다. 한때 교육은 이러한 사회적 소외를 벗어나기 위한 노력의 일환으로 각광받았던 것도

---

4 최병호(새로운학교연구모임, 이우학교) 탐방기.

사실입니다. 하지만 지금은 오히려 교육이 이러한 소외를 심화시키고 고착화하는 역할을 하고 있습니다. 청산도라는 경제적, 문화적으로 소외된 낙후 지역, 그래서 그 소외를 온몸으로 견디고 성장해야 하는 아이들, 이 아이들에게 자신들이 처한 상황을 극복할 수 있다는 꿈과 자신감을 심어주는 것도 제가 지금까지 해온 일들과 본질적으로 크게 다르지 않다는 판단을 했습니다.

정연국 선생에게 '교장'이라는 자리는 명예를 얻는 자리도, 권위를 누리는 자리도 아닌 자신이 지금까지 있어왔던 자리, 소외된 이들과 함께하는 그 자리의 연장선상에서 봉사하고 헌신하는 자리였던 것이다.

정연국 교장의 첫 번째 성과는 낡은 학교 시설을 현대화한 것이다. 그동안 청산중에 부임해 온 대부분의 교장들은 1년 혹은 그 미만의 임기를 가까스로 채우고 청산중학교를 떠나갔다. 그러다 보니 시설이 낙후되어 학교 건물이 20년 전의 모습을 연상시켰다. 부임하자마자 낡은 교사를 현대화하는 것이 매우 시급한 과제라는 것을 깨닫고 우선 도서관을 비롯하여 과학실 등 특별실을 정비하고 교실도 연차적으로 현대화했다. 더불어 학교 주변의 자연과 잘 어울리는 생태체험장도 만들었다.

그 다음에 들 수 있는 성과는 바로 학교를 구성하는 모든 구성원들의 자유롭고 민주적인 소통을 이루어냈다는 점이다. 매주 수요일 모이는 교직원 모임은 자연스럽게 친목 모임을 겸한다. 청산중학교 교사들은 관사 생활을 하기 때문에 저녁을 함께하면서 자연스럽게 모임을 이어간다. 이름하여 '관사공동체'다. 관사공동체는 짧게는 2년에서 길게는 4년까지 가족보다 더 많은 시간을 함께 나누는 그야말로 생활공동체다. 이 관사공동체의 핵심은 '자유롭고 민주적인 소통'이다. 이 소통을 기반으로 끈끈하고 신뢰가 담긴 공동체적 문화가 형성된다. 그리고 그 소통의 중심에는 충실한 매개자이며 중개자인 정연국 교장이 있다. 소통의 주제는 학교 이야기부터 학생들 이야기, 가족 이야기까지 다양하다.

"방과 후에 자율학습하는 아이들을 조금 더 도와줄 수 있는 방법이 없을까?"

정연국 교장이 말을 꺼내자 "제가 아이들 수업을 해줄 생각입니다." 자연스럽게 수학 선생님이 화답한다. "저도 아이들 글쓰기를 지도해볼 생각입니다." 국어 선생님도 거든다.

청산도는 학원도 과외도 없다. 도시의 아이들과는 경쟁할 수 없는 조건이다. 이들에게 학습은 경쟁을 위해서가 아니라 더 넓은 세상에 대한 꿈을 꾸도록 하는 데 목적이 있다.

"청산중학교 아이들에게 학습은 곧 복지입니다."라는 정연국 교장의 철학이 교사들과의 소통 속에서 자연스럽게 발현되고 있다. 학부모님들과 소통은 어떻게 이루어질까? 늦은 시간인데도 정연국 교장은 학교 앞 호프집에서 자연스럽게 학부모님들과 만난다.

"처음에는 학부모님들을 만나기 위해 학교로 오시라 하니 학부모회 간부들을 제외하고는 도무지 오시질 않더군요. 그래서 어쩝니까? 제가 찾아 나서야 했지요."

그때부터 정연국 교장이 학부모들을 만나는 장소는 호프집, 노래방, 식당 등이 되었다. 어떤 장소든지 학부모들이 모여 있다는 정보를 입수하면 달려갔다고 한다. 학부모들은 정연국 교장이 오고 나서 학교가 일 년 만에 10년만큼 발전했다고 말한다.

처음의 수공업적인 소통 방법이 지금은 정기적인 학부모 만족도 조사, 학부모회, 운영위원회 등 학부모 조직의 위상 강화, 그리고 학부모 동아리의 활성화로 이어지고 있다.

42명의 아이들, 그만큼의 학부모, 그리고 18명의 교사와 교직원들이 하나의 교육공동체로 살아 숨 쉬는 청산중학교의 소통이 지향하는 목적은 "학교는 아이들의 현재뿐만이 아니라 그 아이들의 꿈, 그 아이들의 미래까지 책임져야 한다."는 지극히 당연한 명제에 두고 있다.

2008년 3월 부임한 이후 낡은 시설을 현대화하고 학교 구성원들 사이에 신뢰를 바탕으로 소통하는 교육공동체를 구축하는 등 성공적으로 학교를 운영해온 정연국 교장은 청산중학교 공모 교장 임기 4년을 보내고 새로운 도약을 준비하고 있다.

칭찬이 일상화된 민주적 학교 치평중학교[5]

현관 입구에 "친절 3운동: 웃는 얼굴, 고운 말씨, 바른 인사"라는 표어가 첫눈에 들어온다. 게시판에는 교내 홈페이지에서 보았던 칭찬 릴레이가 인쇄된 노란 종이가 전시되어 있었다. 진주라는 아이가 박사랑이라는 아이를 칭찬하는 내용이다.

---

5 정영배(새로운학교연구모임, 인헌고) 탐방기.

3학년 8반 박사랑을 칭찬합니다. 사랑이는 언제나 유쾌하고 친구들을 항상 즐겁게 해줍니다. 그리고 심성이 착해서 친구들이 도움을 청하면 외면하지 않고 최선을 다해 도와줍니다. 이해심도 깊고 마음이 넓어서 상대방의 말을 항상 귀담아듣는 모습이 친구이지만 본받고 싶습니다. 그런 장점 때문에 사랑이의 주위에는 친구들이 많습니다. 그리고 수업을 들을 때는 차분하고 지지하게 듣고 또 쉬는 시간에는 재미있게 놀 줄 아는 사랑이는 저의 자랑스러운 친구랍니다. 그래서 저는 박사랑을 칭찬합니다.

광주를 일컬어 '의'와 '예'의 고장이라고 한다. 그렇지만 대부분의 아이들은 광주에 살면서도 조상의 흔적에 대해서 무관심할 뿐아니라, 안다고 해도 이론에만 그치는 경우가 많다. 아이들에게 직접 역사의 현장을 찾아보고 그 역사의 현장에 서린 조상들의 얼을 체험할 수 있는 기회를 주고자 한 것이 역사현장 체험 프로그램이다. 4·19에는 광주공원의 4·19 충혼탑에 헌화하고, 5·18에는 걷기와 모의재판을 열고, 학생의 날 기념식은 학생회가 주관한다.

역사현장 체험을 통해 '의'를 배우고, 친절 3운동을 통하여 자연스럽게 '예'를 익히도록 하면서 교육 만족도 99.9%를 실현한 학교가 있다. 광주 치평중학교가 그곳이다. 그 학교의 중심에는 공모 교장인 정병표 교장이 있었다.

정병표 교장은 1989년 전국교직원노동조합 결성에 참여하여 송원학원에서 해직되었다가 94년 광주 효광중학교로 복직한 이력이 있다. 전교조 광주지부에서 조직국장, 총무국장, 쟁의국장, 사무처장을 거쳐 지부장으로 일을 했고, 92년에는 대선 공정선거 감시단 활동을 한 열혈 교육운동가이다.

그런 그가 치평중학교 공모 교장에 응모하고자 했을 때 많은 선생님들이 그를 탐탁하게 생각하지 않았다. 강성 이미지가 너무 커 보였기 때문이다. 그렇지만 그는 인사 문제와 교육과정에 중심을 둔 학교 경영 계획을 가지고 응모해서 당당하게 교장으로 선임되었다.

치평중학교는 주변 환경이 상업지역과 주택가가 혼합되어 있는 지역으로 영세 시영 아파트에 거주하는 기초생활수급 대상자와 저소득층 가정이 많다. 처음 일 년간은 화합과 신뢰 구축을 위하여 교육 예산을 많이 확보하기 위해 동분서주했다. 교육복지 투자 우선 지역 사업 학교로 지정되면서 어느 정도 예산이 확보되었고, 어린이 봉사재단 등에서 예산을 마련하여 어려운 학생들에게는 장학금을 주기 시작했다. 생명의 숲 가꾸기에 공모하여 학교 숲을 조성하고 기아차 노조와 협력하여 학생 견학을 성사시켰다. 도시와 농촌의 생활 방식 차이를 학생들이 직접 체험할 수 있도록 도농 교류 체험 프로그램도 도입했다. 2박 3일 일정으로 강진군 칠량중학교를 찾아 농촌 아이들과 교류하면서 생활도 경험하고 친교 시간을 통해서 도시와 농촌의 생활과 경험을 공유하는 기회를 갖도록 했다.

학교 내의 모든 일을 민주적으로 결정하는 것은 치평중의 자랑이다.

학년 초 교사들의 정기 총회에서 건의사항 26건을 받아 1건만 해결하지 못하고 다 해결하였습니다. 회의에서 의견 수렴을 받다 보니 지금은 건의사항이 없습니다. 연말에는 교직원회의에서 발언을 많이 한 사람에게 시상하고 있습니다.

매월 1회의 정기 교직원 총회를 실시하여 학교 경영 전반에 대한 자유로운 의사 개진과 토론이 이루어지고 있다. 교육공동체가 학교 경영에 함께 참여하는 풍토가 마련되고 교사 상호 간 협력적 교육 활동이 활발하게 이루어지고 있다. 상명하달 식 의사 전달 구조를 민주적 절차에 근거한 의사 전달 구조로 개선하여 다양한 의견 수렴 확대와 학교 발전을 위한 혁신적 구상의 자유로운 개진이 많아졌다. 학교 담장 개선 추진, 자전거 보관대 설치, 학교 숲 가꾸기 공모 추진, 학급 칠판 교체 등 많은 아이디어가 나와 채택 추진되었다. 교과별, 부서별 교수 활동 및 학교 단위 사업을 위한 예산 편성이 확보되고 투명하게 공개되어 운영되고 있다.

학생회와 학부모회도 민주적으로 운영되고 있다. 학생회에서 폐지를 요구하는 것은 선생님들과 논의하여 모두 들어주었다. 학부모회는 감시자로서의 역할, 학교교육에의 참여, 그리고 학교교육과정상의 제반 문제에 대한 의견 제안과 학교 행사의 조력자로서 역할을 하면서 학교교육 발전에 이바지하고 있다.

정병표 교장은 4년의 임기를 마치면서 다음과 같은 인사말을 남겼다.

제가 구현코자 했던 교육철학은 '민주적 분권형 교육공동체'였습니다. 여기서 '민주적'이라 함은 '민주적 소통'과 '민주적 의사결정구조'를 뜻합니다. 또한 '분권형'이라 함은 교장이 절대 권한을 행사하는 것이 아니라, 구성원들과 권한을 분배하여 구성원 모두가 공동으로 참여하는 경영을 이릅니다. 해서 교장인 저는 20%만, 나머지 80% 권한은 교감과 행정실장 및 부서장과 교사들에게 나눈다는 신념을 기저에 두고 학교를 경영해왔습니다. 그런 행복한 4년 동안의 깨달음으로 '원활한 소통은 원만한 관계를 형성한다.'라는 값진 교훈을 얻었습니다. 그동안 공모 교장들이 2회 평가를 받았는데, 저는 2009년과 2011년에 받았습니다. 여러 평가 내용 중에서도 제가 특히 자랑 삼고 싶은 한 대목은 학부모, 교사, 운영위원들이 평가에 직접 참여한 학교 구성원 만족도에서 중간 평가에서는 99.02%, 최종 평가에서는 99.9%의 아주 높은 점수를 받은 것입니다. 그저 한없이 베풀어주신 큰 사랑에 머리 숙여 감사드릴 따름입니다.

큰 꿈을 가꾸는 작은 학교 이야기[6]

조현초 교문에서 학교 건물을 보면 '큰 꿈을 가꾸는 작은 학교'라는 문구가 눈에 들어온다. 요즘처럼 꿈이 사라져가고 있는 시대에 아이들에게 어떻게 꿈을 심어주고 그 꿈이 크게 자라나도록 가꾸는 방법이 무엇일까 궁금하다.

조현초는 유달리 전학생이 많다. 대부분이 도시에서 소문을 들

---

6 이준범(새로운학교연구모임, 숭미초) 탐방기.

고 찾아온 탓이다. 5년 전 폐교 위기에 처했던 소규모 시골 학교가
지금은 전교생이 300명이 넘는 큰 학교가 되었다.

"조현초로 전학을 오게 된 것은 학교교육에 참여하고 싶은 마음도
있었고, 마침 조현초에 공모제 교장이 오셨다는 말을 들었기 때문이
다. 학부모의 의견을 잘 들어준다는 말도 있고, 학교장의 학교 운영
관이 맘에 들어 조현초로 아이들을 전학시키기로 마음먹었다."

"학력에 대한 걱정도 있었는데 80분 수업하고 20분 쉬는 것에 공감
이 갔다. 기존의 공부 방법과 달라 새로워 보였다. 공부할 때는 집중
력을 높일 수 있고, 쉬는 시간은 충분히 쉴 수 있을 것 같았다."

"주변의 산과 하천을 활용한 수업을 한다는 이야기도 들었다. 주변
을 활용하여 수업하는 학교는 많지 않을 것이다. 얼마 전에 아이들
이 산에 가서 나뭇잎을 주워서 종이에 붙이는 작업을 하루 종일 하
였다. 또 생태 하천으로 가꾸고 있는 냇가를 이용한 수업도 좋았다."

"1학기 때 무용을 하였다. 수업과정이 깊이가 있고, 또 뭔가 하고 있
다라는 느낌을 주는 것 같다. 다른 학부모에게서도 그런 이야기들을
들었다."

경기도 양평군 용문면 조현리의 한적한 시골 마을, 학년당 한
학급씩 6학급 전교생 90여 명에 불과했던 폐교 위기의 작은 시

골 학교는 5년 만에 12학급 323명의 학교로 성장했다. 이 모두가 2007년 이중현 교장이 부임해 온 이후에 생긴 일이다.

이중현 교장은 2007년 9월 1일 공모 교장으로 조현초에 왔다. 평교사도 지원할 수 있는 내부형 교장공모제를 통해서였다. 조현초에 부임한 이중현 교장은 거처를 학교 사택으로 옮겨 4년을 지냈다. 학교에 오롯이 집중하고 싶어서였다고 한다. 그런 교장의 열정이 느껴져서일까? 조현초의 교사들은 다른 학교 교사보다 2~3배나 더 많은 일을 하고도 힘들다고 하지 않는다. 교사들의 자발성이 발현되었고 그 덕택에 학교에는 활기가 넘쳤다.

이중현 교장은 30년 동안 교직 생활에서 느껴보지 못한 교사와 아이들의 변화를 4년 동안 보았다고 말한다.

조현초의 자랑은 '조현꿈자람교육과정'이다. 이중현 교장이 부임한 첫해에 작성된 조현초 학교교육계획인 조현꿈자람교육과정은 지금까지 큰 변화 없이 진행되고 있고, 성공적인 학교교육과정이라는 평가를 받고 있다.

조현꿈자람교육과정이 지향하는 것은 첫째, 교육 내용의 획일성을 극복하기 위한 교육 내용의 다양화, 둘째, 도농 격차 해소를 위한 교육 복지, 셋째, 지역사회에 기여하는 학교, 넷째, 교원의 자발성에 근거한 농촌 학교의 새로운 모델 만들기이다. 이를 교직원과 합의하고, 학부모들과도 공유한 뒤 교과, 특별활동, 재량시간의 재구성에서 수업과 평가에 이르기까지 다양한 변화를 시도했다.

이러한 내용을 집약한 것이 '조현교육과정 9형태'다.[7] 1, 2년 차에는 학교교육과정의 내용 재구성과 평가에 중점을 두었고, 이를 바탕으로 3년 차부터 수업의 혁신을 순차적으로 진행하고 있다.

이러한 노력에 힘입어 조현초는 2009년 9월 1일 자로 경기도 교육청의 혁신학교로 지정받았다. 혁신학교 2년 차를 맞이하지만, 그 성과는 상당하다. 조현교육과정 9형태는 학교교육에서 학생 중심의 교육과정을 실현하려는 노력의 일환이며, 일반 학교의 교육과정과 비교할 때 변화의 폭이 크다는 평가를 받고 있다. 공교육에도 희망이 있다는 것을 보여주는 혁신학교로서 조현초의 성공 요인에 대해 이중현 교장은 '교원의 자발성'에 근거한 정책과 '지속적인 정책 관리 역량'이 결합되었기 때문이고, 지향성에서도 경쟁 논리에 근거한 학교 운영이 아닌 협력과 성장이라는 관점에서 운영되었기 때문이라고 말한다.

이중현 교장과 자발성을 가지고 모인 교사들이 어우러져 새로운 학교의 모델을 만들어낸 조현초의 성공 사례는 우리에게 학교가 변할 수 있다는 믿음을 주고 있다.

---

7 조현초 교육과정은 조화로운 삶을 가꾸는 '교육과정 9형태'라는 이름으로 학교가 주관하여 운영한다. 교과교육과정 형태인 ① 디딤돌 학습: 언어, 수리 기초 능력의 신장하는 학습, ② 다지기 학습: 전학년 음악(리코더) 체육(민속놀이-제기차기 등) 학년 단계에 맞는 수준의 기능 익히기, ③ 발전 학습: 학생이 만들어가는 교육과정으로 자기주도적 학습, ④ 통합 학습: 종합적 문제 해결력 향상을 위한 주제 탐구 활동, 체험 학습과 연계한 교과 통합 학습, ⑤ 문화예술 학습: 체육, 국어과 재구성으로 문화예술교육 프로그램으로 운영하여 문화예술을 통한 창의성, 감수성, 사회성 기르기, ⑥ 생태 학습: 학교와 마을 주변의 생태환경을 활용한 생태 체험 및 생태 탐구 학습이 있고, 재량활동 교육과정 형태인 ⑦ 창조 학습: 예술적 표현 기능, 탐구 기능, 창의적 능력을 기르기 위한 주기 집중 학습과 특별활동 교육과정 형태인 ⑧ 어울마당: 전교생이 함께하는 자치, 적응, 행사 활동, ⑨ 동아리: 4~6학년의 계발 활동으로 학생 스스로가 만들어가는 동아리 활동이 있다.

2. 교장공모제 도입 배경과 변천 과정

교장임용제도의 다양화

교장승진제도의 문제점을 극복하기 위하여 전교조에서는 학교 자치의 일환으로 2000년 초부터 교장선출보직제를 도입할 것을 요구하였다. 그러다가 제16대 대통령 선거를 계기로 교육계의 현안으로 떠오르기 시작했다. 대통령 선거 과정에서 '교장보직제와 학교 자치'를 공약으로 제시한 노무현 대통령이 당선된 후 인수위원회는 "교장보직제를 포함한 공모제, 초빙제 등 교장임용제도 다양화'를 국정 과제로 재확인하고 이와 관련한 로드맵을 마련하였다.

참여정부 출범 후 교육인적자원부는 교육개발원의 연구보고를 토대로 2005년 8월 교장임용제도 개선 시안을 마련하였는데 그 주요 내용은 승진임용제도를 부분적으로 개선하고 초빙교장제도와 자격증 특례 학교를 확대하는 것이었다. 이 시안에 대해 학교 현장의 요구인 교장보직제를 포함시키지 못했다는 비판이 일자 교육인적자원부는 2005년 10월 대통령 자문기구인 교육혁신위원회에 그 시안에 대한 검토 및 국민적 합의 수준이 높은 방안을 마련해줄 것을 의뢰하였다.

교육혁신위원회는 이 요구에 부응하여 그 산하에 '교원정책개선특별위원회(이하 교원특위)'를 구성하고(2006. 1. 6), 약 7개월에 걸쳐 교장임용제도 개선 방안을 집중적으로 논의하였다. 교원특위는 국민적 합의 수준이 높은 교장임용제도를 마련하기 위해 사회 각계의 여론을 수렴할 수 있는 인사들을 위원으로 위촉하여 교장임용 정책에 대한 공론화를 시도하였다. 자체 회의 17회 및 워크숍 2회, 지역순회 토론회 6회, 라디오 방송 토론회 2회, 온라인 토론 및 여론조사 등을 토대로 하여, 공모제 도입을 핵심으로 하는 시안을 마련하였으나 특위 위원들의 추인 실패로 시안은 폐기되고 특위 활동은 종료되었다(2006. 7). 교원특위에서 자체 방안을 도출하지는 못했으나 논의 과정을 거쳐 일정한 정도의 공감대는 형성되었다고 판단하여, 교육혁신위원회에서는 교원특위에서 논의된 내용을 기초 자료로 삼아 4차례에 걸친 전체 회의와 교육인적자원부와의 공식 정책 협의(4회)를 통해 교장임용제도 개선안을 마련하고(2006. 8), 대통령에게 보고하였다. 이 개선안의 핵심 내용은 교장공모제를 도입하여 학교혁신을 촉진하고, 교장평가제를 통해 학교 경영의 책무성을 강화한다는 것이었다.[8]

교장공모제의 유형

교장공모제는 기존의 교장 임용 방식이 지닌 문제점과 한계를 극복하고 다양한 경력과 배경을 가진 유능한 인재들이 교장직에 임용될 수 있는 기회를 확대한다는 취지로 도입되었다. 교장공모제는 교장 자격증을 가지고 있는 사람뿐만 아니라 교장 자격증이 없어도 일정 자격을 갖춘 사람 가운데 교장의 직무를 효과적으로 수행할 수 있는 대상자를 공모하는 방식으로, 이는 교장의 잠재적

---

8 나민주 외(2008), 『교장공모제 학교의 효과 분석』, 충북대학교 지방교육연구센터.

인 인력 풀을 확대하고 다수의 잠재 인력 가운데 공개적인 심사를 거쳐 교장을 선발하는 제도이다.

2007년 9월부터 시범 실시하고 있는 교장공모제는 2008년 3월 과 8월, 2009년 3월과 8월에 각각 추진된 2차, 3차, 4차, 5차에 이 어 2010년 3월 현재 6차, 총 526개 학교가 참여하고 있다. 공모 유형별로 내부형 196개 학교, 개방형 26개, 초빙형 304개 학교로 분류된다.

교장공모제는 공모 교장의 응모 자격 기준에 따라 세 가지 유형으로 나뉜다. 첫째로 현재 가장 많이 적용하는 형태로 교장 자격증을 소지한 자를 대상으로 일반 학교에 공모를 실시하는 초빙형이 있다. 말 그대로 교장 자격증 소지자만을 대상으로 하기 때문에 진정한 의미의 공모제라고 할 수는 없다. 둘째로 교장 자격증 소지자만이 아니라 15년 이상의 교육 경력을 지닌 교육공무원 또는 사립학교 교원이면 누구나 공모 교장 지원 자격을 부여하는 형태로 내부형이 있다. 내부형은 일반 초·중·고등학교 가운데 자율학교에 대해서만 적용된다. 자율학교는 〈초중등교육법〉 제61조 규정에 의거한 학교로 교육과정과 교원 인사 등에서 일정한 자율성을 가진 학교를 말하며 교육감이 지정하도록 되어 있다. 셋째로 자율학교 중에서 특성화 학교, 예술체육계 고등학교에만 적용되는 형태로 교사가 아니어도 해당 학교교육과정과 관련된 기관이나 단체에서 3년 이상 종사한 자에게 지원 자격을 부여하는 개방형이 있다.

교장공모제의 세 가지 유형은 이처럼 교장의 자격 기준과 적용 학교의 종류에 따라 구분되는데 표로 정리하면 다음과 같다.

교장공모제 유형별 자격 기준

학교의 종류	일반 초중등학교	자율학교	
		일반 초중등학교	특성화 학교, 예술체육계 학교
적용 공모제 유형	초빙형	내부형	개방형
공모 교장의 자격 기준	교장 자격증 소지	15년 이상의 교육 경력	관련 분야 3년 이상의 경력

교장공모제의 시범 적용

교육인적자원부는 교육혁신위원회가 제시하고 대통령에게 보고하여 확정한「교원 정책 개선 방안」(2006. 11)에 의거하여 2007년 9월부터 자율학교를 대상으로 교장공모제 시범 운영을 추진하였는데, 초빙교장제와 자율학교 대상 교장공모제(내부형, 개방형)를 통합 적용하여 55명의 공모 교장이 9월 1일에 임용되었다. 제1차 시범 적용에 이어 제2차 시범 적용[9]에서는 57개 학교가 참여했다.

1, 2차 시범 실시 기간에는 교장공모제의 취지를 살리기 위해 공모 교장의 50% 이상을 내부형으로 뽑도록 했다. 이에 따라 1, 2차 시범학교로 선정된 112개교 중 내부형으로 공모 교장이 선임된 학교는 74개교나 되어 전체 공모 교장 중 66%를 차지했다.

3차 시범 실시(2008. 9. 1)부터는 교장공모제 시범학교를 대폭 확대하기로 하면서 공모 유형별 인원을 시도 교육감이 자율적으로 결정하도록 하였다. 이에 따라 내부형이 대폭 줄어들어 교장공

---

9 시범 운영의 기간은 4년이었다(1차 '07. 9. 1~'11. 7. 31, 2차 '08. 3. 1~'12. 2. 29).

모제의 취지가 퇴색될 것이라는 문제가 제기되었다. 우려했던 대로 3차 시범 실시는 내부형이 대폭 축소된 결과로 나타났다. 시범 학교 71곳이 지정되었으나 내부형은 18개교(전체 중 25%)에 불과했던 것이다.

이것은 이명박 정부가 교장공모제를 둘러싼 교육계의 이해관계에서 교총과 교장단의 손을 들어준 결과였다. 4차 시범 운영(2009. 3. 1)과 5차 시범 운영(2009. 9. 1)에서도 교장공모제는 확대되는 듯했으나 대부분 초빙형이었고 내부형은 29%에 그쳤다.

참여정부 시절부터 교육부 지침에 의거하여 시범 실시되어 오던 교장공모제는 2009년 10월 국무회의에서 시행령을 개정하여 법적 근거를 마련하게 된다. 그러나 이명박 정부는 〈초중등교육법 시행령〉을 개정하면서 교장 자격증 미소지자 공모 가능 학교 수를 내부형 공모 학교 수의 15% 이내로 제한함으로써 사실상 공모제를 초빙형으로 전락시키고 말았다.[10]

내부형은 3중의 족쇄가 채워졌는데 자율학교에서만 내부형 공모교장제를 할 수 있고, 그것도 교장 결원의 15%에서만 가능하고, 그 공모제에서도 교장 자격증 미소지자가 공모할 수 있는 학교는 15% 이내로 제한한 족쇄가 그것이다. 그 결과 6차 시범 운영에서는 내부형 공모제는 경기도에서만 4개교만 겨우 실시되고 전체적으로는 사실상 봉쇄되어버렸다. 교과부 관계자는 "무자격 교장제

---

[10] 〈초중등교육법 시행령〉 105조의 2의 ②항: 교장 자격증을 소지하지 아니한 자가 응모할 수 있는 학교의 비율을 교육감이 교장을 공모할 당시 공모를 시행하는 학교 수의 100분의 15를 초과하지 아니하도록 조정하여야 한다.〈신설 2009. 10. 7.〉

도라는 한국교총과 교장단의 반발이 너무 많아 내부형 제도는 폐지하기로 교과부 방안을 만들었다."고 말했다.

6차 시범 운영(2010. 3. 1) 이후 공모제는 실시 확대를 위한 새로운 법적 근거를 가지게 된다. 국회 차원에서 교장공모제의 법적 근거를 마련하기 위한 법제화 논의가 이루어지다가 2011년 9월 16일 교장공모제 확대 법안이 국회 본회의를 통과하였다. 교육공무원법과 초중등교육법에 들어간 내용을 보고 언론은 교장제도의 획기적 변화를 예고하기도 했지만 시행령 개정 과정에서 내부형 교장공모제를 15/100로 제한하는 조항이 그대로 남게 됨으로써 이러한 기대는 물거품이 되고 말았다.

그래도 나름대로 의미를 찾는다면 평교사의 응모 자격이 기존의 교원 경력 20년에서 15년으로 줄어들어 진입 장벽을 줄였다는 것과 교장 임용 제청 과정에서 제청자인 교과부 장관의 권한 남용을 제한하는 내용이 들어갔다는 것이다.[11] 그리고 교장 자격 기준에 있어서도 변화가 일어났는데 "공모 교장으로 선발된 후 교과부령으로 정하는 연수과정을 이수한 사람"에게도 교장 자격증을 주기로 한 것이다. 이는 한국교총 등이 교장공모제 반대 논리로 내세운 '무자격 교장론'을 잠재우기 위한 것으로 평교사 출신 공모 교장들은 이에 따라 2012년 교장 자격 연수를 통해 교장 자격을 취득하게 된다.

---

11 교육공무원법 개정안에서 "임용제청권자(교과부장관)는 해당 교장으로 임용해줄 것을 임용권자(대통령)에게 제청한다."고 못 박은 뒤 "다만, 교장임용 관련 법령 위반 등 특별한 사유가 있는 경우에는 그러하지 아니한다."고 규정했다. 법령 위반 등의 사유 말고는 임용 제청 거부를 사실상 막은 것이다.

교장공모제 현황

현재까지 교장공모제를 통하여 교장으로 배출된 사람은 총 1,934명에 이른다. 이 중 초빙형을 통해 교장이 된 사람이 1,496명으로 전체 77.3%를 차지하고 있다. 평교사도 응모할 수 있는 내부형을 통해 교장이 된 사람은 398명으로 이 중 20.6%를 차지하고 있으며 개방형은 2%에 불과하다. 그러나 내부형이라고 해도 평교사 출신으로 교장이 된 비율은 그다지 많지 않아 전체 직위별 상황을 보면 평교사 출신 공모 교장은 전체의 10%에도 미치지 못한다.

이는 앞서 살펴본 바와 같이 3차 시범 실시부터 초빙형을 강화하고 내부형을 약화시킨 결과이다. 게다가 내부형을 실시하더라도 각종 제도적 장치와 심사 과정을 거치면서 최소한 교감이나 교장, 장학사(연구사)들이 내부형 교장제도를 잠식하도록 한 결과이다.

교장공모제 유형별 현황

구분	내부형		개방형		초빙 교장형		합계
1차	38	69%	5	9%	12	22%	55
2차	36	63%	3	5%	18	32%	57
3차	18	25%	2	3%	51	72%	71
4차	31	29%	2	2%	75	69%	108
5차	29	29%	3	3%	69	68%	101
6차	44	33%	11	85%	79	59%	134
2010. 9.	4	0.9%	1	0.1%	423	99%	428
2011. 3.	63	17%	4	0.9%	308	82.1%	375
계	263	20%	31	2%	1,035	78%	1,329

교장공모제 직위별 현황

구분	교장	교감	교사	전문직	기타	합계
1차 시범	16명 (29.1%)	26명 (47.3%)	8명 (14.5%)	4명 (7.3%)	1명 (1.8%) -교수	55명
2차 시범	17명 (29.8%)	24명 (42.1%)	9명 (15.8%)	7명 (12.3%)	-	57명
3차 시범	32명 (45%)	24명 (33.8%)	7명 (9.9%)	8명 (11.3%)	-	71명
4차 시범	41명 (38.0%)	46명 (42.6%)	12명 (11.1%)	9명 (8.3%)	-	108명
5차 시범	25명 (24.8%)	57명 (56.4%)	8명 (7.9%)	11명 (10.89%)	-	101명
6차 시범	41명 (30.6%)	65명 (48.5%)	4명 (3%)	20명 (14.9%)	4명(3%) -산업계 3, 교육계 1	134명
계	172명	242명	48명	59명	5명	526명

교장공모제 관련 시도별 현황

시도	내부형	개방형	초빙형	합계
서울	34	3	196	233
부산	30	2	83	115
대구	18	4	68	90
인천	13	2	80	95
광주	12	1	50	63
대전	9	0	39	48
울산	5	2	34	41
경기	120	5	237	362
강원	14	1	74	89
충북	11	2	55	68
충남	27	6	95	128
전북	27	4	93	124
전남	16	2	107	125
경북	27	5	142	174
경남	31	1	115	147
제주	4	0	28	32
계	398	40	1,496	1,934

2012년 9월 현재

3. 교장공모제의 성과와 한계

교장승진제도의 폐해를 극복하고 새로운 리더십으로 학교와 지역 발전을 촉진할 유능한 교장을 임용하기 위하여 교장공모제가 도입된 지 5년이 경과하면서 그 성과와 한계가 일정 정도 드러나고 있다.

내부형 공모 교장들이 민주적 소통의 리더십으로 학교를 변화시키면서 새롭게 공교육의 희망으로 떠오르고 있는 반면, 초빙형 교장공모제는 사실상 임기 연장 수단으로 전락한 상태이다. 특히 이명박 정부 들어서면서 초중등교육법 시행령에 자율학교에서조차 내부형 공모제 실시 학교 수를 100분의 15로 제한함으로써 사실상 교장공모제를 교장초빙제로 만들어버렸다. 교육시민단체 등에서는 공모제의 실시 여부를 학교 구성원의 요구에 맡길 것과 심사 과정의 공정성, 투명성 보장 및 공모제 자체를 내부형 공모제로 통합하여 그 도입 취지의 의미를 최대한 살릴 것을 요구하였지만 교과부는 그런 요구를 묵살했을 뿐만 아니라 시행령으로 아예 내부형 공모제에 3중의 족쇄를 채워버리고 말았다.

교장공모제의 긍정적 성과

교장공모제의 성과를 본격적으로 논하기에는 아직까지 이른 감이 있다. 왜냐하면 아직까지 교장공모제는 시범 실시에 불과하고 법제화되어 본격적으로 실시된 지 1년이 채 경과하지 않았기 때문이다. 그럼에도 불구하고 시범 실시된 학교에서 일정한 성과를 올리고 있음은 앞에서 살펴본 바 있다. 특히 조현초등학교를 비롯하여 많은 학교에서 교육과정의 근본적 개혁을 시도하고 있으며 새로운 교육과정을 제시하고 있다. 나아가 공모교장제를 실시한 모든 학교에서 학교 운영의 민주화, 노후 시설 등 교육 환경 개선, 학생 중심의 교육 활동 강화, 학부모·지역사회와의 소통 강화 등이 두드러진다.

교장공모제의 성과는 공식적인 연구 결과에 의해서도 확인되고 있다. 최초의 연구인 「교장공모제 학교의 효과 분석(연구책임자 나민주 충북대 교수, 2008. 6)」에 의하면 공모 교장은 일반 학교 교장에 비해 높은 직무 수행 능력을 보였고 교장으로서 기본 특성도 잘 갖춘 것으로 나타났다.

이 연구 결과를 좀 더 구체적으로 살펴보면 시사하는 바가 있다. 교장공모제 중에서도 내부형 교장 공모가 가장 효과적인 것으로 나타났는데 연구 내용은 크게 네 가지였다. 첫째, 교장공모제 학교에서 시범 적용 이전과 이후에 교장의 직무 수행 및 기본 특성이 차이가 있는가? 시범 적용 이후 공모제 학교에 어떤 변화가 있는가?(공모제 시범학교의 사전/사후 비교), 둘째, 교장공모제 시범 적용 학교와 일반 학교 간에 교장의 직무 수행 및 기본 특성에 차이가 있는가?(공모제 학교/일반 학교 비교), 셋째, 교장공모제 시범 적용 학교의 배경 변인에 따라 교장의 직무 수행 및 기본 특성에 차이가 있는가?(공모 유형, 공모 시기, 학교 소재 지역, 학교급별 차이 등), 넷째, 공모로 임용된 교장의 배경 변인에 따라 교장의 직무 수행 및 기본 특성에 차이가 있는가?(교장 자격증 소지 유무 등

에 따른 차이)

이 네 가지 사항의 결과는 다음과 같았다.

1. 공모제 학교의 변화: 사전·사후 비교 결과 공모 교장이 전임
   교장에 비해서 더 높은 직무 수행 수준을 보였고, 교장으로서
   기본 특성도 더 잘 갖추고 있는 것으로 분석되었다. 또 시범
   적용 이후 학교의 변화에 대해서도 전반적으로 긍정적인 평
   가를 보이고 있어서 공모제 시범 적용 이후 해당 학교에서 긍
   정적인 효과가 나타나고 있는 것으로 판단된다.

2. 공모제 학교와 일반 학교의 비교 결과: 공모제 학교 교장이
   일반 학교 교장에 비해서 더 높은 직무 수행 수준을 보였고,
   교장으로서 기본 특성을 더 잘 갖추고 있는 것으로 평가되고
   있어서 시범 적용 학교에서 긍정적인 효과가 나타나고 있는
   것으로 판단된다.

3. 공모제 학교 배경 변인별 차이 분석 결과: 공모 유형별로는
   내부형, 공모 시기별로는 1차 공모 교장, 학교 소재지별로는
   읍면 지역, 학교급별로는 초등학교의 점수가 상대적으로 더
   높았다. 전반적으로 교장공모제는 읍면 지역, 초등학교, 내부
   형, 그리고 1차 시범 적용 학교에서 그 효과가 크게 나타나고
   있다고 볼 수 있다.

4. 공모 교장의 배경 변인별 차이 분석 결과: 교장 자격증 소지
   유무는 교장 직무 수행 및 기본 특성에서 차이가 없었다.

결론적으로 교장공모제는 일반 학교와 비교해서 우수한 교장을 유치하고 학교를 긍정적으로 변화시키는 데 기여하고 있다는 것이다. 그중에서도 내부형 교장공모제가 가장 우수한 것으로 나타났다.

2010년에도 비슷한 연구 결과가 나왔다. 교과부가 교육개발원에 의뢰하여 이루어진 「교장공모제 성과 분석 및 세부 시행 모형 개선 연구」(연구책임자 김갑성)에 의하면 공모 유형 가운데 내부형이 가장 큰 성과를 나타낸 것으로 평가되었다. 이 연구의 목적은 2007년부터 6차에 걸쳐 526개교(내부형 196교, 개방형 26교, 초빙형 304교)에서 시범 운영 중인 교장공모제의 효과성을 검토하고 그 결과를 바탕으로 발전 방향을 제시하고자 함이었다. 연구의 주 내용은 2007년부터 시범 운영 중인 교장공모제를 유형별로 나누어 운영 성과를 분석하고 이를 바탕으로 제도 시행 모형을 개선하기 위한 것이었는데 유감스럽게도 교과부는 이 연구 결과를 공식적으로 발표하지 않았고 제도 개선에도 활용하지 않았다.

교장공모제의 한계와 과제

그러나 이런 성과에도 불구하고 현행 교장공모제에 많은 한계가 있는 것도 사실이다. 교장공모제의 시행 여부는 제도상으로는 학부모가 과반수를 차지하는 학교운영위원회에서 결정하도록 되어 있지만 학부모의 대부분이 아직까지 교장공모제에 크게 관심을 두고 있지 않은 상황에서 실제로는 교육감이나 교장의 의지가 시행 여부를 결정한다 해도 과언이 아니다.

교장 공모 학교의 선정은 학교장 신청에 의해 교육감이 지정하거나 교육감이 직권으로 지정할 수 있다. 교장 공모 심사가 학교 차원에서 이루어짐에 따라 교육감의 인사권을 제한하는 측면이 있다. 이에 따라 교육감이 교장공모제 시행에 소극적일 수 있으며 이는 교장공모제가 확대되는 데 일정한 한계가 있음을 의미한다. 실제로 진보교육감이 있는 교육청을 제외하고는 대부분의 교육청이 교장공모제 확대에 매우 소극적일 뿐 아니라 축소를 원하고 있다.[12]

교장 임용 대상자 선정 과정에서도 실질적인 주도권을 누가 행사할 것인가가 문제가 된다. 교장 공모 심사 과정에 학부모, 교직원, 학교운영위원, 교육 전문가 등 다양한 구성원의 참여가 보장되어야 한다는 점에 대해서는 이견이 없지만 실질적인 교장 선정권을 누가 가질 것인가가 문제가 되고 있다. 특히 학교와 교육청 간에 공모 심사의 차이가 있을 경우 이를 문제 삼아 법원으로까지 가는 상황이 벌어지고 있다.

공모 과정에서의 시비도 끊이지 않고 있다. 학교경영계획서 표절 시비, 심사위원과 응모자 사이의 은밀한 뒷거래 의혹이 제기되기도 한다. 담합 의혹도 간과할 수 없다. 2009년 8월, 교장공모제를 시범 실시하였던 어느 학교에서는 교장 공모에 응모한 후보자들의 담합 의혹 문제로 인해 학생들의 등교 거부 사태가 벌어졌

---

12 충남교육청의 경우 교장공모제 실시 비율을 10~20% 정도로 조정할 것을 희망하는 것으로 나타났다(김이경, 교장공모제 현황 및 개선 방안 연구 전문가협의회 회의, 2012. 9. 15, 중앙대 R&D센터 유니버시티클럽).

다. 이 일은 사태가 발생한 지 56일 만에야 국정감사를 거쳐 해결되었다. 이와 같은 비리가 일어날 가능성이 교장공모제의 문제점으로 지적되기도 한다.

그리고 심사위원의 전문성 부족, 공모 과정에서의 불공정 의혹, 학연, 지연 등 문제가 풀어야 할 과제로 남았다. 심사위원의 경우 학교운영위원과 외부 인사가 5:5로 구성되고, 공동심사위원회의 경우 학교운영위원과 교육청 관계자 그리고 외부 인사가 4:4:4로 구성되는데, 외형적으로는 공정하고 타당하게 보이나 구색 맞추기에 불과한 경우가 많은 것이 현실이다. 이에 따라 1차 심사의 경우 심사위원들의 전문성 결여에 의한 인기투표 경향이 강하고, 2차 심사의 경우는 단위학교의 현실성이 반영이 되지 않아 1, 2차 심사 결과가 다르게 나타나는 문제를 낳고 있다.

공모 심사 과정에서 지금보다 더 많은 권한을 학부모에게 주어야 한다는 의견도 나오고 있다. 교장 공모 과정에서 학교교육의 두 축인 교사와 학부모가 서로 자신이 원하는 교장을 선발하려고 함에 따라 갈등이 빚어지기도 한다는 얘기까지 들린다. 그래서 우여곡절 끝에 선발된 공모 교장이 특정 집단의 불신과 반목 때문에 학교를 운영하는 데 많은 어려움이 있다는 지적도 나오고 있다.

그리고 내부형 교장공모제를 제외하고는 공모 지원율이 저조하거나 중도 포기자가 대량 발생하는 등 교장공모제의 취지를 무색하게 하는 현상도 크게 증가하고 있다. 이는 교장공모제를 실시하는 학교가 대부분 농산어촌 지역의 소규모 학교라는 조건에 기인하는 것으로 분석되고 있다. 실제로 농산어촌이 많은 시도의 경우

현직 교장의 지원은 거의 없고 지원자의 경우도 공모 교장 임기 4년을 유인가 없는 열악한 학교에서 보내야 한다는 부담 때문에 기피하는 경향이 있어 1인 지원이 크게 증가하고 있는 것으로 나타났다.

2012년 하반기 공모 교장 임용 추천 현황을 분석한 결과를 보면 교장공모제 시행 학교 273곳 중 100곳에 지원자가 1명밖에 되지 않았던 것으로 드러났다. 이는 전체 공모 학교의 36.6%에 해당하는 수치다. 경기, 충남, 경북, 경남은 1인 지원이 전체 공모 학교의 절반에 이르렀고, 지원자가 없어 지정 취소되는 경우도 발생했다. 교과부는 이러한 1인 지원의 폐단을 막기 위해 2012년 하반기(9월 1일 임용)부터는 1·2차 심사 결과 점수를 합산(1차 50%, 2차 50%)하여 최종 순위를 결정하고, 지원자가 일정 점수(80% 수준)를 얻지 못할 경우 교장 공모 학교 지정을 철회하도록 했다.

보다 근본적인 문제는 공모 교장 99%가 초빙형이라는 것이다. 2012년 9월 정년퇴임 등으로 새로 교장을 임명해야 하는 전국 768개교 중에서 공모제를 통해 교장을 뽑는 학교는 전체의 57%인 437개교다. 이 중에서 교직 경력 15년 이상인 평교사에게도 지원 자격을 주는 내부형 공모는 4개교, 교사 자격증이 없는 전문인도 지원할 수 있는 개방형 공모는 1개교에 불과하다. 나머지 432개교의 교장은 모두 교장 자격증 소유자만이 지원할 수 있는 초빙형이었다. 이러다 보니 교장공모제는 '무늬만 공모제'일 뿐 사실상 교장초빙제로 전락한 것이다. 2007년 9월 1차 시범 운영 당시에는 내부형이 69%(55명중 38명), 개방형이 9.1%(55명중 5명)에 이르렀지만 갈수록 그 비율이 줄어든 것이다.

이렇듯 내부형 공모제가 줄어든 것은 기득권을 가진 교총과 교장단의 반대가 가장 큰 이유지만, 정치적으로 볼 때 이명박 정부가 자신이 반대하는 특정 단체의 교사들이 교장을 하지 않을까 우려했기 때문이라는 지적이 많다.

박상완 부산교대 교수는 최근 내놓은 보고서 「교장공모제 시범 운영 성과에 대한 비판적 분석」에서 "초빙교장형이 과반수를 차지하는 것은 공모제의 외양을 취하면서 승진임용제를 유지하려는 의도가 증빙된 것"이라고 지적하고 있다. 그러면서 "기존의 승진임용제가 단단하게 기반을 두고 있는 현 상황에서 새로운 교장공모제가 정착되고 확대되기 위해서는 차별적 보상 조치affirmative action와 같은 보다 적극적인 제도적 장치가 필요하며, 이를 위해서는 전체 학교 중 교장 공모 학교의 비율을 일정 수준으로 점진적으로 확대하는 동시에 전체 교장 공모 학교 중 내부형 공모제를 일정 비율로 할당하는 등 적극적 방안이 고려될 필요가 있다."고 조언한다. 전교조도 젊고 유능한 인재를 발굴해 교장으로 임용한다는 교장공모제의 취지에 부합하려면 평교사도 지원할 수 있는 내부형을 일반 학교로도 확대 시행해야 한다고 주장하고 있다.

공모제라는 의미 자체가 상식적으로 보면 일정한 자격을 갖춘 모든 사람에게 문호를 개방해야 함을 의미한다. 그러나 현행 공모제는 사실상 내부형 교장 공모를 15/100로 제한함으로써 교장 자격증을 가진 사람만의 경쟁으로 한정되고 있다. 따라서 공모제는 말뿐이고 사실상 교장 승진의 또 다른 경로에 불과할 뿐 별다른 의미를 가질 수 없게 되었다. 따라서 현행 교장공모제가 실효성 있는 제도로 정착하려면 모든 학교에서 내부형 교장공모제를 도입하는 것이 바람직할 것이다.[13]

4. 교장공모제 개선 방안

이처럼 능력 있고 참신한 교원을 교장으로 발탁하기 위해 도입된 교장공모제가 시행 과정에서 많은 문제점을 낳고 있는 것은 무늬만 교장공모제일 뿐 사실상 제 기능을 발휘하지 못하는 제도상의 문제점 때문이다. 공모제의 취지를 제대로 살리기 위한 제도적 보완이 필요한 까닭이 여기에 있을 것이다.

공모제 실시 목적의 명료화
교장공모제는 유능한 인물을 발굴하여 학교 현장의 긍정적 변화를 유도함과 동시에 교장승진제도의 문제점을 일정 부분 해소하기 위한 목적으로 도입되었다. 그런데 그 도입 목적이 제대로 달성되고 있는지를 다시 살펴볼 필요가 있다.

먼저 교장공모제를 도입하여 학교 현장이 긍정적으로 변화되었는가이다. 모두 학교의 변화에 긍정적으로 응답하고 있으나 다른

---

[13] 이와 관련하여 최근 유은혜 의원은 자율학교에서 내부형 공모제를 제한하지 못하도록 하는 교육공무원법 개정법률안을 제출하였고, 정진후 의원은 교장공모제를 실시하는 모든 학교를 내부형으로 하는 법안을 입법 발의하였다.

공모 유형보다도 내부형 공모 학교의 교장에게 더 높은 점수를 주고 있다.

　다음으로 교장공모제를 실시하여 교원승진제도의 문제점을 일정하게 해결하였는지에 대한 것이다. 기득권을 가진 사람들은 물론 부정적이나 교사들은 일정하게 긍정적으로 보고 있을 것이다. 그러나 냉정하게 살펴보면 현재 운영 중인 내부형 공모제는 순수한 내부형 공모제가 아니다. 사실상 교감이나 교장도 응모 교장이 된 경우가 상당하다. 사실상 일반 승진형 교장과 차이가 없다는 점에서 공모제가 승진제도의 문제점을 일정하게 해결할 수 있다는 점은 달성하지 못하고 있는 것이다.

　현재 공모제 학교를 하고자 하는 학교에서는 대체로 젊고 유능한 교장이 오기를 원하고 있다. 그러나 이러한 인력 풀이 절대적으로 부족하다. 지금까지 정부가 추진하는 교장공모제 확대 추진 계획을 보면 초빙형 중심이다. 이는 공모의 형식만 취할 뿐 현재의 승진임용제도와 별다를 바가 없다. 초빙형을 전체 학교의 50%까지 확대하면서도 교장의 임기 2년 이상이 남은 현직 교장도 교장공모제에 지원할 수 있고, 또 내부형에서도 교장 자격증 소지자가 지원할 수 있도록 하는 것은 사실상 교장공모제의 취지에 반하는 것이라 아니할 수 없다. 무늬만 공모제인 현행 교장공모제는 사실 모두가 원하지 않는 바이지만 기득권 수호라는 교총과 교장단의 입장을 반영한 정책을 고집하고 있는 한 학교 현장의 변화와 승진제도의 폐해 극복은 요원할 것이다.

학부모의 의견 반영과 선발에서의 공정성 강화

최근 공모 교장 선발에 있어 교육청이나 교사의 의견이 더 많이 반영되고 중요시되고 있다. 현재 공모 교장 선발에 있어 불신이 팽배해 있는데 이는 교장의 능력보다는 정치적 변수가 큰 작용을 하기 때문이라고 할 수 있다. 본연의 도입 목적인 학교 자치, 교육 수요자 중심의 교육 실현을 위해서는 학부모의 의견이 더 많이 반영되어야 한다. 학부모의 배점을 더 많이 부여한다든지 인원을 더 많이 배분하는 등의 조치가 필요하다.

현재 공모 교장은 학교 경영 능력으로 선발되는 것이 아니라 학교운영계획서를 잘 만들어 심사 때 멋지게 발표하는 능력에 따라 선발되고 있다는 비난을 받고 있다. 현재 심사가 2단계로 진행되는데 심사 단계별 의사결정 결과가 다르게 나타나기도 한다. 현재는 공모 교장 지원자를 공개하지 않는데, 일정 정보 내에서는 공개될 필요가 있다. 공개 검증이 필요하다. 심사 시 교원과 학부모의 참석이 적은 경우가 많다. 과반수 이상의 보다 많은 사람들이 참여하는 방안을 강구할 필요가 있다.

교직 경험 중시와 보직 개념 도입

자격증보다는 경험이 중요하다. 여러 연구에서 보듯 교장 자격증 유무는 교장의 직무 수행 능력과는 상관이 없다.[14] 그보다는 교직에 대한 충분한 경험이 더 중요한 것으로 나타났다. 따라서 교장 공모 시 자격보다는 지원자들의 교직 경험이 더 중요한 선발 기준이 되어야 한다. 특히 수업지도와 생활지도 경험, 담임 경험

등이 중요하다 할 것이다.

교장 자격증 폐지는 두 가지 질문과 관련이 있다. 첫째, 자격증 폐지는 '승진'의 개념을 어떻게 변화시키는가? 둘째, 자격증 폐지로 직책의 성격은 어떻게 변화하는가?

첫째 문제에 대한 답은 단순하다. 교직에서 '승진' 개념을 희석시키는 것이다. '보직'은 그와 같은 개념이다. 대학의 총학장이나 학과장이 '보직'인 것과 동일하다. 현재 부장 교사직이 '보직'인 것과 마찬가지로 일종의 '직무'에 의한 역할 분담으로 성격이 변하는 것이다.

둘째 문제에 대한 답은 '보직'의 개념 속에 들어 있다. 다만 그간의 국가 통제 중심 교육체제의 해체를 전제로, 교장의 역할과 책무를 새롭게 규정하는 것을 통해 '교장직의 성격 변화'로 정리하면 될 것이다. 보직 개념 속에는 학교장을 법적·사회문화적으로 명확히 '교원'으로 규정하는 관점이 들어 있는 것이다. 모든 답은 직책이 직무의 개념 속에서 정의되고, 부분적으로 '명예'라는 사회적 후광이 부여되기는 하나 행정업무 분담이라는 성격을 띠도록 '보직제'로 운영되는 것에 들어 있다. 특히 '보직'은 국가주의 시대 이데올로기 통제의 수단으로 악용되었던 관료적·위계적 학교교육 통제 구조 탈피의 핵심적인 개념이다. 교장은 평교사와

---

14 「교장공모제 성과 분석 및 시행 모형 개선 연구」(김갑성 외, 교육개발원, 2010)와 「교장 자격증 유·무에 따른 공모제 교장 직무 수행에 대한 교사 인식 연구」(이종탁, 한국교원대학교 석사논문, 2011)에 의하면 교장 자격증이 없이 내부형 공모제로 교장직을 수행하는 교장과 교장 자격증을 가지고 내부형 또는 초빙형 공모제로 교장직을 수행하는 교장이 근무하는 학교 교원들의 설문을 분석하여 교장의 직무 수행에 대한 인식을 조사한 결과, 공모제를 통해 선발된 교장은 직무 수행에 있어서 교장 자격증 유무와는 상관이 없는 것으로 나타났다.

'직무'나 역할에서 다를 뿐, 동일한 '교원'이 되며, 그만큼 교장과 교사와의 '관계'는 민주적으로 재설정되는 것이다.

자격증제 폐지와 선출보직제의 도입

한국의 교원승진제도의 폐해는 교장 자격증제에서 유래된다. 앞에서 문제점을 누누이 지적했듯이, 교장 자격증이 일종의 '신분 증명서' 기능을 하기 때문이다.

'교장 자격증' 문제와 '교원 자격증' 제도는 구별되어야 한다. 교원 자격증은 법적으로 정해진 교원 양성과 임용 절차를 거쳐서 획득하도록 되어 있다. 특히 교직에 필요한 '교육과정'을 반드시 이수해야 한다. 이때 '교원 자격증'은 필요한 능력과 자질을 갖추는 법적으로 정해진 전문적 과정을 거쳤다는 인증서가 된다.

하지만 '교장 자격증' 제도는 이것과 전혀 다른 의미이다. 왜냐하면 점수에 의해 평정되며, 점수평정을 동질집단에서 독점하고 있기 때문이다. 때문에 교장 자격증을 획득하는 과정은 교장 직무 수행에 필요한 실질적 자질이나 능력을 검증하는 과정이 전혀 되지 못한다. 교장 자격증 제도는 일종의 이익집단 구성원 간 새 구성원을 뽑아 들이는 '배타적 도제 제도'와 비슷한 결과를 산출하는 것이다.

이를 혁파하기 위한 근본적 대안은 '교원 자격증' 자체를 교장 '기본 자격'으로 규정하는 것이다. 바꿔 말해서, 소정의 법적 절차에 따라 교원 양성 과정을 이수하고, 교원 자격을 획득한 교사는 '교장'의 자격을 갖춘 것으로 본다는 의미이다.

이를테면, 대통령과 같은 선출 공직의 경우는 나이나 한국 국적의 국민으로 국내에 일정 기간 이상 거주한 일정 연령 이상의 한국인이면 피선거권을 갖는다. 교장직도 이렇듯 '자격' 개념이 아닌 피선거권의 개념으로 접근해야 한다. 따라서 교장의 보임은 '교원 자격'을 기본으로 취득하는 것을 전제로, '학교 운영'에 필요한 자질을 검증하는 장치를 마련하는 것으로 보완하면 된다.

이는 '선출보직제'의 도입으로 해결 가능하다. 총장직선제를 도입한 대학의 경우, 자격 요건에는 거의 제한이 없다. 당해 대학 재직 '교수'이면 총장 피선거권이 있는 것이다. 이런 개념하에 교장자격증제를 폐지하고 도입하는 제도가 교장선출보직제이다.

교장선출보직제는 교장의 직위를 승진이 아닌 '선출 보직'의 개념으로 하며, 보직을 떠나면 교사로서 다시 교단에 서는 것을 원칙으로 한다. 이는 교원 조직을 현행의 행정관리체제 위주인 '2급 정교사 → 1급 정교사 → 교감 → 교장'의 수직적인 자격제도를 학생지도에 전념할 수 있는 수평 분화적인 '2급 정교사 → 1급 정교사 ↔ (교감)교장' 제도로 전환하는 것을 의미한다. 이렇게 되면 당연히 장학사나 장학관 등 교육 전문직의 자격 요건도 별도로 필요 없게 된다. 교사·교장에서 교육 전문직으로 교육 전문직에서 교사·교장으로 상호 교류하는 형태를 갖게 되는 것이다.

임명에서 선출로

교장직제의 '보직화' 문제는 거의 사회적 합의가 형성되어 있다. 오직 특권적 교육행정 관료집단에서만 반대 경향이 강할 뿐이다. 하지만 '선출' 개념의 도입에 대해서는 아직 사회적 합의가 되어 있지 않다.

기본적으로 '선출'이란 한 사람의 특정한 직무 수행 역량을 종합적으로 '평가'하는 과정이다. 경력, 이력, 능력, 실적, 역임 직책 등 모든 것이 평가의 영역이 된다. 따라서 선출은 특정 직무나 직책을 수행하는 적임자를 검증하는 데 가장 효과적인 절차가 될 수 있다.

그렇다면 무엇이 문제인가? 무엇보다도 학교를 '정치판'으로 만든다는 게 문제 제기의 핵심이다. 총장직선제가 교장선출보직제의 도입 모델이 된다면, 거꾸로 반대 모델이 되기도 한다. 특히 한국적 특수성 속에서 학맥과 인맥에 따른 선출제도의 폐해는 심각하다. 논자에 따라서는 초등학교 반장이나 회장 선거만도 못한 난장판이라고 총장 선출제도의 현실적 모습을 규탄하기도 한다.

하지만 이런 문제는 총장직선제에서만 드러나고 있지 않다. 말하자면, 한국의 모든 선출공직에서 공통적으로 나타나는 문제라는 것이다. 이런 관점에서는 자격증 획득을 전제로 한 현행의 교장임명제도가 최선의 모습일 수 있다. 그렇다면 대통령이나 국회의원도 '자격증'을 획득하는 절차를 마련해서 선출이 아니라 '임명'해야 한다는 언어도단의 논리 또한 가능할 것이다.

문제의 핵심은 '검증 절차'이다. 기존의 자격증 제도가 변호사나 의사가 그렇듯 정말 교장직 수행에 필요한 자질을 갖추는 데 제구실을 하고 있다면 문제가 덜할 수도 있다. 그렇지만 그렇지 못하다는 사실은 누구나 다 알고 있다. 더 살펴보면, 자격증을 대체 누가 검증하여 발부하는가의 문제가 나온다.

국가주의 교육의 시대에 검증의 주체는 국가권력이었다. 어느 정도 민주주의가 진전되다 보니, 국가는 자격증 검증의 권한을 위임이나 이양의 방식으로 분산하는 경향이 나타났다. 문제는 그렇게 된 순간 그 권한이 '자격증을 이미 획득한 집단'에게 실질적으로 전유되는 경향이 나타났다는 사실이다. 이렇게 되니, 자격증을 발부하고 교장을 임용하는 절차가 직무 수행의 실질적 역량을 검증하는 과정이 절대로 되지 못하는 것이다.

현행의 교장 자격증 제도는 이렇듯 자질이나 능력 검증과 무관하다. 결국 '선출' 개념을 제도화할 경우에도 관건은 능력 검증을 어떻게 하느냐의 문제가 된다. 물론 '누가' 하느냐의 문제도 있다. '선출'은 능력과 자질의 검증을 '공개적으로, 집단적으로' 한다는 의미가 있다.

한국의 선출 공직이 부패로 얼룩지고, 자질과 능력 검증 절차로서 기능하지 못하는 까닭은 역사적 특수성의 산물일 뿐이다. 선출 제도의 보편적 장점은 자체가 검증 절차라는 점이다. 한국의 역사 특수적 조건 중 하나는 불철저한 민주주의이다. 수직적이고 위계적이며 사뭇 봉건적 사회문화가 저변에 깔려 있고, 이에 따라 교장직을 법적으로는 '직무'로 규정해놓고도 사회문화적으로는 '신분'으로 대접하고 대접받는 것을 당연시해온 풍토가 있었던 것이다. 결국 선출이 제대로 된 검증 절차가 되기 위한 장치를 마련하는 것과 더불어, 교장직제를 '학교 단위 제왕'으로 만드는 뿌리로서의 각종 신분적 특혜를 폐지하여 교장직을 순수한 '직무'의 성격으로 규정하는 것이 선결문제이기도 하다. 이 경우 교장직의 사회적 '위광'의 근거는 순수하게 직무를 수행하는 능력과 교육 주체들의 뜻을 학교 운영에 적절히 반영하는 리더십과 이로부터 나오는 '사회적 인정'이 될 것이다.

새로운 교장상:
학교 자치를 촉진하는 민주적 지도자

참여민주주의의 확대, 지식기반사회의 도래에 따라 학교교육의
성격이 변화하고 있다. 이에 따라 학교 운영 체제의 변화가 불가
피해졌고 학교장의 위상과 역할에 대한 혁신 요구도 거세지고 있
다. 이제 과거의 권위주의적인 학교장은 학교를 민주화하면서 혁
신적으로 운영해가는 데 있어서 가장 큰 걸림돌이 되고 있다. 그
렇다면 새로운 학교에서 기대하는 교장상은 어떤 것일까? 앞으로
학교 안에서 교장이 해야 하는 역할은 무엇이어야 하는가?

1. 학교장은 '학교 자치'를 촉진하고 민주적인 학교를 만들기 위해 노력하는 사람이어야 한다

오늘날 학교장이 해야 할 가장 중요한 일은 민주적인 분위기 속
에서 학교가 자율적으로 운영될 수 있도록 하는 것이다. 학교장은
학교의 운영에 대해 최고의 권한을 행사하고 모든 책임을 지는 최
고 경영자(이른바 CEO)로서의 역할이 아니라, 더 많은 교사와 학

생 및 학부모들이 민주적으로 학교 운영에 참여하고 학교교육에 대한 책임을 함께 질 수 있도록 지원하고 촉진하는 역할에 충실해야 한다.

2. 학교장은 구성원의 의견과 역량을 존중하고, 적극 소통해야 한다

학교장은 학교 구성원들의 자율과 자치 가능성을 믿고, 구성원들이 학교 운영에 관한 권한과 책임을 적절히 분담할 수 있도록 해야 한다. 즉, 학교장은 해당 학교의 구성원들이 자신들의 문제에 관해서는 민주적이고 자율적으로, 책임 있게 결정하고 실행할 수 있도록 적극 지원해야 한다. 더 나아가, 학교 경영에서 학교 구성원의 참여를 보장하고 구성원들과 적극 소통하는 민주적 의사소통 체제를 마련해야 한다.

3. 학교장은 앞에서 끌고 가는 '리더'보다 구성원들의 역할을 지원하는 '도움자'가 되어야 한다

과거에는 학교장들이 뛰어난 지도력을 가지고 맨 앞에 서서 학교 조직이 가야 할 방향과 과제를 제시하고 구성원이 따르도록 이끄는 '리더'로서의 역할이 강조되었다. 그러나 앞으로 학교장들은 '도움자'로서의 역할을 더욱 잘할 수 있어야 한다. 즉, 학교장은 구성원들에게 적절한 역할과 권한을 나누어 주고, 그들이 자신의 능력을 최대한 발휘할 수 있도록 도와주는 '도움자' 역할을 해야 한다는 것이다. 자신의 교육철학만이 최고인 양 내세우며 교사와 학생, 학부모들을 이끌어 가고 끼워 맞추려 하기보다는, 학교 구성원들과 함께 교육철학적 공감대를 마련하고 바람직한 학교 운영 방향을 찾으며 그런 철학과 방향이 구성원의 자발적인 참여를 통해 실현되도록 하는 자세와 능력이 절실히 필요하다는 것이다.

4. 학교장은 교육 주체들 간의 이견을 해소하고 상충하는 이해를 조정하는 '갈등 해결사' 역할을 해야 한다

학교에서는 교사와 학생, 학생과 학부모, 교사와 학부모 간의 입장 차이에 따라 이견이나 갈등이 있을 수 있다. 학교장은 학생들의 요구와 학부모 요구의 차이, 교사와 학생, 학부모들의 견해 차이 등을 합리적으로 조정해내는 역할을 해야 한다. 이견이나 갈등의 조정을 위해서는 학교장이 자기의 입장을 성급하게 내세우거나 어느 한편의 입장을 지지하기보다는 중간자 또는 중재자의 위치에서 양측의 의견을 듣고 합리적으로 조정해낼 수 있어야 한다. 합리적인 조정 능력은 오늘날 학교장에게 특별히 요구되는 역량이라고 할 수 있다. 물론 여기서의 조정은 적당한 타협이 아니라 올바른 교육적 관점에 도달하기 위한 합의 과정이어야 한다.

5. 학교장은 교장실에 앉아 결재하는 교장이 아니라 '솔선수범하는 교장'이 되어야 한다

우리나라의 교장들이 주로 하는 일은 교장실에 앉아서 지시하고 결재하는 일이었다. 이는 오랜 관료주의적 전통 속에서 '지시'와 '결재'가 학교장의 가장 중요한 업무였기 때문이다. 그러나 오늘날에는 학교장은 학교 안팎의 행정적인 일뿐만 아니라 교육 활동에 있어서도 좀 더 적극적인 의미에서 솔선수범하는 교장이어야 한다. 교장도 수업을 해야 하며, 담임이 지도하기 어려운 학생들에 대한 훈육과 상담을 해야 하고, 전입해 오는 학생들에 대한 면담을 통해서 학교 적응 교육을 시키고, 수시로 교사와 학생과 학부모들을 만나 어려운 점이나 지원이 필요한 사항을 청취하고, 지역사회의 인적 물적 자원들의 소재를 파악하고 적극 유치하여 학교교육에 활용되게 하는 일 등을 해야 한다. 앞으로 학교에서 교장은 누구보다도 많은 일을 하는 사람이어야 하며, 그 많은 일들을 기꺼이 감당할 능력을 갖고 있고, 또 할 수 있다고 나서서 뽑힌 사람이 교장이 될 수 있어야 한다.

6. 학교장은 구성원의 특별한 능력을 최대한 발굴하고 '수업을 수업답게' 만들어야 한다

학교장은 학교 구성원들의 역량을 학교의 교육력을 높이는 방향으로 모아내고 활용할 수 있어야 한다. 그러기 위해서 학교장은 교사는 물론 학부모와 학생들이 가진 특별한 재능을 적극적으로 발굴해내고, 각자가 가진 능력을 최대한 발휘할 수 있게 하며, 그런 능력들을 모아서 학교의 교육을 풍부하게 하고 활성화할 수 있도록 모든 노력을 기울여야 한다. 특히 교사들의 수업에 관심을 가지고 수업혁신 방안을 지원해야 하며, 행정업무 경감 등 수업 개선 연구와 연수를 위한 여건을 마련해주는 등 '수업을 수업답게' 만드는 일에 적극적으로 도움을 주어야 한다.

7. 학교장은 구성원의 참신한 제안을 모아 학교 발전을 위한 공동의 비전을 창출할 수 있어야 한다

지금까지 학교에는 교육청의 시책 목표나 자신의 학교 경영 철학의 범위 안에서만 학교를 운영하려 하는 교장들이 많았다. 그러다 보니 대부분의 학교에서 교육청의 시책 목표나 학교장의 경영관은 크게 강조되지만 학교 구성원들이 널리 공감하며 뜻을 모아 추진할 만한 학교 차원의 교육 목표나 학교공동체가 함께 추구할 학교의 미래에 대한 비전은 없는 학교가 대부분이었다. 그러나 앞으로의 학교장은 학교 운영 개선과 학교 발전을 위해 구성원들이 제안하는 다양한 아이디어와 제안을 모으고, 학교 구성원들 간에 활발한 논의 과정을 통해 다듬어서 '학교 발전을 위한 공동의 비전'으로 승화시킬 수 있어야 한다. 공동의 비전은 학교장이나 몇몇 사람의 사견이 아니라 학교 구성원들이 공감하고 합의하며 그 실현을 위해 힘을 모아갈 단기적인 또는 중장기적인 학교 운영 방향과 목표라고 할 수 있다. 앞으로는 학교장의 경영관보다는 구성원들이 함께 만든 공동의 비전이 학교 운영의 방향타가 되어야 한다.

8. 학교장은 학교 주변의 인적 물적 자원들을 학교의 교육 활동 속으로 적극 끌어들여야 한다

앞으로 학교는 지역사회에 사는 훌륭한 인물들은 물론 다양한 시설들을 교육 활동에 적극 활용할 수 있어야 한다. 학교 인근 대학의 교수와 학생들, 교육에 도움을 줄 수 있는 문화예술인, 시민

사회단체 활동가, 학부모 자원봉사자, 지역의 자원 인사들이 학교에 적극 참여하고 지원할 수 있도록 해야 한다. 그렇게 하기 위해서 학교장은 지역사회 곳곳을 발로 뛰면서 훌륭한 인물이나 자원이 어디에 있는지 찾아내서 교육적으로 활용하기 위해서 노력하지 않으면 안 된다.

9. 학교장은 감사나 평가보다는 교사, 학생과 학부모를 두려워하는 사람이어야 한다

앞으로 학교장은 교육청의 평가나 각종 감사를 두려워하며 대비하는 사람이기보다 학교 구성원들의 자신과 학교에 대한 평가를 두려워하는 사람이어야 한다. 지금까지는 위를 바라보고 교육청의 눈치를 보며 학교를 운영해왔다면 앞으로는 학교 구성원들의 마음을 헤아리면서, 구성원의 지혜와 요구를 모아 학교를 운영해야 한다는 것이다. 그것은 학교장이 말단 관료로서의 위치를 버리고, 교육 주체들과 함께 어우러져 교단을 지키고 교육을 꽃피우는 진정한 교육자로 남아 있을 때에 비로소 가능해질 것이며, 학교 구성원에 의해 선임된 교장일 경우라야 비로소 그런 자세로 일할 수 있을 것이다.

10. 학교장은 학교의 모든 구성원을 이끄는 민주적 지도자여야 한다

우리는 종종 똑같은 학교임에도 불구하고 학교의 분위기나 기능이 달라지는 것을 경험하고는 한다. 이 경우 대부분의 차이는 학교장이 누구냐에 따라 달라지는 것이다. 즉 학교는 교장의 지도력에 의해 상당한 편차를 드러낸다. 그것은 교장이 학교의 방향과 교육 및 구성원 모두에게 영향을 미치는 단위학교의 최고 지도자이기 때문이다.

때문에 학교장이 어떤 지도력을 가졌느냐가 매우 중요한데, 학교가 제 기능을 다하기 위해서는 교장의 지도력이 민주적이어야 한다. 교장 지도력이 민주적일 때 학교를 경영하면서 모든 구성원의 의견을 수렴하는 등 민주적 분위기 조성, 그리고 교사와 학부모들이 가지는 여러 문제의 발견과 해결책 강구 및 협조, 교직원의 사기 앙양, 교사의 지도력 향상 등에 힘쓰게 되고 이때 학교는 학교로서의 제 기능을 다할 수 있다.

11. 학교장은 교사의 교사여야 한다

학교는 교육의 장이며 앞에서 지적했듯이 교육이 교사와 학생 간의 만남을 통해서 얻어지는 지식과 인성의 조화로운 발달이라고 할 때 교사의 직무가 매우 중요한데, 문제는 모든 교사가 똑같은 능력과 실무력을 가지고 있지 못하다는 것이다. 따라서 교사도 역시 끊임없는 자기 연찬의 과정을 겪어야 하는데 일상적으로 학교에서 부딪치는 문제에 대해서는 선배 교사들의 도움이 필요할 것이다.

그런 의미에서 교장의 역할 가운데 교사가 학생을 올바르게 지도하고 교육할 수 있도록 도와주는 것이 중요하다. 따라서 교장은 소속 교사에 대한 지도 조언과 교원의 전문성 제고 및 학생지도 활동 등에 있어서 일반 교사보다 풍부한 교육 경력과 실무 경력이 있어야 한다. 즉 교장은 교사들의 교사여야 한다. 학교교육이 단순히 지식을 가르치는 것이 아니라 지식과 인성 교육의 조화로운 발달이라고 할 때, 교사 스스로 이를 충족하고 있을 때 제대로 된 교육이 가능하다. 그런 의미에서 교장이 교사들의 교사이기 위해서는 먼저 능력과 교육철학은 물론 덕성에 있어서도 교사들의 존경을 받는 교사여야 할 것이다.

12. 학교장은 유능한 관리자로서의 능력이 있어야 한다

학교는 교육을 위한 기능 외에 그 기능을 수행하기 위하여 다양한 관리 기능이 수반되는 공간이다. 따라서 교장은 교육 외에 학교에서 수반되는 각종 관리 기능을 파악하고 이를 관리하는 관리자로서의 기능을 수행할 능력이 있는 이여야 한다. 즉 교장은 학교 인사관리, 사무관리, 조직·편성 관리, 시설관리, 재정 및 회계 관리, 교육위원회·교육청·지역사회·교육 유관 기관 등과의 관계 능력을 갖춰야 한다.

새로운 학교공동체 문화를 만들다

서길원_보평초등학교 교장

1. 교사가 꿈꾸는 행복한 학교

교사는 어디에서 행복을 찾을까? 대체로 교사의 삶이며 일터인 교실에 있다고 한다. 교실에서 수업을 통해 성장하고 보람을 찾고 행복을 꿈꾸기도 하고, 좌절하기도 실망하기도 한다. 나 역시 지금까지 살아온 30년의 교직 경험에 비추어 보면 마찬가지이다.

최근 들어 교직 생활이 예전 같지 않다는 말을 종종 듣는다. 교직 30년을 맞는 어느 노교사가 후배 교사 앞에서 "내가 어느 누구보다 열심히 수업하며 교단을 천직으로 알고 살아왔는데, 요즘에는 남은 교직 생활을 어떻게 해야 잘 보내는 것인지 모르겠다."는 넋두리를 건네곤 한다. 수석교사제가 도입되어 교단 교사를 우대한다고도 하지만 위로가 되지 못하는 것 같다. 그간 각종 교원 정책들이 쏟아졌지만 교사는 왜 수업을 통해 성장하고 보람과 기쁨으로 이어지지 못하는 것일까. 동료들과 수업을 나누는 자리가 왜

116

서로에게 위로와 격려가 되지 못하는 것일까에 대한 고민을 다 함께 나누어보아야 한다.

또한 5·31교육개혁 이후 학교개혁이 지속적으로 진행되었지만, 학교의 자생성은 떨어지고 교실 붕괴는 심화되고 있다. 연구학교나 시범학교가 수없이 많지만 학교가 달라지는 데 기여했다는 말을 듣지 못했다. 특정한 수업 이론과 모형을 적용한 수업 공개와 장학과 컨설팅이 이루어지지만 교사는 전문가로 성장하기 어려운 실정이다. 이처럼 위로부터 학교개혁, 수업개혁이 진행될수록 교사의 열정과 자존감이 떨어지고 교단은 비난의 대상이 되고 해결 방안은 주어지지 못하고 있다. 어쩌면 교단 밖에서 보았을 때 교사에게 더 이상 자발적인 변화를 기대할 것이 없다고 믿기 때문은 아닌지 모르겠다.

나는 이러한 의문에 대한 답을 공립학교 교사로 살아온 30년의 경험에서 찾고자 했다. 나를 이만큼 성장케 한 것은 좋은 선배 교사, 동료 교사를 만난 행운과 의미 있는 경험들이었다. 이러한 경험을 통해 교사의 개별적 성장이 아니라 관계적 성장을 위한 공동체 학교를 만드는 일이 중요하다는 것을 깨달았다. 교사의 성장에 있어서는 학교 풍토가 아주 중요했다. 그렇다면 학교장의 책임은 "좋은 학교가 좋은 교사로 성장하게 한다."는 상식적인 교육적 상상력을 실현하는 것이 아닌가.

내가 2009년 9월 판교 신도시에 문을 연 보평초등학교에 공모교장으로 부임하면서 이러한 상상력은 무모한 도전처럼 시작되었다. 40학급이 넘는 대규모 공립학교에서 아래로부터 학교혁신의 가능성을 보여주어야 했기 때문이었다.

보평초등학교가 추구하는 학교개혁은 외국의 사례를 이식하거나 특정 교육이론에 따른 모방적 접근이 아니라, 우리 교육의 현실적 문제와 우리 학교의 상황을 통찰하고 성찰하며 해결점을 찾는 일부터 시작해야 했다. 근대적인 낡은 작동 기제를 버리고 역동적인 학교 문화를 만드는 일이야말로 학교를 바꾸는 핵심이었다. 학습공동체 형성을 토대로 교사의 능력을 증진시키고 이를 통해 교사가 콘텐츠를 생산하는 주체로 서게 하는 것이 교사의 자존심과 전문성을 높일 수 있는 유일한 방법이라 여겼기 때문이다.

지금까지 학교개혁은 행정 관료와 교육학자들에 의존하여 위로부터 강압적 방법으로 진행되었다. 낡은 학교 시스템의 변화 없이 위로부터 제공된 교육과정과 콘텐츠를 컨설팅 장학 방식으로 교실에 적용하려 했다. 하지만 그럴수록 교사는 더욱 수동화되고 교실과 교과서에 갇혔다. 또한 개혁에 대한 불안은 집단적 이기주의를 강화하는 역효과를 낳았다.

보평초등학교에서 학교를 바꾸는 일을 학교장의 통솔력이나 교사 개인의 열정과 능력에 의존하기보다 새로운 공동체 문화를 만드는 일에서 찾고자 했다. 학교를 개선하기 위해서는 수업과 교육과정을 바꾸기에 앞서 학교의 조직과 문화 개선이 우선 과제였다. 수업과 교육과정을 바꾸기 전에 존중과 배려가 살아 있는 따뜻한 생활공동체를 만들고 성찰적 대화와 공동 실천이 이루어지는 학습공동체를 만드는 일이 먼저였다.

2. 무위자연無爲自然 학교

행정과업주의 학교 관행을 청산하고 교사의 숨은 열정을 불러일으키는 일은 리더십의 핵심이다. 지금까지 학교개혁은 교사를 대상으로 하는 개혁이라 해도 과언이 아니다. 소비자 중심 교육, 열린 교육, 정년 단축, 교원평가 등 다양한 정책이 수행되었지만 학교교육은 더욱 복잡하게 얽혀가고 있다. 학교개혁이 진행될수록 교사집단의 자기 효능감은 저하되고 교육 문제는 더욱 심화되고 있다. 교직 사회의 역동성으로부터 창의적인 교육 활동을 이끌어내야 함에도 불구하고 교사들의 동의를 구하는 데 실패하고 말았기 때문이다.

교사집단으로부터 신뢰를 얻고 학교혁신의 파트너 관계를 회복하지 않고서는 학교혁신의 동력을 형성할 수 없다. 결국 학교혁신을 위한 선행 과제는 교사의 역동성을 저해하는 행정과업주의적인 학교 관행을 청산하는 일에서 시작해야 한다. 이러한 변화가 학교 현장에서 구체화될 때 비로소 교사집단의 성찰적인 대화와 공동 실천을 이끌어낼 수 있다. 이를 위해서는 무엇보다 학교장의 변화와 결단성 있는 리더십이 필요하다.

하지만 이와 같은 학교혁신 사례를 찾기는 쉽지 않다. 남한산초등학교 같은 작은 학교에 뜻을 같이하는 교사들이 모여 이룬 성공 사례는 있으나 대규모 공립학교에서 공동체적 실천을 통해 이룬 성공 사례를 찾기는 어렵다. 그간에 소개된 많은 학교는 특정 교육이론이나 방법론을 앞세운 모방에 의존하고 있었다. 이에 반해 학교 구성원의 자발적 참여를 통해 학교 문제를 진단하여 해결 방법을 찾고, 실천 전략을 수립하여 공동 실천에까지 이른 자생적 학교 사례를 찾기는 현실적으로 어려웠다. 특히 교육과정과 수업의 변화를 통해 교실 변화까지 이루어낸 사례를 찾기는 더욱 어려웠다.

우리가 선택한 학교혁신은 이론과 모방을 앞세워 새로운 것을 많이 하기보다 어떠한 변화를 하느냐, 어떠한 전략으로 실행하느냐를 중시하는 것이었다. 낡은 관행과 비교육적인 것을 버려야 교실이 살아날 수 있었기 때문이다. 이론적이거나 연수를 통해 배우는 것이라기보다 상식적이고 실천적인 행동이 중요했다. 학교장은 관료주의적인 것을 버리고, 교사는 자신만의 교실왕국을 쌓아가는 소위 교실주의를 버려야 했다.

이를 위해 학교혁신의 비전은 이해가 쉽고 간결하게 구성되어야 했다. 이를 실행하는 데는 조직 역량을 결집하기 위한 학교 조직의 목표와 구조, 과정, 학교 문화가 일관성 있게 한 방향으로 정렬되는가가 관건이었다. 공동체적 삶의 가치를 중시하고, 교사의 열정을 되살릴 수 있도록 일관성 있는 원칙을 설정하는 것이 중요했다.

이 과정에서 구성원들의 아이디어와 의견을 충분히 반영하고, 또한 설득 과정이 필요했다. 누구에게나 과거 습성과 패턴을 벗어난다는 것은 쉽지 않은 선택이다. 학교에는 지배와 통제적 기제를 내려놓을 때 생기는 권위의 상실과 무질서에 대한 불안, 그리고 공개와 공유로 교실에 안주하는 편안함을 빼앗길 수 있다는 불안이 내재해 있기 때문이다.

우리 학교는 교사 56명 중 14명이 신규이고 50대 교사가 8명이다. 교원노조나 교원단체에 가입한 교사가 50%를 넘지 않고 있는 일반적인 공립학교와 비슷한 교사 구성이다. 또한 학교혁신에 뜻을 동조하는 사람을 모아 출발한 것이 아니었다. 그래서 차이를 존중하는 공동체를 추구했다. 동조하지 않는 사람을 배제하기보다 먼저 함께하고, 하고자 하는 사람에 힘을 실어주고, 관망하는 사람이 참여와 소통에 귀를 기울이도록 독려하였다. 조직의 풍토를 바꾸고 이들을 기다림으로써 함께할 수 있도록 하는 것이 무엇보다 중요했다. 보평초등학교에서 학교혁신 3년의 여정은 이렇게 학교 비전을 중심으로 하나 되는 과정이었다.

구성원과 비전을 공유한다는 것은 학교장이 학교 조직을 바꾸는 일 못지않게 상호 존중과 솔선수범 그리고 공평무사함을 보여주는 것이다. 윗사람이 먼저 행하며 길을 보여줌으로써 진정성이 전달되고 이는 아래부터 따르도록 하는 힘이 된다. 이러한 아래로부터의 신뢰가 있을 때 학교장은 구성원들의 헌신을 호소할 수 있고, 교사들은 혁신에 대한 두려움과 저항감을 해소하고 새로운 길을 여는 데 동참하게 된다.

이를 위해 다음과 같은 과제를 정하였다.

첫째, 교사의 능력을 증진시켜 아래로부터 학교개혁의 동력을 형성한다.

둘째, 통제와 배제의 학교 문화를 존중과 배려의 생활공동체로 바꾼다.

셋째, 관료주의와 교실주의의 관행을 타파하고 학교를 학습 조직
으로 만든다.

넷째, 성찰적 대화와 공동 실천으로 학습공동체를 형성한다.

이러한 과제를 실천하기 위한 추진 경로를 살펴보자. 2009년 9
월에 부임한 첫해 6개월간은 지배와 통제의 관료주의와 이기적인
교실주의 관행을 타파하기 위한 과정이었다. 처음 9학급으로 출발
할 때는 구성원 모두가 혁신교육에 대한 이해와 전략이 부족하였
다. 타 시군에서 부임한 8명의 교사와 관내에서 내신한 1명의 교
사, 그리고 내부형 공모 교장으로 부임한 학교장의 남한산초등학
교에서의 학교개혁 경험이 전부라 해도 과언이 아니었다. 변화에
대한 설렘은 불안과 갈등을 동시에 내재하고 있었다. 낯선 상황은
늘 과거 경험과 변화 사이에서 선택을 요구받는다. 선택 과정에서
생기는 갈등은 종종 오해를 낳기도 하지만 서로에 대한 이해를 돕
는 계기가 되기도 한다. 과거와 단절하려는 노력은 때로는 독단으
로 비치기도 했지만, 변화를 위한 학교장의 리더십은 공감과 조율
의 과정에서 시작되었다.

2010학년도에 들어서면서 20학급이 증설되고 전입 교사와 신규
교사가 반씩 채워졌다. 이 시기는 학교 시스템을 정비하고 새로운
학교 문화를 구축해 이 학교만의 새로운 패턴을 만들어가는 과정
이었다. 낯선 경험이 모두를 힘들게 했던 한 해이기도 했다. 이 시
기의 새로운 시스템과 생활 규범은 새로운 경험을 요구하는 인내

의 과정이었다. 먼저 한 일은 기존의 행정업무 중심의 학교 조직과 관료적 관행을 과감하게 손질하고 공동 실천의 풍토를 만드는 일과 존중과 배려의 생활공동체를 만드는 일이었다. 새로운 것을 배우기보다 모두가 옳다고 믿는 교육적 상식을 함께 실천함으로써 공감대를 형성하였다.

2011학년도는 새로운 시스템을 바탕으로 학습공동체 문화를 만들어가는 과정이었다. 실질적인 권한 위임과 1·2학년, 3·4학년, 5·6학년을 묶은 학년군 교육과정 중심의 작은 학교 시스템이 구축됨으로써 학년군별 협업적 활동이 활발해지고, 학년군 교육과정 모델을 개발하여 교실 수업과의 연계성을 높여갔다. 교실 나들이 활동을 통해 생활지도, 수업, 자료 공유 시간을 확대하여 교실주의를 극복한 열린 교실, 협력하는 교실을 만들어가며 공유하는 기쁨과 동료애를 경험하였다.

혁신학교 3년 차인 2012년에는 수업공동체에서 함께 성장하는 기쁨을 나누었다. 특정한 수업 모형을 찾기보다는 관계와 의미 중심 수업을 위한 수업 성찰과 수업 개발을 전개하였다. 교사 간의 인간적인 존중과 협력적 관계 속에서 개인적인 동기와 욕구를 넘어 좋은 수업을 하고자 하는 높은 열정과 교사 간 상호 협력을 기반으로 하는 공동 수업을 실천하게 된다. 이로써 보평초등학교 교사로서의 자긍심과 서로에 대해 깊이 이해하게 되었다.

이렇게 존중의 문화를 통한 다름 공동체, 경계가 살아 있는 규범 공동체, 그리고 교사가 성장하는 학습공동체를 만들며 하나가 되어갔다. 요즈음 우리 학교를 방문한 많은 분들이 우리 학교 선생님들 첫인상이 "밝고 명랑하시다, 자신감이 넘치고 활기차다, 다들 말을 잘하며 친절하시다."라고 한다. 초기에 건의 사항과 비판으로 넘쳐났던 회의 시간도 여유가 생기고 너그러워졌다. "우리 배움 스쿨은 물 흐르듯이 모든 것이 이루어져요.", "우리 보람 스쿨은 누구나 다 내년에 부장 교사를 할 수 있을 것 같아요.", "우리 나눔 스쿨은 동료 교사 간에 정말 많이 배울 수 있어요."라며 동료 자랑이 넘쳐난다. 무위자연無爲自然 하고 유교무류有敎無類 하고 교학상장敎學相長 하는 교육이 이곳에 있어 행복하다.

3. 행복한 공동체 학교를 만드는 길

존중과 배려의 생활공동체

"학교혁신을 위해 지금 무엇을 먼저 해야 합니까?"라고 물으면 나는 거침없이 "지금 당장 꼭 해야 하는 일, 할 수 있는 일부터 합시다."라고 말한다. 그것이 바로 행복한 교실을 만드는 일, 학교를 살리는 일이라 말하지만 정작 학교는 절박해 보이지 않는다. 관계가 무너진 교실에서 배움을 기대하기 어렵다. 교실 붕괴를 막기 위해선 무엇보다도 학생과 교사 간 관계 회복이 중요하다고 동의하지만 정작 학교는 다 함께 무엇을 실천하고 있는지에 대한 깊은 반성이 부족하다.

근대 학교에는 교육을 '통제하고 변별하는 일'로 여기는 관행이 있다. 일제 식민주의와 군사주의 문화가 뿌리 깊게 자리 잡고 있는 우리나라의 경우는 더욱 그렇다. 이러한 통제와 변별의 기제는 수업 방법과 평가 방법에 이르기까지 주된 교육 방법으로 자리 잡고 있다. 역학적 기제에 의존하는 수업은 학습자를 배움에서 소외시켰다. 이것이 교실 붕괴를 심화시키는 원인이 되고 있다. 그래서 대입제도를 바꾸고, 수업을 바꾸어도, 학교 폭력 근절 대책을 세워도 학교가 달라지지 않는다. 이것이 바로 우리 교육의 패러다임이 달라져야 하는 까닭이다.

이를 위해 보평초등학교가 개교한 이래 제일 먼저 시작했고 지금까지 꾸준하게 실천하고 있는 일이 상호 존중하는 문화 만들기였다. 획일적인 통제와 선별에 의존하는 학교 문화를 존중과 배려의 학교 문화로 바꾸는 일이다. 학교를 아이들을 위한 삶과 배움의 공간으로 바꾸는 일이다. 이를 위해 상호 존중, 솔선수범, 사제동행 교육의 강령을 실천하고자 하였다. 먼저 매일 아침 교장이 교문에서 아이들을 맞이하였다. 아침인사 활동은 선배 교사들로 이어지고 후배 교사들에게 전해졌다. 3년째를 맞는 아침인사 운동은 교실로 번져, 어느 교실에서나 담임교사가 아침이면 교실 앞문에서 아이들을 맞이하면서 눈 맞춤과 스킨십으로 소통하는 풍경을 볼 수 있다. 또 하나는 아침에 일기 검사, 숙제 검사, 떠든 사람 변별하며 혼내는 일 등을 하지 않는 것이었다. 대신에 교사가 1교시 전까지 사제동행 독서를 실천하였다. 또한 경어 쓰기 등 학생을 존중하는 문화를 실천했고, 이는 곧 교사에 대한 존경으로 되돌아왔다.

교사와 학생 간의 상호 존중 풍토는 상호 작용이 살아 있는 학습으로 이어진다. 교실에 상호 존중 풍토가 살아 있다는 것은 아이들과의 교감이 있는 수업을 의미하기도 한다. 존중과 애정, 인정과 격려가 있는 학습 풍토는 학생들에게 배움에 도전할 수 있는 용기를 심어주었다.

엄격함 없이 억압적 통제만 있고, 배려가 아닌 배제만 있는 교실에서 안전감 있는 배움을 기대하기는 어려울 것이다. 이를 위해서는 공적으로 해야 할 일과 하지 말아야 할 일을 명확히 하는 것이 중요했다. 보평초등학교 구성원은 누구나 학교공동체 일원으로서 지켜야 할 바람직한 생활 규범인 '3무 3행'을 실행했다. 이는 물리적 힘에 의한 통제나 관리를 위한 징벌, 규율이라기보다 집단의 자율적 통제 의식이며 규범이었다. 학교에서 해야 할 일과 하지 말아야 할 일 사이의 경계를 세우는 것은 공동체 일원으로서 생활양식을 습득하는 일이며, 공적 자아의식을 기르는 일이기도 하다. 우리 학교에서 생활지도는 징벌과 배제가 아닌 구성원이 함께하는 생활교육이 되도록 노력하고 있다. 학교 규범은 교장, 교사, 학부모, 학생에 이르기까지 모두에게 일관되게 적용되어야 하고 어른이 먼저 솔선수범해야 한다. 특히 생활지도는 모든 선생님이 일관되고 지속적으로 공동 실천할 때 학생들의 내면에 규범의식으로 자리 잡을 수 있다. 이를 위해서 학생 생활지도 매뉴얼, 학생 선도 지침, 치유 회복 프로그램 등을 공동 개발하고 이는 공동 실천으로 이어진다.

함께 성장하는 학습공동체

학교교육의 목표를 공유하며 교육한다는 것은 교사들이 더욱 책임감을 갖고 능동적으로 실천하는 것이다. 따라서 교육 목표를 공유하고 교사들이 협력하는 학교 조직을 만드는 것은 학교 문화 형성에 매우 중요한 일이다. 하지만 인사이동이 잦은 공립학교에서 학교가 추구하는 특별한 가치와 교육 목표에 동의하는 교사만을 모아서 교육할 수는 없다. 단위학교에 모인 교사들은 그 모습만큼이나 삶의 양식도 다양하며 생활 근거지를 중심으로 형성된 집단이기 때문에 공동의 교육적인 목표를 설정하고 실현하는 것이 여간 어렵지 않다.

우리 학교 또한 각기 다른 학교에서 오랜 교직 경험을 한 교사들이 모인 공립학교이다. 이런 경험을 본교의 교육 목표 아래 함께 움직일 수 있도록 조직하기는 쉽지 않았다. 이것은 교실의 폐쇄성과 학년·교과 이기주의로 나타난다. 결국 학교를 교육 목표 중심으로, 비전 중심으로 모아간다는 것은 지금까지 교실의 폐쇄성을 극복하고 교실을 공개하고 공유하도록 유도하는 것이다. 특히 초등학교에서 교실주의 문화는 관료주의 못지않게 극복해야할 과제이다. 교사들이 공동의 목표를 지향하며 자기 성장으로 이어지도록 하기 위한 '함께하는 문화'를 안정적으로 자리 잡도록 하는 것이 관건이었다.

이것이 바로 학교 변화의 핵심인 '학습공동체' 형성이다. 학습공동체 형성을 통한 교실의 변화가 학교개혁의 완성이라 말할 수 있다. 교사들이 공동의 목표와 지속적인 발전을 위해 함께 연구하고 탐구해나가는 '제도와 문화'를 만들기 위해서는 세밀한 추진 전략이 필요했다. 연구하는 학습공동체가 수업공동체로까지 발전하기 위해서는 단계적 접근이 필요하여 이를 새로운 '시스템과 문화'의 형성 과정으로 바라보고 추진하였다. 우선 학교장이 행정 중심의 낡은 학교 조직을 교사가 연구와 실천을 중시하는 학습 조직으로 재조직화하는 결단이 필요했다. 다음 단계로 교감과 행정실 직원이 행정업무를 새롭게 받아 가야 함으로써 생기는 업무 부담을 해결하는 문제와 업무 변화에 따른 갈등 조정이 필요했다.

다음은 역점 사업과 특색 사업 위주의 행사 교육과 시수 중심의 교육과정 운영 관행을 타파하고, 교사가 교육과정을 생산하고 가르치는 일의 중심이 되도록 하는 일이다. 이는 교육과정 운영의 자율을 경험하는 과정이었다. 함께 만든 교육과정이 교실 수업에서 실현되고 아이들의 배움으로 발현되도록 하는 것이었다. 교학상장敎學相長하는 과정, 이것을 우리는 학습공동체라고 하였다.

이처럼 학습공동체 형성 과정은 먼저 학교 조직과 문화의 변화에 초점을 두고자 했다. 우리 학교에서는 수업 변화에 앞서 교사들의 전문적 능력 신장을 위한 조직과 문화의 변화를 우선했다. 학교의 변화는 수업과 교육과정으로 완성되지만 그 과정에는 교사의 성장을 바탕으로 하는 문화가 있는 것이다.

부임 2년 차에는 학습공동체 형성을 위한 학교의 조직과 시스템 변화에 역점을 두었다. 제도적 정착을 통해 지속 가능성을 담보해야 했기 때문이다. 이는 전통적인 학교 조직의 특성인 관료성, 교실주의 폐쇄성을 외부 환경에 의한 자극과 상호 교류로 변화에 능동적으로 대처하는 조직으로 변화시키는 것이다. 모든 교사들이 협력하여 함께 성장하도록 교실과 학교를 개방적 구조로 전환하고, 효과적인 학습이 가능하도록 학습 지원 시설을 확충했다.

수업혁신에 대한 논의를 늦추고 조직과 시스템의 개선에 집중하였다. 교사들의 성장을 저해하는 업무 중심의 관료주의 구조를 없애는 일과 교사들의 개인주의, 학년 이기주의를 극복하고 개방적 시스템을 도입하고, 결재 중심 시스템을 공유하는 틀로 전환했다.

이 과정에서 중요한 것은 팀별 조직체제이다. 보평초는 교사들의 행정적 업무를 교육과정 중심으로 전환하고, 교육과정 활동을 진행하는 과정에서 교사들의 협력 활동이 자연스럽게 일어날 수 있도록 연구·실천 조직으로 전환하는 것을 핵심 과제로 설정하였다. 거대한 학교의 규모에서 나타나는 행정업무 중심 시스템을 극복하기 위해 1·2학년, 3·4학년, 5·6학년 단위로 교육과정 중심의 3개 학년군 조직으로 개편했다. 기존 학교의 업무 분장은 행정 중심적이고 분업적인 개별화 시스템이다. 하지만 교육과정을 새롭게 개발하는 창의적인 활동은 개별적으로 분업화된 구조로 해결할 수 없었다. 우리 학교는 학년군 단위의 자율적인 교육과정 운영 시스템을 통해 교사들 사이에 협력 활동이 활발하게 일어나도록 학교 조직을 역동적인 연구 실천 조직으로 개편했다. 이 속에서 교사들은 교육과정과 수업방법에 대한 다양한 프로그램을 설계하고 개발하는 활동에 참여하게 된다. 이를 위해서는 공동의 문제 해결을 위한 협력적 활동이 요구된다.

또한 교사의 성장은 교사들의 관계에서 비롯되기 때문에 이러한 문제를 원활하게 해결하고 교사의 전문성 향상과 교육과정 운영의 안정성을 높일 수 있는 인사 시스템을 도입하였다. 학년군 교육과정의 안정적 운영과 교사의 전문성 강화를 위한 교내 인사 시스템이다. 협력 활동이 중심이 되는 연구·실천 조직으로서의 교사 조직이 되기 위해서는 교육과정 운영에 대한 전문적인 능력과 교사들 간에 협력과 배려 문화가 자리 잡도록 조직을 아우를 수 있는 역량 있는 교사가 필요하다. 보평초등학교에서는 수석교사를 두지 않고 교직 경력 20년 이상인 교사 중에서 교장이 임명한 수석부장을 두어 이를 해결해나가고 있는데, 이를 스쿨장이라 부른다. 또한 신규 교사가 많은 학교의 특성상 신규 교사의 역량을 강화하기 위한 멘토 교사제를 운영하고 있다. 6명의 멘토 교사는 교육 경력이 많은 50대 이상의 교사들이 주로 담당하고 있다. 실질적인 멘토 활동이 일어나도록 학교 일정에서 공식적인 만남을 계획하고 운영하고 있다. 50대 교사의 역할과 활력은 조직의 역동성으로 이어진다. 또한 초등 교사들은 매년 학년이 바뀌므로 교과에 대한 전문성과 학년교육과정의 연속성을 유지하기 어려운데, 이를 극복하여 교과 전문 역량을 강화하고 교육과정 운영의 연속성을 위해 학년 중임제를 운영한다.

공개하고 공유하는 수업공동체

학습공동체란 동료성을 바탕으로 서로 성장하는 관계를 만들어 가는 것, 협력적인 연구·실천이 일상화되는 '학습 동료성'을 형성하는 일이다. 우리 학교의 혁신은 생활공동체와 학습 조직화를 바탕으로 학습공동체, 수업공동체를 이루는 일이다. 이를 통해 교실과 수업을 개방하고 공유하는 일이 자연스럽고, 공개하는 두려움을 공유하는 기쁨으로 돌려드리는 일이다.

학교에서의 학습공동체는 공동 수업 실천 등 '함께 일하기'를 하면서 교사들 사이의 상호 의존성과 책임의 공유가 증대된다. 이로써 공동적 헌신이 나타나고 어려운 작업에 더욱 적극적으로 참여하게 된다. 교사들은 개인적인 성장이 아닌 관계적 성장, 집단적인 성장 기제에 관심을 두게 된다. 개인적인 연구·실천 활동보다도 공동 작업과 공동 실천 등 집단적인 연구·실천 활동을 통하여 교사들이 함께 성장할 때 학교가 개선된다고 생각하고 이를 위하여 노력한다.

우선 학년군 단위로 생활지도와 수업을 중심으로 참여와 소통, 공개와 공유의 교사문화를 만드는 과정에서 교사들은 서로에게 협력적인 상호 관계를 이루어간다. 협력적 상호 관계는 서로에게 영향을 미치면서 성장하는 것이다. 일상적인 일, 수업을 수행하는 과정에서 동료 교사들과 팀워크를 이루거나 상호 작용하는 가운데 자연스럽게 학습하도록 하는 것이 전문가적 학습공동체의 특징이다. 그간에는 교실 변화와 교사의 전문적 성장을 연수, 장학, 컨설팅, 콘텐츠 제공 등에서 찾고자 했다. 이러한 방식은 교사를 능동적인 변화의 주체로 세우지 못하게 하였고, 교사는 변화의 대상이 되었다. 수업과 교육과정의 변화를 중심으로 하는 위로부터의 교실개혁론은 개혁이 진행될수록 교사의 자존감이 저하되고 저항하는 역기능이 나타난다.

이에 따라 보평초에서는 이론과 연수의 결과를 수업 현장에 적용하는 모형 중심 수업에서 벗어나 반성적 학습이라는 수업 성찰 기법과 상황 학습이라는 수업 개발 기법을 자체 개발하여 실행하였다. 외부자에 의한 이론, 장학, 컨설팅보다는 자기 장학, 동료 장학에 의한 임상적 실행 학습법을 중시하였다. 전문적 학습공동체를 바탕으로 하는 이 방법을 실행하면 자연스럽게 기존의 모형, 방법, 기술, 형식 중심의 수업 관점에서 벗어나 '관계와 의미' 중심 수업으로 전환할 수 있다.

이를 위해 다음과 같은 새로운 수업혁신 전략을 구축하고 실천하였다.

첫째, 개인의 역량에 의존하기보다는 학습공동체를 통한 집단 성장을 도모한다.

둘째, 장학과 코칭에 의존하지 않고 자기 성찰과 공동 작업을 통한 수업 성찰과 수업 개발 방법을 취한다.

셋째, 특정 이론의 적용을 위한 연수에 의존하지 않고 임상 활동을 중시하는 반성적 실행, 상황 학습을 중시한다.

넷째, 수업의 구조와 개념, 모형과 방법을 중시하기보다 관계적·의미적 수업을 만들어간다.

이런 과정을 통해 학년별 공동 수업이 이루어지고 나면 모든 교사가 함께하는 수업 컨퍼런스가 이루어진다. 이 과정에서 가장 특

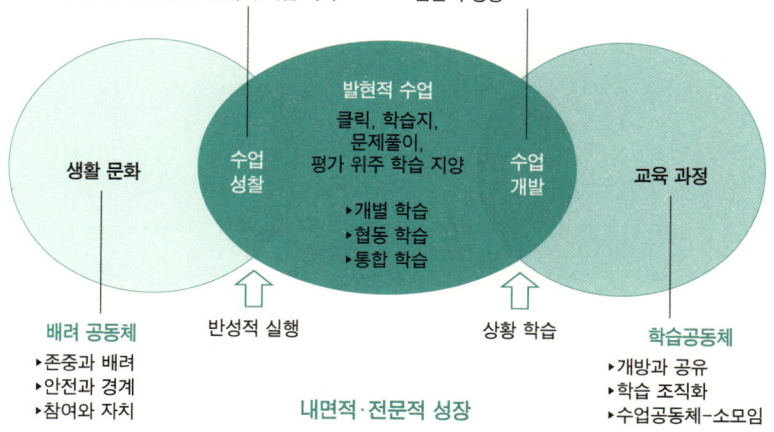

관계적 수업
▶셀프 코칭: 영상 편집, 수업 나눔, 수업 에세이
▶관계적 수업: 인정 기제(언어, 공감 표정, 행동)
▶자기 성찰: 통제와 변별 지양, 두려움 극복

의미적 수업
▶공동 작업: 팀 티칭, 공동 수업, 프로젝트 학습
▶수업 공유: 수업 보고, 교실 나들이, 컨퍼런스
▶집단적 성장

생활 문화

수업 성찰

발현적 수업
클릭, 학습지,
문제풀이,
평가 위주 학습 지양

▶개별 학습
▶협동 학습
▶통합 학습

수업 개발

교육 과정

배려 공동체
▶존중과 배려
▶안전과 경계
▶참여와 자치

반성적 실행

내면적·전문적 성장

상황 학습

학습공동체
▶개방과 공유
▶학습 조직화
▶수업공동체-소모임

징적인 점은 수업이 즐거워지고 뿌듯한 자부심을 느낀다는 것이다. 많은 교사들이 동 학년별로 진행된 공개 수업을 놀라워하고 이러한 수업을 진행했다는 것에 대해 서로를 대견스러워한다. 자신들의 이야기를 다른 학년에 들려주고 싶어 했으며, 다른 학년에서는 수업을 어떻게 진행했는지 궁금해하였다. 수업 컨퍼런스가 진행되는 과정 내내 교사들은 자신들의 이야기에 즐거워했다. 두렵고 부담스러운 수업 공개가 아닌 즐겁고 신나는 경험으로서 수업 공개가 어떻게 가능할 수 있을까?

수업 성찰: 셀프 코칭

교사의 내면적·전문적인 성장을 위해서는 단계적이며 유기적인 체제가 필요하다. 즉 수년간 무의식적으로 반복되어온 자신의 수업적 측면을 되돌아봐야 한다. 다양한 형태의 수업 성찰은 자신뿐 아니라 동료가 함께 참여해야 자신만의 경험주의에서 벗어날 수 있다. 수업에서 바람직한 교수 행위 양식은 교사 자신이 먼저 습득해야 하는 행동 양식이다.

본교는 배움의 능동성이 일어나도록 언어(공감, 격려), 표정(눈빛, 미소), 행동(경청) 등 교수자의 상호 작용 활동을 셀프 카메라 형식의 촬영으로 5~10분 이내의 자기 수업 영상을 제작한다. 이 과정은 그 자체만으로도 자신의 수업을 되돌아볼 수 있으며 셀프 코칭이 가능하다는 장점이 있다. 수업을 지시·관리·통제에 의한 억압적 통제 기제와 경쟁·평가·보상에 의한 우열적 변별 기제에 의존해서는 안 된다. 공동 수업 실천과 동료 교사와 함께하는 수업 이야기 나누기, 수업 에세이 쓰기 과정을 통해 누구의 지시나 통제가 아니라 나 스스로 수업에 대한 이야기를 만들고 성장할 수 있다.

수업 개발: 공동 수업

그동안의 공동 수업은 사실상 협동(협업) 수업의 형태를 크게 벗어나지 못한 부분이 있었다. 분업적·단절적인 교사 수업 활동, 단위수업 활동, 역할 분담 형태로 실천되었기 때문이다. 이러한 수업들은 탈맥락적, 전시 행정적, 이벤트적인 성향의 수업으로 전락할 가능성이 매우 높다.

우선 학습공동체 일원으로서 문제를 공유하고, 교육적 상상력을 바탕으로 행복한 수업을 실천하고자 하였다. 교육적 상상력은 '내용(텍스트), 시간(40분), 장소(교실), 교수자(담임)'의 획일적인 고정관념에서 탈피하여 '내용(교과서 밖의 텍스트), 시간(단위수업, 등교시간,

중간놀이, 점심시간), 장소(교실, 체육관, 교문, 마을), 교수자(담임, 담임 외 선생님, 학부모)'로 확대 적용되었다.

교육적 상상력이 확대 적용된 수업은 놀라운 교육적 경험으로 다가왔고, 학생들은 학교의 모든 생활에서 배우고자 하는 능동적인 모습을 나타냈다. 공동 수업 활동만으로도 교사와 학생 모두에게 행복감을 안겨준 소중한 경험이었다. 우리는 이것을 수업의 새로운 경험, 공동 수업의 즐거움이라고 하였다.

선생님들이 던져주신 주제들을 덥석덥석 물어 두서없이 진행했다. 솔직히 말하면 경제단원 전체가 시행착오로 가득했다. 그러나 우울하거나 좌절감이 들지 않았다. 수업을 준비하기 위해 모였던 시간들, 다양한 아이디어들, 계속 움직이는 생각들, 끊임없는 고민들, 쉽게 정리가 안 되는 수업안, 답답하기까지 한 '느림'이 참 좋았다. 서두르지 않는 모습들이 편안했고 어떤 이야기도 내치지 않는 분위기가 행복했다. 이렇게 함께 새로운 수업의 틀을 구상하는 것이 큰 활력소가 되었다. 이것이 보평초등학교가 갖는 가장 큰 매력이 아닐까 생각했다.

6학년 김○○ 교사 수업 성찰 후기

하나의 수업을 준비하기 위하여 서로 모이는 과정 자체가 교사문화를 즐겁게 하는 윤활유가 되었다는 점에서 이번 공동 수업 연구의 의미가 있었다고 생각한다. 공동으로 연구하는 수업은 단순히 아이디어를 모으고 연구하는 것뿐만 아니라 연구 구성원들 간 공감되는 정서까지 아우를 수 있는 기회를 제공하였다. 내 반 수업만 잘하면 끝인 것이 아니라 다른 반 수업이 궁금하고, 도와줄 것은 없는지 자연스레 신경이 쓰였던 이번 경험은 교직 생활에서 값진 기억으로 남을 것 같다.

5학년 주○○ 교사 수업 성찰 후기

일반적으로 교사는 자신의 수업을 공개하는 일을 항상 부담스럽고 두려운 일로 받아들인다. 일부에서는 교실 개방의 중요성을 강조하며 권위와 강압에 의해 교실을 개방하고 학습자 중심의 협동 학습을 중시하기도 한다. 그러나 강압에 의한 수업 개방은 자성이 없는 자책과 질책만 남는다. 강요된 개방은 두려움이 가로막고 있어 동료성을 바탕으로 한 진정한 학습공동체로 자리 잡기 어렵다.

우리 학교에서는 특정 수업 모형과 이론을 앞세운 수업개혁론을 거부하고 교사들은 일상적 공동 실천을 바탕으로 한 학습공동체로의 발전에 주목했다. 수업 컨퍼런스 과정은 일상적 수업을 협력적 수업으로 진행함으로써 구성원들 간 공감대와 정서까지 아우르는 기회가 된다. 수업 개발 과정에 형성된 동료성은 수업 나눔을 통해 교사의 성장과 동시에 즐거움을 가져다주었다. 교사들은 새로운 경험을 하면서 "솔선수범하는 선배 선생님에 대한 존경하는 마음이 생겼다.", "후배 교사의 참신한 아이디어와 열정을 배웠다.", "교직 10년 중 가장 뜻 깊고 보람이 있는 수업이었다."라고 말하고 있다.

136

4. 행복한 삶으로 수업하는 교사

학교의 조직과 문화를 개선하는 것이 실질적인 학교혁신의 첩경이다. 그러나 우리나라에서 학교개혁은 중심을 비켜선 주변적인 논의에만 머물렀다. 그간 교육개혁은 교육 시설과 환경 개선에 의한 하드웨어적 접근과 교육과정과 수업 개선에 의한 소프트웨어적 접근에 머물러왔던 것이다. 뿌리와 나무와 줄기는 보지 못하고 열매와 꽃만 보고자 했던 것이다. 시스템과 문화, 즉 관행 타파를 위한 미디움웨어적[15] 접근이 부족했다. 교사의 열정과 헌신 그리고 협력과 생성의 교직 문화를 어떻게 살려낼 것인가에 대한 이해가 부족했던 것이다.

보평초등학교에서 3년의 공동체 학교 만들기 실험은 조직과 문화 그리고 자기 변화를 위한 성찰적 대화와 공동 실천의 과정 그 자체였다. 학교혁신은 우리가 추구하는 공동체 문화를 위한 학교 시스템을 만들고 그 결과로 수업의 즐거움이 나타나는 과정이었다.

이는 학교를 변화시키는 동인으로서 문화의 중요성을 인식하고 학교 문화의 변화에서 학교개혁 방안을 찾는 데 의미가 있다. 특히 기존의 학교 문화를 통제와 변별, 경쟁과 서열화, 소외와 배제, 관료주의와 교실주의, 분업주의와 집단이기주의 문화로 규정하고

---

15 학교 개선에는 하드웨어와 소프트웨어의 개선보다 훨씬 더 중요한 요인이 관여한다는 사실을 확인했습니다. 그 요인은 제가 쓰는 용어로 '미디움웨어'라고 불릴 수 있는 것입니다. 미디움웨어라는 것은 하드웨어와 소프트웨어가 잘 작동할 수 있도록 그 중간에서, 이 둘을 연결해주고 이어주는 매체 역할을 하는 요인입니다. 불을 만들기 위해서는 낙엽과 부싯돌 그리고 산소가 있어야 합니다. 산소의 역할을 하는 미디움웨어는 바로 제도와 문화입니다(Michael Fullan & Andy Hargreaves, 『학교를 개선하는 교사』 중에서).

이를 새로운 공동체 문화로 대체하고자 노력하였다.

우리 학교에서 진행된 수업 컨퍼런스 과정을 보면서 교사가 동료와 함께 성장할 수 있도록 학교공동체를 구축하는 것이 중요함을 확인하게 되었다. 교사의 전문성은 임상 속에서 동료와의 관계 속에서 성장하고 있음을 새롭게 발견하였다. 특히 50대 선배 교사의 역동성이 학교혁신에서 매우 중요한 역할을 하였다. 학교에서 50대 교사의 몰락은 위로부터의 학교개혁 실패의 산물이다. 교수의 학문적 이론주의, 행정 관료의 장학과 컨설팅주의는 교단에서 수업 임상 전문가의 성장을 막아왔다. 하지만 우리 학교에서 50대 교사의 재탄생은 교단에 활력과 자부심을 불러일으키는 데 매우 중요한 역할을 하였다.

이들은 공동 수업으로 전개한 공개 수업에 대해 놀라워하고 스스로 뿌듯함을 느꼈다. 자신들의 이야기를 동료 교사에게 들려주고 싶어 했으며, 다른 학년 수업에 관심을 기울였다. 수업 컨퍼런스가 진행되는 과정 내내 즐거워했다.

수업공동체가 단지 두렵고 부담스러운 수업의 공개가 아니라 즐겁고 신나는 경험으로 다가왔으며, 단순한 수업 공유를 넘어 컨설팅과 장학 없이도 어떻게 집단적 성장이 가능할 수 있는가를 보여주었다. 우리 학교에서 수업공동체로 발전하기까지는 팀티칭과 공동 수업과 프로젝트 활동, 체험 학습 등 교사들의 성장을 위한 과제들을 끊임없이 함께 고민하는 과정이 있었다. 교실 나들이와 수업협의회를 통하여 구체적인 수업 방안을 고민하며, 학교 조직을 학년군 단위로 학습 조직화하고 학년교육과정을 함께 만들어가며 공동 연구 실천 조직으로 변화했다. 또한 서로의 수업을 공개하고 공유함으로써 함께 성장하였다.

이러한 문화가 조직에 자연스럽게 스며든 데에는 다른 많은 노력이 숨어 있다. 연구실에 교사들이 모여서 협의할 수 있도록 시설을 카페처럼 편안하게 만들고, 교실에 있는 개인용 프린터기를 없애고 연구실에 둠으로써 자연스럽게 정보가 공개되도록 하고, 학년학습지원실 등 시설과 환경에 이르기까지 협의 문화와 팀 중심의 업무 구조를 만들었다. 이 과정에서 교사들은 자연스럽게 교실을 개방하게 되고 그 결과 교육 활동의 결과물들이 공유되었다. 그리고 체험 중심의 주제 통합 수업 만들기 등 교사들이 함께 협의하고 공동 작업을 수행하는 적절한 과제도 제시되었다. 공동으로 생활지도 지침을 만들고, 서로 협의하여 같은 기준으로 학생들을 지도하며, 특히 많은 어려움이 있는 교실의 문제에 대해 함께 고민해주고 공동으로 지도하는 활동을 통해 정서적 유대와 서로에 대한 신뢰감이 동료성으로 자리 잡았다.

또한 교사들은 공동 수업을 하면서 자신의 교육적 상상력이 수업으로 적용되는 즐거운 경험만으로도 소중한 학교공동체를 느낄 수 있었다. 새로운 경험을 하며 자신을 자랑스러워했고, 서로를 믿고, 사랑스러워했고, 함께 즐거워했다.

보평초등학교 3년 동안의 학교공동체 만들기는 공립학교에서 학교혁신은 어떻게 가능한지를 잘 보여주고 있다. 또한 이것이 아이들과의 관계가 살아 있는 수업을 만들고 교사의 성찰과 협력이 살아 있는 행복한 교실공동체를 만드는 비결임을 알게 되었다. 의미가 살아 있는 수업을 개발하기 위한 공동 작업 과정 속에서 함께 성장하는 즐거움을 느끼며 교사공동체의 소중함을 알게 되었다.

노자의 『도덕경』에는 "낳아 기르되 소유하지 않고, 행하되 공을 내세우지 않고, 이끌되 지배하지 않는다."는 말이 나온다. 이것이 우리가 추구하는 이상적인 학교 모습이라 생각해본다. 혁신학교 3년째인 2012년, 학교의 모든 교사들은 수업공동체를 통해 자신이 학교의 주체임을 발견하고, 함께하는 즐거움을 느끼고, 성장하며 보람을 느끼는 길을 찾았다.

학교의 혁신을 위한 바람직한 리더십은 무엇일까? 통솔하는 것이 아니라 함께하는 문화를 만드는 과정이다. 이러한 생각을 함께하는 교장 선생님이 많이 탄생할 수 있는 제도적 뒷받침을 기대해본다.

감성적 리더십을 통한
참여와 소통의 학교 문화 만들기

이범희_흥덕고등학교 교장

흥덕고등학교의 현황

흥덕고등학교는 경기도 용인의 신흥택지개발지구인 흥덕지구의 개교 3년 차 공립 인문계 고등학교로서, 개교와 동시에 경기도 교육청 지정 혁신학교로 지정되었다. 흥덕지구는 행정구역상 용인이지만 지역 주민의 다수가 수원의 문화와 상업시설을 이용하는 용인과 수원의 접경에 위치하고 있어, 흥덕지구 이외의 학생들이 통학하기에는 교통이 불편한 외곽 지역이다. 용인은 비평준화 지역으로 신설 학교의 경우 학생이나 학부모의 선호도가 매우 낮으며 다른 학교에 성적으로 진학할 수 없는 학생들이 밀려서 입학하는 경우가 많다. 입학한 아이들을 보면 다양한 지역에서 아파트 입주에 따라 입학한 단지 내 학생과 단지 밖에서 안정된 학교에 진학하기 어려운 성적 부진아, 인근 수원시(평준화 지역)에서 원하지 않는 학교 배정이나 원거리 통학으로 인한 불만을 해소하기 위한 다수의 전입생으로 구성되어 있다. 학업 성적 면이나 생활지도 면에서 이질적 특성이 있는 학생들로 구성된 것이다. 출신 중학교가 1학년 55개교, 2학년 76개교, 3학년 48개교로 다양하게 분포되어 있으며, 학생 개개인의 학력 수준 차가 심하여 학교에 대한 요구가 다양하며 편차가 크고, 학습에 대한 무기력과 진로 계획을 세우지 못한 학생들이 다른 학교보다 많다.

이에 교육적 배려와 세심한 관심, 인성 교육 및 자존감 향상 훈련이 절대적으로 필요한 학생들이 많아 공동체 문화 구축에 어려움이 있다. 교사의 경우 본인 희망에 의해 초빙으로 전입해 온 교사가 30% 정도로 학교 비전과 목표 의식 공유가 잘되어 있고, 상호 협력적 관계도 잘 형성되어 있어 학교 문화를 만들어가는 데 큰 역할을 하고 있다. 학부모의 경우 학교 의존도와 신뢰도가 높으며 개교 초에는 생활지도에 어려움을 겪었던 학부모가 많아 자발적 봉사활동을 통해 자녀들이 학교에 적응할 수 있도록 적극적인 도움을 주었으며, 점차 자녀들의 대학 진학에 대한 욕구로 학력 향상에 대한 기대도 높아지고 있다. 지역사회에서는 개교 초 신설 학교가 겪는 생활지도상의 어려움을 우려하였으나 2012년도 들어서면서 안정되었다는 평가를 하고 있다.

학교혁신의 동력 형성

학교의 본래성을 회복하기 위한 학교 단위의 공교육 살리기 운동이 2000년을 전후해 소규모 초등학교를 중심으로 나타나기 시작했고, 초등학교들의 실천적 노력과 성과를 안고 학교혁신을 고민하는 교사 그룹들이 등장하였다. 그런 가운데 2009년 경기도 교육감이 바뀌면서 교육청 차원에서 학교혁신의 상이 제시되었고 기존 학교들의 운영 시스템을 분석하며 경기도 곳곳에 새로운 학교운동을 위한 모임들이 생겨났다.

기존의 학교 운영 원리를 입시 중심의 실적주의, 구성원들을 주체로 세우지 못하는 일방주의, 많은 시간을 학교에 머물며 자율학습과 방과 후 활동으로 보내는 것을 그 학교의 교육열로 이해하는 물량주의, 교과서 진도 나가기에 급급한 형식주의 등으로 규정하고, 이를 극복하기 위헤 고민하고 연구하는 '경기미래교육포럼'이라는 모임이 만들어졌다. 남한산초등학교와 조현초등학교 등의 '작은학교연대'의 실천적 성과를 바탕으로 2006년 만들어진 새로운 학교 운동인 '스쿨디자인21', 빠르게 변하는 아이들과 새로운 만남을 고민하며 학급 운영과 수업의 변화를 모색했던 실천적 교사 모임인 '참여소통교육모임', 그리고 공교육 변화 모델을 꾸준히 만들어왔던 이우고등학교 교사 등 20여 명이 모여 인문계 고등학교의 재구조화에 대한 연구를 함께하였다. 이들은 홍덕고등학교 인근의 고등학교에 근무하던 '참여소통교육모임' 대표 이범희 교사를 내부형 공모제 교장으로 내천하였고, 공모 과정을 통해 초대 교장으로 부임하게 되었다.

흥덕고등학교의 혁신 추진 전략과 리더십

경기도 혁신학교로서 흥덕고등학교는 기존의 인문계 고등학교가 해결하지 못했던 가장 커다란 문제, 즉 대학 입시 위주의 왜곡된 구조 속에서 고교교육이 정상화되지 못하고 있는 현실의 문제를 제기하며 출발했다. 보통의 인문계 고등학교에서는 학생들이 대학에 들어가기 위해 도움이 된다면 인간적인 가치에 다소 위배되는 것(예를 들면, 자신의 삶을 설계하는 소중한 기회의 제약, 강제적 방과 후 활동 및 자율학습, 특히 학생 인권의 유보 등)들도 정당화되었다. 학부모들도 이런 학교의 모습에 선뜻 동의하지는 않지만 자식을 위해 용인할 수밖에 없는 것이 우리의 현실이었다.

이런 교육 풍토에서 흥덕고등학교의 탄생은 왜곡된 대다수의 학교들과 운영 철학과 메커니즘을 달리하겠다는 선언을 하고 출발한 것이었다. 한편에서는 비아냥과 우려의 시선을 보냈고 또 다른 한편에서는 반드시 흥덕고가 성공해야 우리들의 학교가 바뀔 수 있다는 묵시적인 응원을 보냈다. 흥덕고등학교의 목표는 대학 입시에서 좋은 성적을 거두는 소위 명문 학교가 되는 것이 아니라, 한국 교육이 지향해야 할 당연한 고등학교의 모습을 회복하는 것이다. 그것은 고교교육의 정상화이며 교육 본질의 회복이다. 고교교육이 정상화되어야 배움으로부터 도주했던 아이들, 폭압적이고 강요된 학습 환경에서 꿈을 강제적으로 포기해버렸던 아이들이 학교로 돌아오고 삶의 동기를 회복하여 더불어 사는 민주 시민으로 성장할 수 있다.

오랫동안 누적된 학교의 왜곡된 모습을 극복하는 과정은 그리 호락호락하지 않다. 학교혁신에 대한 선행 학습이 이루어진 교사, 초빙 교사, 적극적으로 학교 문화 속으로 들어오려는 교사들과 그렇지 않은 교사들의 갈등이 늘 잠복해 있다. 여러 가지 관점이 충돌하여 때로는 좌충우돌하고 때로는 인간적인 상처를 입기도 한다. 또한 혁신학교를 자의적으로 해석하며 지속적으로 학교공동체의 질서를 어지럽히는 아이들에 대한 생활지도도 쉽지 않다. 학교에 대한 학부모들의 요구 수준도 편차가 커서 이들을 설득하고 이해를 구하는 과정이 쉽지 않다. 그럼에도 불구하고 성적이 좋은 아이들만 성공하는 학교가 아니라 각자 가지고 있는 재능과 적성에 따라 모두가 성공하는 새로운 개념의 명문 학교를 만들어야 한다는 시대적 소명의식으로, 학교 구성원들에게 학교의 철학과 비전을 지속적으로 제시하고 끊임없이 대화하고 설득하는 과정을 통하여, 교사가 학교혁신을 위한 실천에 나설 수 있도록 '한 방향 정렬vision alignment'을 하고 있다.

메신저로 학교장의 철학과 비전 나누기

흥덕고등학교에서는 교사의 정체성이나 학생관, 학부모관을 비롯한 학교의 철학과 비전을 교사들과 함께 나누기 위해 학교장이 수시로 메시지를 활용하고 있다. 교사들을 격려하고 지지하기도 하지만 때로 불편한 이야기를 나누기도 하며 한 방향 정렬을 시도

하고 있다.

#1

위탁 나간 아이들을 만나고 왔습니다. 햇살 좋은 봄날에 학교를 벗어난다는 것만으로도 유쾌한(?) 일이지만 ○○이와 △△이가 학교에서 보던 모습들과 달리 다소 쑥스러워하면서도 내심 반가워하는 모습에 가슴 짠했습니다. 아이들은 내게 어떤 존재인지, '교사'라는 이름으로 아이들을 처음 만날 때의 가슴 설렘이 아직 남아 있는지 내게 묻고 답하곤 합니다. 가끔 정적이 흐르는 교장실에 앉아 무엇 때문에 이리 마음고생하고 몸 고생하고 있는지 회의懷疑할 때가 있습니다. 모두들 힘들다고 하는데 사실, 나도 힘들다고 하소연도 하고 싶습니다. 힘들고 어려운 아이들 우리 학교로 전학 보내려고 하면서 혁신학교가 뭐 힘든 아이들 가려서 받느냐고, 돈으로 하는 혁신학교는 누군 못하냐고, 참 얼굴도 두껍게 비아냥거리는 주변 사람들이 야속하기도 합니다. 하지만 내가 꿈꾸던, 교사로서 아이들 앞에 당당하고 싶었던, 교사로서의 자존심 곱씹으며 교무회의 시간에 일어나 큰 소리 내던 그 초심 마음에 담고 늘 다시 시작하는 마음으로 아이들 만나자고 다짐하곤 합니다. 아이들과 죽음의 길까지 함께한 야누스 코르착의 길을 따라갈 수 있도록 내 스스로를 더 연마하는 것이 필요하다 여기면서 말입니다.

모두들 학교가 변해야 한다고 합니다. 교사는 학부모와 아이들을 탓하지만 학교 밖의 사람들이 학교와 교사를 바라보며 변해도 한참 더 변해야 한다고 합니다. 일 년에 수차례 학부모들에게 우리의 수

146

업을 공개하고 평가받는 것은 옳고 그름을 떠나 이제는 어쩌지 못하는 일상이 되었습니다. 예전처럼 '교사'라는 이름만으로 학부모에게 권위를 인정받던 시대는 분명 아닙니다. 이제 동료들과 머리를 맞대고 우리가 어떻게 변해야 하는지를 가슴 아프게 고민해야 하는 시기입니다. 학부모들에 대해 불평하기보다는 우리 학교 선생님들은 "이렇게 학부모와 아이들을 만나자."고 제안하고 실천하였으면 좋겠습니다. 학교장의 판단이나 아이디어보다는 여러 선생님들의 제안과 능동적 참여, 협업으로 가는 학교 그것이 우리 학교와 우리의 교육을 살리는 것이라고 확신합니다.

#2

중·고등학교 교장 선생님들에게 평화 교육 사례 발표를 하였습니다. 집단으로 모인 교장 선생님들의 분위기는 대체로 냉소적입니다. 단위학교 연구부에서 주관한 연수에 강의를 나가 보아도 비슷한 분위기입니다. 자발적인 참여가 아니기 때문에 그렇습니다. 그런 자리의 발표나 강의는 상당히 곤혹스럽습니다. 잠을 자거나 딴짓을 하는 아이들 앞에서 선생님들이 수업하는 느낌과 비슷할 테지요. 특히 선도위원회에서 위탁 교육이 결정된 부모들과 옥신각신한 뒤에 평화 교육 사례를 발표하게 되어 마음이 참 불편했습니다. 공허함이 밀려오고 깊은 자괴감을 떨치기 어려웠습니다. 우리의 교육 현실에서 새로운 학교 문화를 만들어가는 것이 여간 어렵지 않다는 큰 깨달음 다시 얻었습니다. 관념적인 주장이나 미사여구, 화려한 말의 성찬이 아니라 부딪히고 깨지고 다시 어루만지는 선생님들의 처절한 피땀

만이 답이라고 확신했습니다. 모든 선생님이 자신의 방법으로 치열하게 아이들을 만나는 자발성, 그 지혜를 옆 선생님과 나누는 동료성이 답이지요. 제가 선생님들에게 자발성을 요구하는 것은 이미 진정한 자발성이 아닐지 모르겠습니다. 하지만 서로 대안을 제시하고 함께 실천하고 서로를 따뜻이 감싸며 함께 문화를 만들어가는 과정이 우리 학교의 문화였으면 좋겠습니다. 충분히 지금도 그러고 계신 것 잘 알고 있습니다. 늘 감사합니다.

#3

하루하루 아이들을 만나는 과정이 많이 힘드시지요?

오랫동안 관습적으로 이뤄지던 생활지도 방식의 틀을 깬다는 것이 얼마나 어렵고 힘든 일인지 잘 알고 있습니다. 하지만 학교가 그 원형을 회복하기 위해서는 보다 근본적인 고민이 필요하고 시대의 흐름에 맞는 교육의 방식을 갖는 것이 반드시 필요하다고 생각합니다. 두발의 상태, 치마 길이, 간단한 장신구 부착 여부 등이 교육의 본질이라고 생각하는 선생님들은 아무도 안 계실 듯합니다.

우리나라 헌법 제10조에는 "모든 국민은 인간으로서의 존엄과 가치를 가지며, 행복을 추구할 권리를 가진다. 국가는 개인이 가지는 불가침의 기본적 인권을 확인하고 이를 보장할 의무를 진다."고 되어 있습니다. 우리 모두가 그런 헌법의 조항을 신성불가침이라고 생각하고 있습니다. 학생은 단지 교복을 입은 국민입니다. 학교는 국가의 역할을 수행하는 것이지요. 그런 의미에서 학교를 헌법에 부합하는 공간, 행복한 삶을 누릴 수 있는 공간, 친인권적인 공간으로 만들

148

어가는 것은 필수적이라고 봅니다. 저는 친인권적인 학교 문화를 만들어가기 위해 우리 선생님들이 다시 마음에 새겨야 할 몇 가지를 제안하고자 합니다.

우선 아이들을 보는 관점의 전환이 필요하다고 봅니다. 아이들은 통제하고 관리하는 대상이 아니라 함께 배우고 성장하는 존재로 보아야 합니다. 텍스트의 내용만을 전달하는 것은 이제 교사가 아니어도 얼마든지 해결할 수 있는 시대입니다. 특정한 분야에서는 아이들이 오히려 교사들보다 뛰어나기도 합니다. 따라서 텍스트의 내용을 재구조화하고 그것을 아이들과 고민하며 삶을 나누고 함께 성장하려는 노력이 필요합니다. 선생님들의 전문적인 성장을 위해 학교에서 연수를 조직하도록 하겠습니다.

둘째로 다양한 수업방법 개선을 통한 수업혁신과 선택의 폭을 넓혀주는 교육과정 구축이 필요합니다. 교과부 발표에 의하면 학교에 적응하지 못하는 아이들이 30% 정도 된다고 합니다. 다양한 적성과 재능을 가진 아이들이 한 교실에서 똑같은 일제식 수업을 듣는 것이 일정한 아이들에게는 매우 힘든 일이며 수업하는 교사와의 갈등이 불가피합니다. 협동 학습, 배움의 공동체 수업, 참여 소통의 수업 등 아이들이 참여할 수 있는 다양한 수업방법을 위한 고민들이 필요합니다. 또한 필요에 따라 선택의 폭을 넓혀주는 개별화 교육과정이 필수적이라고 봅니다.

셋째로 지금까지의 생활지도 문제는 훈육 그 자체에 있는 것이 아니라 과정의 결핍에 있다고 봅니다. 왜 지켜야 하는지도 모르는 규정을 아이들에게 지키라고 강요해왔던 측면이 있습니다. 규정을 제정하는 데에 아이들이 좀 더 적극적으로 참여하여 자기의 입장을 이야기할 수 있을 때 책임감도 높아집니다. 학교의 큰 단위에서는 아이들이 참여할 수 있는 기회가 적을 수밖에 없습니다. 학급회의가 우선순위에서 밀리지 않고 정해진 시간에 꾸준히 이루어지도록 보장해야 합니다. 저도 노력하겠습니다.

넷째로 참여와 소통의 학생 자치 문화 활성화를 통해 학생 역량을 강화하는 것이 필요합니다. 축제, 입학식과 졸업식, 기타 학교 행사에서 아이들이 기획하고 진행하며 평가까지 하는 과정 속에서 아이들 스스로 성장하는 힘을 갖도록 여건을 만들어주는 것이 필요해 보입니다. 교내 흡연, 집단따돌림 등의 학교 현안들에 대해서도 학생자치회를 통해 해결 방안을 모색하도록 기회를 주는 것이 교사들이 직접 개입하는 것보다 큰 힘을 가질 수 있습니다. 인권 감수성, 존중, 배려가 흥덕고등학교 교사들의 모습이기를 소망합니다.

#4

며칠 전 좋은 햇살 받으며 아이들 땀 흘려 공 차는 모습 보는데 마음이 울컥했습니다. 살아 있다는 것만으로 행복할 수 있구나 싶었습니다. 작은 것에도, 보이지 않는 것에도 그렇게 감사하며 살아야지 생각했습니다. 쉽지 않지만 그랬으면 좋겠습니다.

엊그제 교원 업무 경감과 관련한 설문 조사를 하면서 문득 든 생각입니다. 교원 업무 경감은 그 자체가 목적이 아니라는 것입니다. 수준 높은 교육, 질 높은 교육을 위한 과정이지요. 지금껏 교사 본연의 일들을 여러 행정적인 업무 때문에 못하게 된다고 호소해왔고 교육청에서 그 방법들에 대한 지원을 고민하며 제도적 개선을 시도하고 있습니다(사실은 지난해 5월 어느 교육청에서 수업혁신을 위한 업무 경감 아이디어 공모를 위해 사이트를 개설했다가 네티즌으로부터 몰매를 맞고 사이트를 폐쇄했던 기억이 있습니다. 방학과 놀토, 4시 반 퇴근이라는 호조건을 갖고 있는 직업이 교사 말고 또 어디 있느냐는 거지요. 다소 억울한 부분이 없는 것 아니지만 어찌 되었든 세상에서는 교사를 그리 보는 것 같습니다).

사실 저는 살짝 두려워집니다. 행정 전담 선생님들이 배치되어 업무가 경감되었을 때 우리 교사들은 과연 교육과정을 재구조화하고 아이들과 삶을 나누는 행복한 수업을 만들어갈 수 있을까 하는 것입니다. 그런 수업을 만들어내겠다는 의지와 열정이 우리들에게 있느냐는 것입니다. 업무 경감 이후 수업에 대해 불쑥 커진 부담을 스스로 감내하며 교사로서의 자존감으로 행복해할 수 있을까 하는 것입니다. 우리는 그런 수업을 만들 준비가 되어 있으며 만약 그러한 수업을 여전히 할 수 없다면 그 이유는 무엇일까? 내가 할 수 있는 역할은 무엇일까? 스스로에게 던진 질문들이 크고 무겁게 가슴을 누릅니다. 선생님들의 생각은 어떠세요?

#5

혹자는 혁신학교가 시스템보다도 교사들의 열정에 의존하고 있다고 비판하고 있습니다. 맞는 말입니다. 개인의 헌신으로 움직이는 혁신학교는 지속 가능하지 않습니다. 바람직하지도 않습니다. 구성원들의 합의 아래 만들어진 제도로 움직여야 합니다. 하지만 민주적인 시스템이 아무리 잘 갖춰져도 시스템은 시스템일 수밖에 없습니다. 그 시스템을 만들어가는 것도 교사이고, 그 시스템을 바람직하게 운영해나가는 주된 역할도 교사에게 있습니다. 아무리 아름다운 시스템이라고 하더라도 우리의 손과 발이 움직여야 하고 우리의 마음이 하나 될 때 제대로 작동할 수 있습니다. 그런 의미에서 사람과 사람이 만나고 마음과 마음으로 만나 뜻을 세우고 함께 실천하는 과정이야말로 우리들의 학교가 가장 우선으로 두어야 할 과제가 아닐까요. 모두들 힘내시는 하루!!

#6

날이 좀 풀렸지만 여전히 출근길 얼굴을 스치는 바람이 차갑습니다. 학부모 총회로 모두들 큰 고생하셨습니다. 네 일, 내 일 가리지 않고 웃으며 함께 일하시는 모습들을 보면서 협업의 새로운 학교 문화 중심에 우리가 서 있다는 느낌을 가졌습니다.

진심으로 고마운 마음 전합니다. 저는 어제 밤늦도록 담임 샘들과 조금이라도 더 이야기 나눠보려고 복도에 서서 추위에 떨며 기다리시던 부모님들의 마음을 다시 떠올렸습니다. 이른 새벽에 일어나 눈 비비며 학교로 출발해야 할 만큼 아주 먼 거리에서 통학하는 아이들의 부모님이 하시는 걱정, 지금까지 살아오며 부모 속 한번 썩이지 않고 내내 학교 잘 다녔던 아이들의 부모님이 하시는 걱정, 소위 일류대라고 불리는 대학에 갈 수 있을 것 같은 가능성을 갖고 좋은 성적으로 입학한 자녀를 둔 부모님들이 하시는 걱정, 무단결석과 지각, 조퇴 그리고 흡연까지 언제 담임선생님에게 전화 올지 조마조마하게 하는 아이들 부모님의 걱정, 지난해에는 잘 몰랐는데 이제 신입생들 많이 들어와 학교의 사랑과 관심이 줄어들지 않을까 염려하는 2학년 부모님들의 걱정 등을 떠올려보았습니다.

우리가 또 다른 부모가 되겠다는 다짐을 다시 해봅니다. 힘들어하는 아이들, 포기하려는 아이들 보며 아무것도 해주지 못해 안타까워하는 선생님들의 마음도 함께 담겠습니다. 아이들 곁에서 더 많은 시간 보내주고 싶지만 육아 문제로 발발 동동 구르는 선생님의 마음, 수업시간 철없이 말대답하고 여전히 담배 냄새 풀풀 풍기면서도 아무런 문제의식 갖지 못하고 생활하는 아이들 보며 답답해하시는 선생님들의 마음도 함께 담겠습니다.

존경하는 선생님들! 그래도 신나지 않으십니까? 힘들어도 투덜거릴 수 있는 든든한 동지들 옆에 많이 계시니까. 저는 그 선생님들 덕에 좌절보다 희망의 마음을 더 많이 갖게 되는데 선생님들은 어떠신지요? 힘내시고 오늘은 서로들 만나면 더 많이 웃어주고 파이팅 외쳐주자고요. 고맙고 사랑합니다^^

#7

시험이 끝난 주말이지만 여전히 바쁜 일 쌓여 있어 마음 편히 쉬지 못하셨으리라 생각됩니다. 저는 오래전 함께 근무했던 마음 좋고 넉넉했던 퇴임 교장 선생님이 큰 병을 앓으셔서 병문안을 다녀왔습니다. 오래전이기도 하고 함께 근무한 기간이 짧아 혹 기억하지 못하시면 어쩌나 싶었는데, 병색이 완연해 초췌해지신 선생께서 신문에 난 제 기사를 보고 주변 사람들에게 함께 근무했던 교사라고 자랑했다는 이야기에 그만 눈물이 핑 돌았습니다. 혁신학교도 좋고 아이들도 좋지만 아프지 말고 건강한 것보다 우선인 것이 없을 테니, 아무쪼록 우리 학교가 많이 웃고 따뜻한 동료들 온기 많이 느낄 수 있는 행복한 삶의 공간이었으면 합니다.

선생님들 덕에 공모제 교장 2년 동안 과분한 사랑을 받으며 흥덕고등학교 설립 준거들을 실행에 옮겨가고 있습니다. 주변 학교 교장 선생님들의 비아냥처럼 초짜 교장의 어설프고 무지한 모습을 여러 선생님들의 집단지성으로 잘 이겨내고 있다 생각합니다. 전국적인 혁신학교 열풍이 예전의 열린학교나 각종 시범학교처럼 찻잔 속의 태풍이 아니라 실제적인 학교 변혁으로 연착륙하기 위해서는 선생님들의 전문적인 열정과 헌신이 가장 본질적인 요소라고 생각합니다. 열정 없는 헌신은 무모할 수 있으며 헌신 없는 열정은 지식 장사꾼이 될 염려가 클 테지요. 교사의 이름으로 살아온 오랜 세월 동안 나의 열정을 가로막고 나의 헌신을 무위로 돌리는 온갖 제도와 인위적 장벽 앞에 늘 부끄러운 교사로 살아갈 수밖에 없었지만, 이제는 제도적 뒷받침과 함께 어깨 걸어줄 동료들 함께 있으니, 식어버린 열정과 헌신만 되살리면 되는 게 아닐까 싶습니다. 우리는 그렇게 2년을 보냈고 그 누구에게도 부끄럽지 않게 보냈다고 자부해도 되지 않을까 싶습니다.

하지만 우리에게 놓인 또 다른 2년은 더 많은 고민과 실천을 요구하고 있습니다. 아이들의 수준이나 교과교실제, 또 다른 제도들이 우리의 치열한 고민을 가로막으면 안 될 듯합니다. "그것 때문에 어렵다."라고 답할 것이 아니라 "그렇기 때문에 이렇게 해보자."는 다양한 논의들이 이루어지면 좋겠습니다. 개별적인 편안함이나 과목 또는 부서별 이기주의가 아니라 새로운 학교가 지향해야 할 큰 틀에서 선생님들의 성찰과 사유 그리고 마음속의 많은 이야기들을 꺼내놓고 함께 이야기했으면 좋겠습니다. 이 시점에 우리 학교의 전략적 과제는 무엇이고 어떠한 세부적 실천 과제들을 배치해야 하는지, 그 지점에 나는 어떠한 자세로 복무할 것인지 등을 함께 논의한다면 더없이 좋을 듯합니다. 동료성에 기반을 둔 자발적 힘을 믿기에, 힘드시겠지만 이번 겨울 동안 촘촘하게 함께 준비하여 새 학기는 좀 더 여유 있고 자신 있게 우리의 길을 갈 수 있었으면 합니다.

지난 분반담임제와 업무 분장과 관련한 선생님들의 논의 결과, 의욕적으로 해보고 싶은 특색 사업이 좌절되어 아쉽기는 하지만 제가 충분히 설명드리지 못한 부분도 있고 또 선생님들이 주신 여러 지적들이 일리가 있어 시간을 두고 천천히 다시 생각해보려고 합니다. 다른 학교에서는 도저히 엄두도 못 낼 일을 그래도 논의에 부칠 수 있었다는 것만으로도 자랑스럽고 제가 왜 그러한 제도를 시행하려고 했는지 선생님들께서 충분히 이유를 헤아려주시리라 믿습니다. 언제든지 교사와 관리자를 이분법적으로 나누기보다는 우리 모두가 학교의 주체로서 학교 발전을 위한 여러 제안들을 공론의 장에서 논의하고 이를 학교 정책으로 결정하는 선순환 구조 속에서 우리 학교가 민주적 거버넌스를 통한 새로운 학교의 전범을 만들어나갈 수 있기를 소망해봅니다. 학년 말 바쁜 업무지만 서로를 격려하고 지지하는 따뜻함으로 이겨내시길 기원합니다.

8

남도 끝자락, 지리산 모퉁이 여기저기 꽃 소식 그득하건만 우리 살아가는 곳에서 봄을 느끼기엔 아직 이른가 봅니다. 하기야 아름다운 것은 쉬이 오는 법이 없지요. 참고 참아내다 보면 어느새 내 곁 황홀한 봄기운에 취하게 되겠지요?

지난주에는 관리자 성과상여금 평가 자기기술서를 작성 제출하였습니다. 연수 실적, 연구학교, 학교 표창 유무 등을 기재하며 낯간지럽기도 하고 부끄럽기도 하였습니다. 그런 것들이 나의 교육력과 별반 상관없음을 알기 때문입니다. 학생과 학부모의 피드백을 통한 교사의 자율적 평가와 협업의 교사문화가 교사 성장 기제라고 확신합니다. 어떠한 평가 척도를 들이대도 교사의 교육적 활동을 객관적으로 평가할 수 없으며 그것들을 통해 교사의 교육력은 절대 높아지지 않는다는 것을 경험하고 있기에 S등급이든, B등급이든 저는 의미를 두지 않으려 합니다. 기분 좋고 또는 서운하다는 생각조차 내 영혼을 황폐화할 뿐이기에 의미를 두지 않으려 합니다. 교사로서의 효능감은 스스로 판단할 문제고, 아이들의 건강한 성장을 위한 노력은 아이들과 학부모와 주변 동료들이 판단해주리라 생각합니다. 적어도 지금의 교원평가는 신뢰롭지도 타당하지도 않기에 노력한다고 좋은 등급을 노력하지 않는다고 낮은 등급을 받지 않기에 서로에게 상처를 줄 뿐이지요. 어디에 내놔도 부끄럽지 않을 당당한 교사공동체 문화를 가지고 있는 자랑스러운 홍덕고 선생님들은 누가 뭐래도 모두가 B등급도 A등급도 아니지요! 나누면 살고, 나뉘면 죽는다 했습니다. 올 성과급 지급을 오히려 아이들과 가슴으로 만나고 몸으로 실천하며 교사로서의 자존감을 회복하는 또 다른 계기로 삼으면 어떨까 싶습니다.

간혹 아이들이나 학부모로부터 "혁신학교인데 왜 그래?"라는 소리를 듣습니다. 대부분 혁신학교에 대한 몰이해나 자기방어 기제에 따라 자기 수준으로 이해하거나 이해하고 싶은 대로 판단하는 경향들이 있습니다. 그럴 때마다 일일이 설명하기보다는 야속한 생각이 먼저 듭니다. 선생님들도 그렇지 않으신지요?

저도 그렇고 모든 선생님들이 각기 다른 상황의 학교에서 근무하며 다른 경험의 조건들을 가지고 홍덕고등학교에 모여 아이들을 만나고 있습니다. 이전 학교의 경험들이 더 좋았을 수 있습니다. 더 편했을 수 있습니다. 그것이 교육의 본질에 가까운 것이라면 기꺼이 제안하여 함께 그 경험들을 나누는 것이 필요하고, 그런 것이 아니라면 반면교사로 삼는 것이 좋겠지요. 교육 주체로 인정받지 못할 때 속상했던 경험 있었다면, 교장의 판단과 권위로 움직이는 학교보다는 선생님들의 고민과 결정 그리고 실천에 의해 만들어지는 학교를 만들었으면 합니다. 모두 내 학교라는 자긍심과 살아나는 민주성으로 함께 결정하고 함께 책임지며 교장은 결정의 집행 과정에 대해 전적으로 책임지는 학교였으면 좋겠습니다. "이런 학교 처음 본다, 혁신학교인데 왜 그래?"라고 이야기하기보다는 구체적인 제안을 하고 교사들을 조직해 문제를 해결하는 주체로서의 면모를 보여주시기 부탁드립니다.

좋은 학교란 결코 교사의 노동시간이 적은 학교가 아니라 교사가 아이들을 많이 만나며 성장을 돕는 학교라고 생각합니다. 사정과 형

편들이 서로 다르므로 부족한 부분들 서로 챙겨주고 보완하며 함께
는 교사문화가 있는 학교, 화려한 말보다는 소박한 행동이, 추상적
인 관념과 표상보다는 구체적이고 현실적인 대안을 제시하는 선생
님들이 계신 학교가 좋은 학교가 아닐까 싶습니다. 우둔하고 미련하
여 제 앞가림이 부족하지만 여러 선생님들이 지적해주시고 요구해
주시면 어떠한 일이든 즐거운 마음으로 감당하도록 하겠습니다. 성
과급 문제도 그렇고, 일과 시간을 지키며 주어진 과업을 해결하는
것도 그렇고 좋은 방안이 있으면 언제든 알려주시면 고맙겠습니다.
저도 해결 방법을 모르기에 요구만 하시면 많이 답답합니다.

흥덕고등학교에서 보낸 2년의 경험으로 우리 아이들이 조금이라도
변하고 성장했다면 그것은 어떤 프로그램의 영향이라기보다 치열하
게 아이들을 만나온 선생님들과 아이들의 관계 맺기라고 확신합니
다. 그것은 존중과 배려의 다른 표현이지요. 듣기보다 말하기를 많
이 하거나 단언적인 표현, 규정이나 법리적인 행정 처리, 추측이나
자의적인 해석, 개인의 선입견, 폐쇄적 주관으로 일처리를 하다 보
면 오해와 갈등이 증폭될 수 있습니다. 그것은 관계 단절과 서로에
대한 상처로 남아 건강한 흥덕 공동체를 무너지게 합니다. 원칙과
경계 세우기를 통해 저부터 다시 흥덕고 교사로서의 자질을 새기겠
습니다. 일상에서 뜨겁고 치열하게 아이들을 만나고 나눔과 성장,
존중과 배려로 동료들을 만나며 나를 기꺼이 내려놓을 수 있는 사
람 그것이 흥덕고 교사의 행동양식이 아닐까 싶습니다.

오늘부터 수업에서 아이들을 만나려고 합니다. 5교시에 과학실에서
1-8 수업을 하려고 합니다. 얼굴도 이름도 낯선 아이들과 교감 없이

수업을 한다는 것이 어려운 일이지만 수업은 생물이라고 했으니 아이들의 역동을 믿습니다. 혹 식사 후 지나시는 길에 여유 있으시면 선생님들의 노하우 한 수 지도 바랍니다.

또한 오늘부터 매주 화요일 늦은 7시에 흥덕 학부모 봄날 아카데미가 진행됩니다. 함께 배우고 성장하는 기회가 되리라 생각합니다. 끝나고 뒤풀이도 있는 것으로 알고 있습니다. 평소 나누지 못한 이야기 소담하게 풀어내는 자리를 만들면 봄날 행복하지 않을까 싶습니다.

이야기가 길어졌습니다. 자꾸 이야기하고 싶어지는 것을 보니 마음이 허한 탓이라 여겨주시기 바랍니다. 힘들고 어려울수록 서로의 손 따스하게 잡고 가는 든든한 동지이기를 소망하며 중언부언한 글 읽어주셔서 감사드립니다.

#9

저는 요 며칠 개인적이랄 수 없는 고민을 하고 있습니다. 선생님들도 잘 알고 계시는 EBS의 「선생님이 달라졌어요」 제작진으로부터 방송의 코칭을 해달라는 요청을 받고 있습니다. 그 프로의 교육적 성과와 의미를 공감하면서도 개인적으로 그 프로의 한계와 교사의 성장 기제에 대해 제 생각이 다르다고 이야기했습니다. 수업이 어려운 이유는 교사 개인의 문제이기 전에 더 근본적으로 아이의 오랜 학습 누적, 가정환경, 학부모와 아이가 갖는 정서적 요소 등 복합적인 요인이 작용하고 있어 시스템적인 접근을 해야 하고 동료성에 기반을 둔 학교 문화 개선 없이 수업혁신은 어렵다고 이야기하고 있습니다.

지난 월요일에 몇몇 선생님들과 수업이 힘든 학급의 개선을 위한 작은 솔루션 회의(?)를 했습니다. 아이들 때문에 힘든 것은 담임이나 수업을 들어가는 교사 개인의 문제가 아니기에 함께 고민하고 함께 풀어갔으면 합니다. 적어도 흥덕고에서는 개별 선생님이 외롭게 풀어가지 않았으면 합니다. 선생님과 아이들 모두를 위해서 스스로를 드러내고 함께 대안을 찾아보았으면 합니다. 솔루션 회의에서 저는 집단 상담, 개인 상담과 함께 팀티칭을 제안했습니다. 저나 수업이 빈 선생님들이 함께 들어가 아이들을 도와주는 것이지요.

지금까지의 우리 교사문화로 볼 때 선생님들이 부담스럽겠지만 결코 선생님들의 수업 장학을 위한 것이 아니라 아이들을 함께 돌보자는 것이니까 함께 고민해보시면 좋겠습니다. 다른 좋은 방안들이 있으면 제안해주시면 더 고맙고요. 수업에 대한 고민을 하면서도 요즘 교내를 순회하다 보면 마음이 묵직해집니다. 빵 봉지와 껌 종이, 씹다 뱉은 껌, 먹은 음료수 캔과 우유곽 등 온갖 쓰레기와 앉았던 의자의 뒤처리, 사물함의 문짝 파손을 비롯한 교실 청소 등 가장 기본적인 생활습관이 부족한 아이들에게 국어, 영어, 수학보다 더 중요한 것들을 놓치고 있다는 생각이 듭니다. 여러 수업의 형태에 대한 다양한 고민의 중심은 삶과 연계성이라고 봅니다. 특히 우리 학교에서의 수업은 그리 해야 한다고 봅니다. 아이들과 수업시간에도 함께 고민해볼 내용이지요. 각 교과가 연계한 프로젝트 수업을 해도 좋을 것 같습니다. 청소하시는 환경 선생님들에 대한 존중과 배려의 마음도 함께 나눠보는 것도 좋겠고요. 혁신학교는 하고 싶은 것을 해야 하는 학교이면서 해야 할 것을 하는 학교가 아닐까 싶습니다. 즉 경계가 분명한 학교이겠지요. 경계에 대한 고민 함께 나눠주시길 부탁드립니다.

함께 배우고 성장하는 학교공동체를 위한 리더십

경기도 교육청은 혁신학교를 "민주적 자치공동체와 전문적 학습공동체에 의한 창의지성 교육을 실현하는 공교육 혁신의 모델 학교"로 정의하고 있다. 민주적 자치공동체가 이루어진다는 것은 학교장의 소통과 전문성에 입각한 리더십을 바탕으로, 민주적인 회의체계와 운영 원리를 통해 학교의 비전과 교육 목표를 함께 만들고 함께 실현하며, 학생들의 적극적인 자치 활동 보장과 자치역량 강화, 그리고 학부모와 지역사회의 자발적이고 적극적인 참여와 협육이 활발하게 일어나는 공동체를 말한다. 또한 이러한 구조와 운영 과정에서 교사를 비롯한 학교 구성원들이 상호 소통하고 신뢰하며, 자아 존중감과 자아 효능감을 높여 전체적인 교육력을 강화하는 것을 중시하고 있다. 학교혁신을 성공적으로 수행하기 위해서는 그간의 수동화 작동 기제로서 학교 운영 시스템과 통제, 관리 위주의 리더십을 극복하기 위한 다양한 리더십 개발이 필요하다.

변화 지향적 리더십은 결국 구성원의 능동성과 창조성을 바탕으로 조직의 역량을 극대화하기 위해 새로운 절차와 방식을 검증하고 혁신을 조장할 수 있어야 한다. 공교육 혁신을 선도하는 학교장의 새로운 리더십이란 과정에 있을 수 있는 실패를 정상적으로 보고 실패의 경험을 새로운 배움의 기회로 활용할 수 있는 지혜로움과 믿음을 중요하게 여기는 사람 중심의 리더십이어야 한다. 혁신학교가 성공한다는 것은 우리 교육의 본래성 회복을 의미하며 미래에 대한 성공을 의미한다. 혁신학교의 성공은 경쟁과 차별, 선별과 통제의 전근대적 학교를 존중과 배려, 배움과 성장이 있는 학교로 변모시키는, 힘들지만 반드시 가야 할 여정이다. 이 여정에 걸맞은 리더십은 구성원들과 함께 모두의 성장을 위한 학교공동체를 만들어가는 리더십이어야 한다. 서로의 마음을 울리며 그렇게 하나 되어 학교를 구성원 모두 행복할 수 있는 삶의 터전으로 함께 만들어가는 리더십이어야 한다. 힘들어하는 교사들을 보며 함께 안타까워하고 함께 눈물 흘리며 교사들의 교육력을 회복시키기 위해 최근에 선생님들과 나눈 메시지이다.

교장 : 산다는 것은 마늘을 까는 것보다 열 배는 더 매운 일이라지요. 교사로 산다는 것은 아마도 백 배쯤 더 매운 일이고 제대로 된 교사로 산다는 것은 천 배, 만 배쯤 더 매운 일이 아닐까 싶습니다. 교사는 모름지기 말로, 논리로, 요구와 주장으로 사는 게 아니라 뜨거운 가슴으로, 눈물로, 치열한 실천으로 살아야 하니 아이들 만나는 우리네 삶은 고단한 여정임에 틀림없을 듯합니다.
주말에 하는 「남자의 자격」에서 희귀병을 앓고 있는 예린이와 민성이가 '꿈꾸지 않으면'이라는 노래를 함께 부릅니다. 배운다는 건 꿈

을 꾸는 것이요, 가르친다는 것은 희망을 노래하는 것이라는 아이들의 청아한 목소리 들으시며 교사로 살아가는 것, 아이들을 만나는 것만으로도 행복한 하루이기를 소망해봅니다. 참 좋은 날, 혹시 정말 수업 째고 싶은 샘 계시면 살짝 귀띔해주세요. 땜빵 가능합니다.

-샘들과 함께하는 이샘

교사 A : 어제 잡월드 관람 마치고 가정 사정으로 힘들어하는 경화(가명)와 저녁을 먹었어요. 경화가 2학기 시작하면서 홈스쿨링 한다며 자퇴를 생각하고, 그러면서 힘들었어요. 제가 이런 고민을 몇몇 샘들께 말씀드렸더니 연극반 샘은 경화를 위해 자리를 만들어주셨고 보건 샘은 계속 상담하며 관심 가져주셨지요. 그리고 교장 샘이 경화 학교 안 온 날 전화랑 문자해주시고 태풍 왔던 날, 경화 부탁이니까 단축 수업하는 거라고 말씀해주셔서(물론 농담인 줄 알지만) 경화가 흥덕고에서 자기 존재감을 많이 느꼈을 거 같아요. 어제 저녁은 그래서 많이 행복했어요. 한 명의 아이를 키우기 위해서는 하나의 마을이 필요하다는 인디언 속담을 흥덕고 안에서 현실로 살아내고 있다는 사실이 정말 뿌듯하고 든든하고 행복했어요. 늘 혼자 고민하고 전전긍긍하던 모습에서 이젠 많은 사람들이 함께하고 있다는 것, 학교공동체라는 것이 이런 것이구나 하고 삶으로 배웠습니다. 마음이 따뜻합니다.

-늘 배우며 성장하는 ○○ 드림

교사 B : 교장 선생님. '꿈꾸지 않으면' 영상 잘 봤습니다. 영상과 교장 선생님께서 보내주신 글을 보다가 자꾸 눈물이 나서 감사하는 마음 전하려고 메시지 보냅니다. 제가 뒤늦게 임용고시 붙던 날 일기장에 "앞으로 어떤 어려운 일이 있어도 오늘을 절대 잊지 말자. 내가 얼마나 교사가 되고 싶어 했는지를 절대 잊지 말자."라고 썼는데, 최근 몇 년 동안 힘들다고 쉽게 짜증을 내고 교실 상황에 대해 한탄만 하고 주변 동료 교사들과 뒤늦게 임용된 제 처지를 비교하며 그렇게 지쳐갔습니다. 오늘 교장 선생님이 보내신 글 중에 "아이들 만나는 것만으로도 행복한 하루이기를 소망해봅니다." 이 말에 안일하게 묻어가고 싶었던 저를 되돌아보며 눈물이 납니다. 더 열심히 살겠습니다. 참 좋은 날, 혹시 정말 수업 째고 싶은 샘 계시면 살짝 귀띔해주면 땜빵 가능하다는 이런 말을 해줄 수 있는 교장 샘을 만날 수 있어서, 제 인생에 귀한 인연이 되어주셔서 정말 감사드립니다.

-흥덕고에서 치유 중인 후배 교사 ○○○ 드림

학교장의 리더십은 구성원들이 '학교'라는 공간에서 자기 존재감을 느끼며 학교공동체를 함께 만들어갈 의지를 갖게 할 때 더욱 의미가 있겠다. 서로에 대한 따뜻한 관심으로 마음을 살피고 위로와 격려, 지지로 함께할 때 학교는 교육하는 곳을 넘어 사람이 사람답게 살아가는 행복한 공간이 될 것이다.

제3부

교장제도 이렇게 바꾸자

'자격증'이 '자격'을 보장하는 것은 아니다

고춘식_전 한성여자중학교 교장

자격증은 반납할 수도 있는 것

교총, "교장공모제 시행 시 교장 자격증 반납"

한국교원단체총연합회 윤종건 회장은 6월 12일 교육부가 올해 9월부터 시범 적용하는 '내부형 교장공모제'와 관련, 교장공모제가 시범 적용에 그치지 않고 전국으로 확대될 움직임을 보이면 교장 자격증 반납 운동까지 전개할 것이라고 밝혔다.

윤 회장은 이날 정오 서울 광화문 정부종합청사 후문에서 기자회견을 열고 "무자격 교장공모제가 단순 시범 적용에 그치지 않고 전국으로 확대될 움직임이 있으면 교장·교감 자격증 반납 운동, 보직 교사 사퇴 운동, 전국 교원 총궐기대회 등 모든 방법을 동원해 투쟁해 나갈 것"이라고 선언했다.

그는 "학교 운영의 전문성에 대한 아무런 검증도 없이 교장을 공모해 선발하면 교육 전문성이 파괴되고 교장 공모 과정에서 교사, 학부모, 지역 인사, 교육청 간 알력, 교원단체 간 대립 등을 초래해 학교를 정치판으로 만들 것"이라고 지적했다.

인용이 좀 길었다. 위 글의 내용은 2007년 6월 어느 날의 신문기사다. 정부가 교장공모제를 전국적으로 확대 시행한다면 교총은 교감과 교장의 자격증을 반납하겠다는 내용이다.

그 이유도 자못 비장하다. "학교 운영의 전문성에 대한 아무런 검증도 없이 교장을 공모해 선발하면 교육 전문성이 파괴되고 교장 공모 과정에서 교사, 학부모, 지역 인사, 교육청 간 알력, 교원단체 간 대립 등을 초래해 학교를 정치판으로 만들 것"이란다.

발췌한 이 신문기사 내용에는 우리 교육의 문제점, 그리고 우리 교육의 비겁하고도 어두운 현주소를 알 수 있는 사항들이 몇 가지 들어 있음을 본다. 놀라운 것은 '자격증을 반납도 할 수 있다.'는 것인데, 반납返納이란 되돌려 주는 것이다. 되돌려 주는 사람이 있는 것이고, 되돌려 받을 수 있는 어떤 사람이나 기관이 있는 것이다. 자격증이라는 것은 이렇게 주기도 하고 받을 수도 있다는 것이다. 반납하기도 하고 포기하기도 하는 것이요, 맘에 안 들면 박탈할 수도 있는 것이다.

'자격'이라면 그럴 수가 있는가? 없다. 교장의 자격은 줄 수도 받을 수도 없다. 사전을 찾아보니, '자격資格이란 특정한 임무를 수행하거나 기구 등을 사용할 때, 목적 완수를 위해 필요한 지식, 기술, 판단 능력 등을 소유하고 있는 것'이라고 했다. 그렇다면 교장의 자격은 '교장 직무를 수행하는 데 반드시 갖춰야 할 자질과 덕성과 역량 등을 갖추고 있는 것'일 게다.

이로써 '자격'과 '자격증'은 너무도 완전히 별개인 것이 드러났다. 지금 우리는 자격증資格證은 곧 '자격'이라는 등식等式을 전제와 고정관념으로 심한 착각에 빠져 있고 더 나아가 맹신까지 하고 있다. 마치 '경쟁'을 시키면 곧 '경쟁력'이 생긴다고 생각하거나, 진도進度를 나가면 다 가르치고 다 배우고 아는 것으로 착각하는 것과 유사한 것이다. 그래서 생기는 갈등 또한 만만치 않으니, 가장 큰 문제는 교육의 질을 결과적으로 떨어뜨리고 있다는 것이다.

자격증은 갑자기 늘릴 수도 있는 것

2010년에는 교과부가 전국의 교장 자격증을 무더기로 늘렸다. 공모 교장의 경쟁률을 높이겠다는 취지에서인데, 예년에는 2,000명이던 교장 연수 대상자를 무려 1,000명을 늘려 3,000명에게 교장 자격 연수를 시켰고 자격증을 준 것이다. 교장의 '자격'을 가진 분이 갑자기 늘 수는 없는데 교과부는 자격증을 3배로 늘려서 발급하였다. 이것만 봐도 자격증은 자격과 거의 관련이 없다는 것을 교과부 스스로가 분명하게 보여준 것이다.

교장 자격증은 자격을 갖춘 사람에게만 주고 있는가?

우리나라의 자격증 제도, 승진 제도에서 이 물음에 대해 떳떳하게 그렇다고 말할 수 없는 게 슬픈 현실이다. 공립의 경우, 당사자들의 승진 점수를 확보하고, 그것을 평가하고 부여하는 과정에 많은 왜곡이 있음은 줄기차게 지적되고 있는 사항이다. 좀 자극적으로 말하자면, 진정한 가슴으로 아이들을 사랑하고 수업과 생활지도에 헌신하는 선생님들이 오히려 승진 점수를 얻는 데 불리하거나 불이익을 받기도 한다는 말이 있을 정도다.

사립의 경우에도 인사권을 가진 법인의 입장에서 교장을 임용하고 있기 때문에 철저한 검증 과정이 거의 생략된다. 그러므로 학교가 요구하는 교장, 선생님들이나 학생들이 원하는 교장이라기보다 법인이나 이사장이 필요한 인사가 교장이 되는 경우가 아직도 허다한 것이다. 따지고 보면 사실 사립학교에서 자격증 제도라는 게 과연 어떤 의미가 있다기보다 요식 절차로 받아들이고 있는 것이다.

자격증 뒤에 무언가가 숨어 있다

자격증 제도라는 벽 뒤에 무언가가 숨어 있다. 특히 공립학교의 경우에는 기득권 세력들의 포기할 수 없는 욕망과 빼앗길 수 없는 이권利權이 자리 잡고 있다. 비겁하고 떳떳하지 않은 무언가가 숨어서 집요하게 작용하고 작동하고 있는 것이다.

기득권은 뿌리가 아주 깊고 튼실하다. 학교에 필요하거나, 교육이 요구하는 것도 아니면서 기득권자들에겐 아주 절실한 그 무엇이 되어 있다. 자격증을 받을 수 있는 '가능성' 안에 들어 있는 사람들에게는 자격증이 교직의 모든 것을 건 필생의 목표 그 자체이기도 하다. '자격증'을 반납할 만큼 그렇게 중차대한 것이다.

나는 자격증 없는 교장校長이었다

나는 부장 경력만 10년 정도 있었을 뿐, 교감 경력도 없었고, 교장 자격증도 물론 없었다. 그래서 교장직무대리라는 이름으로 서울 한성여자중학교에서 2000년 11월 중순부터 2001년 8월 말까지 9개월간 직무대리로 교장직을 수행해야 했다.

완전히 낯설고 모르는 학교인데다가 교감 경력도 없는 입장이기에 스스로 감당할 수 없다는 생각이 앞선 것은 너무나 당연했다. 그래서 나는 나를 추천하는 분들의 뜻을 받아들일 수 없다고 강하게 버티기도 했었다. 그러다가 결국은 교장 공모에 응모하게 되었는데, 응모를 결정하자마자 여러 가지 어려움이 눈앞에 닥쳐왔다. 준비하는 과정이 너무나 막막하였으며, 30년 교직 생활을 한꺼번에 되새김질하는 것도 벅차고 힘들었다.

준비하는 1개월 동안 학교 운영의 큰 밑그림을 그렸고, 학교 경영의 구체적인 계획을 세우는 과정과 심층 면접을 준비하는 과정에서 나름대로 밀도 있는 준비를 하였다. 그러면서 우리 교육을 다시 보게 되었고, 우리 교육의 문제들 앞에 벌거벗고 나 자신을 세우기도 했다. 많은 것을 새롭게 배우고 느끼고 사무치게 깨닫기도 했다. 지금 생각하니 새로운 교사로 거듭나는 과정이었다.

이렇게 생각해볼 수는 없나?

'교원자격증'에 교감이나 교장의 자격도 포함되었다고 볼 수는 없는가? 교원자격증에는 준교사자격증과 정교사자격증이 있다. 정교사자격증에는 다시 2급 정교사와 1급 정교사 자격증이 있다. 그렇다면 최소한 1급 정교사 자격증에 교감이나 교장 자격증도 포함된다고 생각해도 지극히 자연스러운 것이 아닌가?

교장 자격증을 얼마든지 늘릴 수 있는 것이라면, 최소한 교직 경험 15년 이상인 교사들이 소정의 교육과정을 이수하면 이들 모두에게 자격증을 주어도 무슨 문제가 있겠느냐는 말이다. 자격증 중독에 걸린 사람들에게 묻고 싶은 말이다.

이런 질문들에는 어떻게 답할 것인가?

• 장학사나 장학관은 왜 자격증이 없는가?
• 교육장이나 교육감은 왜 자격증이 없어도 되는가?

- 교육부 장관이나 대통령은 왜 자격증이 없는가?
- 의사 자격증은 있는데 병원장은 왜 자격증이 없는가?
- 교장 자격 연수를 받으면 왜 거의 한 명도 탈락하는 사람이 없는가?
- '연수를 받으면 다 자격이 있다'는 것인데 그 말은 맞는 말인가?

누구나 교장이 될 수 있어야 한다

누구나 교장이 될 수 있다. 누구나 교장이 될 수 있어야 한다. 그러나 아무나 교장이 되어서는 안 된다. 그것은 왜일까? 교장이라는 직책의 중요성 때문이다. 그가 가지는 권한이 절대적이고 책임이 아주 막중하기 때문이다. 우리나라는 교장에게 권한과 책임이 쏠려 있다. 교장으로서, 또는 한 인간으로서 그것을 감당할 수 있는가에 대한 의문이 들 정도인데도 현실은 그렇다.

실제로 교장이 어떤 역량을 가지고 어떤 리더십을 발휘하느냐에 따라 그 학교의 교육 생태계와 구성원들의 에너지 발현, 에너지 응집력 등이 결정적으로 좌우되고 있다. 우리는 그 사실을 너무도 많이 목격해왔다. 그래서 교장은 참으로 중요한 자리이다.

그 교장의 역량을 무엇으로 확인하는가? 당연히 '자격증'을 가졌느냐 아니냐가 아니라, 실제로 교장으로서 충분하고도 진정한 '자격'을 갖췄는가 여부다. 그것을 분명하게 검증하려고 교장 공

172

모 과정이 있는 것이다. 그 과정은 당사자들에게는 가혹하다 할 정도다. 해당 학교 구성원들의 검증 과정, 지역 교육청이나 본청의 검증 과정, 마지막으로는 교육감의 검증 과정을 거치게 되니 얼마나 넘기 힘든 고개들인가? 그 검증 과정에서, 달랑 자격증 한 장으로는 도저히 검증할 수 없는 여러 가지 다양한 덕목들을 심사하고 평가하고 검증하는 것이다. 한 인간의 전인격이 적나라하게 드러나게 되는 것이다.

공모 교장들의 성공적인 학교 운영

교육청 인사위원으로 있으면서 학교 현장 방문을 몇 차례 한 적이 있다. 그중에 공모 교장이 운영하는 학교를 방문하여 학교 운영 실태를 돌아본 적이 있었는데, 공모 교장들이 운영하는 학교는 예외 없이 학교가 살아 있음을 실감하였다. 구성원들의 표정이 밝았고, 아이들은 인사를 잘했다.

왜 그럴까? 여러 가지 이유가 있겠으나 대체로 다음과 같은 공통점들이 있었다.

- 공모 교장들은 그 학교 실정에 맞는 구체적인 고민을 하였고 그에 대한 준비를 충분히 했다. 그 학교의 가려운 곳, 그 학교가 입은 상처 등을 깊이 있게 파악하고 대비했다.
- 학교 경영 방침과 어떤 학교로 만들어가겠다는 목표 등을 그

학교 구성원들에게 구체적이고도 공개적으로 약속을 했기에 반드시 지켜야 하는 입장이 되었다.

- 교장으로서의 품성과 역량을 그 학교 구성원들에 의해 냉정하게 평가를 받았고 그리고 선택도 받았다.
- 교장 스스로 선택한 길이므로, 자기 한계 속에서도 사명감이 넘치고 의욕이 넘쳤다. 자연스럽게 그 에너지가 구성원들에게 전이되고 있었다.
- 권력을 누리거나 군림하는 자세가 아니었다. 하나같이 구성원들을 섬기는 교장이었다. 솔선수범은 기본이고, 그러니 선생님들과의 소통이 잘되고 있었으며, 아이들을 사랑하는 자세도 몸에 배어 있었다. 학부모들과 지역사회로부터 신뢰를 얻고 있었다.
- 아이들을 사랑하는 교장이 아니라, 아이들이 사랑하고 자랑스러워하는 교장으로 되어 있었다.
- 권한 위임도 잘 이루어지고 있었다. 그러자니 선생님들은 업무가 많았다. 더 할 일이 많았다. 그러나 웃음이 있었다. 선생님들의 가슴이 열려 있었고 따뜻해져 있었다.

교장을 위한 학교들

내가 교장으로 있던 2000년대 초에, 아주 가까운 이웃의 어느 공립중학교에서는 해마다 교장이 바뀌었다. 삼 년 내내 그랬다. 정년을 일 년 앞둔 교장이 늘 부임하게 되니 해마다 새로운 교장을 맞이하고 보내느라 이중 삼중으로 바빴다. 새 교장은 학교 현황과 실정을 파악하느라 몇 개월을 보내고, 실정을 어느 정도 알 만하면 퇴임을 하는 것이다. 어찌 믿어지겠는가? 나는 분명히 목격했다. 그 학교는 도대체 뭔가? 그 '학교'는 어떤 '교장'이라는 사람에게 필요한 곳일 뿐, 그 교장은 그 학교에 전혀 필요하지 않은 사람임은 물론이었다. 일 년이나 일 년 반 만에 정년퇴임하는 교장을 여러 명 목격한다는 것은 참으로 민망한 일이었다.

교장자격제도나 임면권 행사라는 것이 이렇게 악용될 수 있음을 보여준 것인데, 학생들이나 학부모들, 그리고 교사들이 크게 분노했음은 물론이다. '공모교장제'라면 상상도 할 수 없는 일일 것이다.

총장직선제가 파행을 일으키는 경우가 있다고 해서 '직선제' 자체가 문제가 있다고 말하는 사람들이 있다. 교장공모제 때문에 부작용을 우려하는 목소리가 있는데, 제도 자체의 문제라기보다 그것을 운용하는 사람들의 문제가 더 심각하다고 보는 게 맞다. 따라서 교장공모제가 앞으로 일반화되고 정착되면 구성원들도 성숙한 모습으로 이 제도의 장점을 잘 살려나갈 것이다. 지금 일부 학교에서 이루어지고 있는 공모제가 분명히 성공하고 있다는 것으로 충분히 입증되고 있지 않은가?

꼭 덧붙이고 싶은 한마디

교감도 교장도 주당 3시간이나 4시간 정도 수업을 하자는 것이다. 교감·교장이 수업을 안 하는 이유는 그 업무가 많기 때문일 것인데, 권한을 과감하게 위임하고 그에 따른 책임도 크게 나누면 교장·교감의 업무량도 자연히 줄어들 것이다. 교감·교장이 수업을 할 때 유의할 일은, 수업을 맡는 교과는 반드시 1단위 교과여야 한다는 점이다. 3단위나 4단위 교과를 한 학급 맡게 되면 수업 준비도 어려울뿐더러 늘 새로운 내용을 가르쳐야 하기 때문에 수업 진행도 큰 부담이 된다. 담당한 학급의 학생들이 상대적으로 불이익을 받을 수도 있다.

교장 선생님들이여, 수업을 하자. 수업을 하면 의외로 좋은 일, 의미 있는 일이 아주 많이 생긴다.

- 너무도 당연히 학생들의 생생한 목소리를 바로 들을 수 있게 되니 학생들에 대한 깊이 있는 이해를 빠른 시간에 할 수 있다.
- 학교 문제를 생생하게 듣게 된다. 따라서 학교의 가려운 곳과 아픈 곳을 훨씬 더 빨리 파악하고 해결해줄 수 있다. 해결해줄 수 없는 사안일 때는 교장이 직접 생생한 목소리로 이해시키고 설득시킬 수 있으니 불평과 불만과 불신이 쌓이지 않게 된다.
- 많은 선생님들이 교장이나 교감이 되려고 그렇게 머리를 싸매지 않을 것이다. "수업하려면 왜 교장 하느냐?" 하는 판이

니 교감이나 교장이 수업에서 해방되는 게 아니라면 그렇게까지 교감이나 교장을 하고 싶지 않을 것이다.

• 수업을 해보지 않았던 교육 관료 '나리'들이 함부로 교장 자리를 넘보거나 탐내지 않을 것이다.

• 교장이 되고 나서 함부로 권위적일 수가 없다. 선생님들에게 수업 잘하라고 할 수 있는 가장 큰 근거는 자신이 수업으로부터 해방된 것 아닌가. 자신이 수업을 안 하기 때문에 마음 놓고 선생님들의 수업에 대해서 일갈─喝을 하고, 일장 훈시도 할 수 있는 것이다. 수업을 하게 되면 수업의 어려움을 함께 몸으로 겪기 때문에 큰소리를 치기가 그리 쉽지 않다.

• 그 무거운 수업의 짐을 선생님들과 함께 지는 것은 아름다운 일이요, 리더로서 가장 덕德이 있는 솔선수범이다. 복도나 운동장의 휴지나 줍고 학교에 일찍 출근하고 늦게 퇴근하는 것으로는 참다운 리더십이 생기지 않을 뿐 아니라 구성원들에게 감동도 줄 수 없다. 수업 참관이나 학교 순시를 자주 하고 열심히 하는 것으로는 구성원들을 행복하게 해줄 수 없다.

• 수업만 하는 것이 아니라 정규 고사의 출제도 하고 채점도 해야 한다. 가장 훌륭한 교사가 교감이 되고 교장이 된다고 한다면, 그 자랑스럽고 훌륭한 능력들이 학생들을 위해 적극 활용돼야 하는 것이 마땅하지 않은가?

• 교감이나 교장이 각각 주당 4시간 정도의 수업을 하게 되면 일반 선생님들의 주당 수업 시수를 조금이나마 경감시키는 데도 분명한 효과가 있다.

학교와 '교감'하지 못하는 교감

윤근혁_『교육희망』 기자

운동장에서 소를 타고 놀던 교장

#장면 1

운동장에서 소를 타던 교장이 있었다. 6학급 규모의 시골 초등학교 책임자인 그는 틈나는 대로 소 등에 올라탔다. 운동장 한 바퀴를 휘돌거나 대각선으로 다니거나 맘먹은 데로 소를 운전하는 솜씨가 대단했다. 수업 시간이든 쉬는 시간이든 우리들은 창가에 붙어 그 모습을 지켜봤다.

이 교장은 또 학교 텃밭 김매기를 하면서 하루를 보내기도 했다. 학생 95명에 학교 기사가 2명씩이나 되는데도 그렇게 했다. 30여 년 전 내가 초등학생 시절에 생긴 일이다.

교장이라면 학교를 대표하는 사람인데 저렇게 농군처럼 일을 하면서 기사 월급이 아닌 교장 월급을 받고 있다는 사실을 안 것은 내가 어른이 되었을 때였다. 하지만 2010년 지금도 '잡초 뽑기'와 같은 솔선수범(?) 노동을 온종일 하면서 교재원(학교 텃밭) 담당 교사들에게 부담을 잔뜩 안겨주는 교장들이 제법 있는 게 사실이다.

#장면 2

이 학교 교장은 항상 출장 중이다. 충남 서산시 A초 교장 얘기다. 이 교장은 8개월 사이에 125일 출장을 다녀왔다. 출장비로는 417만 2,000원을 받아 챙겼다. 학교 출장 관련 서류를 뒤늦게 살펴본 충남 도교육청은 고개를 갸웃했다. 출장 일수가 근무 일수 138일의 90%나 되기 때문이다. 출장비는 학교 교원 전체 출장비의 절반이나 독차지했다. 이 교장은 다른 동네의 주민 체육대회에 참석하거나 공식 출장일을 하루 이틀 늘리는 방식으로 출장비를 신청한 것으로 밝혀졌다.

결국 도교육청은 이 교장을 경고했다. 하지만 이 교장은 출장병을 쉽게 고치지 못했다. 다음 해 또 5개월 근무 일수 120일 가운데 74.3%인 94일간 출장을 갔다고 서류를 제출해 학교 전체 출장비의 42.6%인 318만 5,260원을 받아먹었다는 것이다. 급기야 이 학교 학부모들은 대전지검 서산지청에 진정서를 냈다.

#장면 3

교감 둘이 근무하는 복수 교감이 있는 전국 상당수의 초중고 교감 가운데 2010년 1학기 한 명은 학교를 두세 달 비웠다. 단수 교감이 있는 학교 가운데 일부 교감도 비슷한 기간 학교에 나오지 않았다. 이들 교감들은 모두 학교에 오는 대신 교장 자격 연수장에 가 있었다. 교과부가 이 당시부터 교장공모제를 확대 시행하면서 자격 연수 대상을 기존 2,000명에서 1,000명을 추가하면서 공모 교장 규모를 늘렸기 때문이다.

이들 교감들은 생각보다 일찍 교장 자격증을 받는 '횡재'를 누렸지만, 이들에 대한 교직 사회의 시선은 따가웠다. 다음은 이 기간 중 만나본 서울 지역 초등학교 한 부장과 한 중등 교사의 목소리다.

"두 명 있던 교감이 한 명이 되니 결재받기도 쉽고 의견 조율도 쉬워 학교가 팽팽 돌아갑니다. 사실 복수 교감이 왜 있는지 모르겠습니다."

"교감이 학교에 없는데도 특별히 문제 될 게 없습니다. 어차피 상당수의 교감과 교장은 결재만 했지 학생들을 가르치거나 사업 집행을 직접 한 분들은 아니었잖아요. 교감과 교장 가운데 한 분만 결재를 해도 일 처리엔 아무 문제가 없어요."

이 해 교장 자격증 연수에 뽑힌 교감들. 이들은 교감이 학교를 비워도 학교교육에 특별한 어려움이 없다는 사실을 몸으로 보여준 증인이 된 셈이다.

존재감 없는 대한민국 교감들

위 세 장면은 대한민국 교감, 교장의 현실을 대표하고 있지는 않다. 하지만 학교의 일면을 비춰주는 실제 사례다. 위 사례로 눈길을 좁혀 보면 교장과 교감 가운데 하나는 있어도 그만 없어도

180

그만인 존재다. 교감에게 일을 맡긴 교장은 근무 시간에 소를 타거나 텃밭에서 일해도 학교 굴러가는 데는 지장이 없다고 볼 수도 있는 것이다.

게다가 교감의 존재감은 더 떨어진다. 2010년 교감들의 대규모 평일 연수가 이를 뒷받침한다. 전국에서 수천 명의 교감이 평일 학교를 빠져나와 두세 달 이상씩 연수를 받았는데도 학교 업무엔 큰 지장이 없었다는 것이다. 오히려 교감이 없으니 학교가 매끄럽게 돌아간다는 게 내가 만나본 교사들 상당수의 의견이었다.

교감제에 대한 불만은 소규모 학교에서도 마찬가지다. 학생 100명이 갓 넘는 경기 지역의 한 시골 초등학교. 이 학교 교원은 모두 9명이다. 공문 수발과 교무실 업무를 관할하는 비정규직도 한 명 더 있다. 6명이 담임을 맡고 교무부장은 교과 전담을 맡고 있다. 나머지는 교장과 교감이다. 물론 이들은 수업을 담당하지 않는다. 이 같은 소규모 학교에 있는 교사들은 "수업 안 하는 교감·교장이 둘씩이나 도대체 왜 필요한지 모르겠다."고 말한다.

아이들 가르치는 틈틈이 공문을 보내는 교사들 속에서 수업하지 않는 교감과 교장은 공문 처리를 대신해주지 않는다. 이들은 그저 공문의 잘잘못을 가리기 위해 눈을 부릅뜨고 있을 뿐이다. 사정이 이렇다 보니 이중 결재를 받느니 차라리 소규모 학교에서는 교감을 없애든 교장을 없애든 한 명은 없애라는 의견도 심심치 않게 나오고 있다. 대신 일을 할 수 있는 교사를 늘려달라는 주장이다.

이럴 바에는 아예 교감제도 자체를 없애자는 의견도 나오는 게 현실이다. 전교조도 「교장선출보직제 관련 연구 보고서」 등을 통해 줄곧 교감제 폐지를 요구해왔다. 보직 교사 중에서 부교장을 임명하거나 대부분의 교육 선진국처럼 수업을 담당하는 보직 개념의 부교장을 두라는 주장이다. 전교조가 2010년 3월에 발표한 교사 의식 조사를 보면 '승진 구조를 개선하기 위한 제도적 대안이 무엇이냐'는 질문에 대해 '내부형(평교사 응모 가능형) 교장공모제의 도입' 74.3%, '교장선출보직제 도입' 62.5%에 이어 '교감제도 폐지'가 46.3%로 세 번째를 차지했다. 조사 대상은 전국 초중고 교사 598명이었다.

그렇다면 왜 존재감 없는 교감과 교장 문제에 대한 지적이 자꾸 나오는 것일까? 여기서는 교감제도로 시각을 좁혀서 살펴보자.

초중등교육법, 교감은 교장을 보좌하는 게 전부?

이를 알기 위해 〈초중등교육법〉에서 규정한 '교감의 임무'를 먼저 보기로 하자. 이를 규정한 곳은 같은 법 제20조 ②항이다.

교감은 교장을 보좌하여 교무를 관리하고 학생을 교육하며, 교장이 부득이한 사유로 직무를 수행할 수 없는 때에는 그 직무를 대행한다. 다만 교감을 두지 아니하는 학교의 경우에는 교장이 미리 지명한 교사가 그 직무를 대행한다.

교감은 교장을 보좌하고 교장이 없을 때 직무를 대행하는 것이 주된 임무로 되어 있다. '교무를 관리하고 학생을 교육'하더라도 교장을 보좌하거나 대신해서 그렇게 하라는 얘기다. 이에 따라 교감에게 법적으로 주어진 권한은 사실상 없다. 법으로 봐도 존재감이 없는 '존재', 즉 '못 미친 존재감'이 바로 교감인 셈이다.

그런데 이상한 일이 있다. 이런 교감을 해마다 늘리려고 하는 교원단체가 있는 것이다. 실제로 교감의 숫자가 2000년 들어 해마다 늘어나고 있다. 『교육통계연보』를 보면 초등의 경우 교감은 2002년 5,785명에서 2012년 6,057명으로 10년 사이에 272명 늘어났다. 2012년 현재 초등학교 교장의 총수는 5,855명이다. 교장의 숫자보다 교감은 202명 많다. 그런데 교감의 경우 교장과 달리 5학급 이하 학교에는 배치하지 않는다. 사정이 이런데도 왜 교감의 숫자가 더 많은 것일까?

거의 모든 초등학교에 교장이 한 명씩 배치된다는 사실에 비춰 보면 이런 수치는 한 학교에 교감을 두 명 배치하거나 소규모 학교에도 교감을 배치하는 등의 이유로 교감 숫자가 순증하고 있다는 사실을 뒷받침하는 결과다. 2002년 현재 중학교와 일반계 고등학교의 교감 수는 각각 2,717명과 1,539명이다.

한국교총은 당시 교육부와 맺은 '2001년도 하반기 교섭·협의' 합의서에 "교육인적자원부는 2005년도까지 5학급 이하의 소규모 학교에도 교감이 배치될 수 있도록 교감 정원 확보에 최선을 다한다."는 조항을 집어넣었다. 소규모 학교까지 교감을 '끼워 넣기' 하려는 시도였다.

〈초중등교육법〉 규정("학생 수가 100명 이하인 학교 또는 학급 수가 5학급 이하인 학교 중에서 대통령령으로 정하는 일정 규모 이하의 학교에는 교감을 두지 아니할 수 있다.")에 따라 교감 정원이 줄어들고 있는 것에 대한 대응책이었다. 이 단체는 "행정 업무와 학교 관리 업무로 교사의 업무량이 증가하고 소규모 학교가 많은 지역은 교원의 승진 기회 축소로 사기가 떨어진다."는 이유를 들었다. 하지만 당시 이 합의에 대해 교육계 안팎에서는 일반 교사를 배치해 수업의 질을 높일 생각보다는 교감 숫자 늘리기라는 승진 자리 차지하기에 빠져 있다는 비판이 흘러나왔다.

이 같은 교총의 시도는 교과부의 약속 이행 거부로 실현되지 않았다. 교총은 10여 년이 흐른 현재까지도 줄곧 이 같은 요구를 이어 가고 있다.

복수교감제, 왜 만들었나?

교감을 중심으로 학교를 나눠 보면 학교는 크게 세 종류다. 교감이 없는 학교(5학급 이하 학교), 교감 1명이 있는 학교(6~42학급인 학교), 교감 2명이 있는 학교(43학급 이상인 학교).

두 명의 교감이 있는 제도, 이른바 복수교감제가 처음 도입된 것은 1981년이다. 당시 교육부는 학교 운영의 효율성을 기한다는 명목으로 43학급이 넘는 초중고를 대상으로 복수교감제를 시행했다. 하지만 이 제도는 계속 구설수에서 벗어나지 못하고 있다. 교감 업무의 이원화로 학교 운영에 혼선을 빚을뿐더러 교감끼리 알력 다툼이 벌어지는 경우가 제법 나타났기 때문이다. 또한 중복 결재로 인해 업무 효율성을 오히려 떨어뜨린다는 지적도 받아왔다. 정기훈 전교조 전 초등위원장은 "복수교감제도는 한국교총의 요구에 의해 생겼는데, 승진 자리를 늘리기 위한 이유가 컸다."고 당시를 회상했다.

교과부 교직발전기획과에 따르면 2009년 현재 복수 교감이 근무하는 학교는 전국에 걸쳐 734개교(초등 532개교, 중고등 202개교)다. 현행 〈초중등교육법 시행령〉 제36조(교감의 증치)는 복수 교감에 대해 다음처럼 설명하고 있다.

43학급 이상의 초등학교·중학교 및 고등학교에는 교감 1인을 더 둘 수 있으며, 이 경우 교감 중 1인은 수업을 담당할 수 있다.

'교감 중 1인은 수업을 담당할 수 있다.'는 점에 주목해보자. 이 조문이 들어간 것은 당시 복수 교감에 대한 반대 의견을 무마하려는 의도가 있었다. 교감 가운데 한 명은 수업을 하도록 할 테니까 학생 교육 활동에 도움이 된다는 논리였다.

복수교감제도 시행 22년째인 2012년 이 같은 법령 제정 의도는 산산조각이 난 상태다. 복수 교감 가운데 수업에 들어가는 교감이 거의 없는 상태이기 때문이다. 이들 교감들은 서로 약속이라도 한 듯 교실에 들어가지 않고 있다. 정식 수업은커녕 강사를 구하지 못해 자리가 빈 보결 수업조차도 못 본 척하는 게 부지기수다. 다음은 서울의 한 초등학교에서 벌어진 일이다.

최근 서울 지역 초등학교의 한 교감은 교사들에게 일제히 메신 저로 메시지를 보냈다. 그 내용은 "보결이 생길 경우 누가 차례대로 들어갈 것인지 정해놓으라."는 것이었다. 자신은 보결을 당연히 하지 않는다는 선언이기도 했다. 이 같은 메시지를 본 한 교사는 다음처럼 볼멘소리를 했다.

"교감이 둘이나 되면서 학생들 상황도 파악할 겸 보결 수업을 하면 어디 덧나나? 아이들 앞에 서는 것을 이렇게 싫어하면서 공개수업에서 어떻게 교사들에게 조언을 할 수 있는지 기가 막히다."

복수 교감, 없애거나 교실로 보내거나

이 같은 사정은 전국 대부분의 초등학교가 마찬가지다. 단수 교감이든 복수 교감이든 학생들이 방치될지언정 교실 수업은 하지 않으려고 최대한 '버티기 작전'을 벌이기 일쑤다. 이렇다 보니 이 문제가 교감과 교사를 갈라놓는 갈등 요소로 작용하기도 한다.

특이하게도 학생 수업을 담당해온 한 교장은 이렇게 설명했다.

"교장이나 교감이 수업을 할 경우 소문이 나면 교장, 교감 모임에서 손가락질을 당하기 때문에 수업하는 것도 눈치를 봐야 하고 용기가 필요하다."

물론 2008년 이후 생긴 상당수의 혁신학교들은 교장 또는 교감이 일부 수업을 나눠 맡고 있다.

위에서 살펴본 것처럼 복수교감제가 갈등의 씨앗이 되고 있다. 이에 따라 복수교감제도를 없애려는 정부의 시도도 여러 번 있었다. 가장 최근의 일은 2009년 9월이었다. 9월 30일 교과부는 2010학년도 교원 가배정 계획을 시도 교육청에 보내면서 복수 교감 등 전국의 교감 848명(초등 592명, 중등 256명)을 줄이는 내용을 끼워넣었다. 부족한 교원을 늘리기 위한 고육지책이었다.

이 같은 사실이 알려지자 교감·교장 단체와 이 단체들을 산하단체로 두고 있는 한국교총은 벌집을 쑤신 듯했다. 교총과 교장·교감단은 2009년 10월 8일 교과부를 항의 방문해 '복수 교감 폐지 방침 철회'를 요구하기도 했다. 『한국교육신문』 보도에 따르면 이 자리에서 김경윤 교총 사무총장은 "정부가 요구하는 각종 교육정책 때문에 지금도 교감들의 업무량이 자꾸 늘어가는 상황에서 복수 교감 폐지는 맥을 한참 잘못 짚은 거고 실익도 없는 방안"이라고 비판했다. 김종신 서울 초등교장회 회장도 "복수 교감의 업무량을 볼 때, 수업까지 부담시키는 건 말이 안 된다."고 강조했다.

결국 교과부는 복수교감제 폐지 시도 일주일 만에 꼬리를 내릴 수밖에 없었다. 이러한 교총의 행동에 대해 교육계 안팎의 시각은 싸늘했다. 복수 교감을 폐지하거나 아니면 복수 교감 가운데 한 명이 법에 따라 수업을 해야 한다는 의견이 나온 것은 어쩌면 당연한 일이었다.

이로부터 3년이 흐른 2012년 6월 5일 한국교총은 교과부와 단체교섭 조인식을 했다. 그런데 둘이 맺은 '교섭·협의 합의서'엔 다음과 같은 글귀가 들어 있다.

제6조(복수 교감 배치 기준 개선) 교과부는 교원의 인사 적체 문제를 해소하고 교육과정 관리, 인사관리, 교내 장학, 복무·문서 관리, 학생 관리 등 교감 업무의 원활한 수행을 위해 복수 교감 배치 기준 조정을 위해 노력한다.

기존 43학급 이상으로 규정한 복수 교감의 배치 기준을 오히려 하향하기로 합의한 것이다. 양쪽은 비판을 의식해 그 하향 폭을 공개하지는 않았다.

교감이 학생들과 '교감' 하면?

전교조 초등위원회는 지난 2002년 흥미 있는 보도 자료를 낸 적이 있다. 초등학교에 배치된 복수 교감 중 1명이 교과 전담을 맡거나 6학급 이하 교장·교감이 담임 또는 교과 전담을 겸임하면 3,531명의 교사 충원 효과가 있다는 분석 결과였다. 이 당시 초등위는 6학급 이하 교장·교감과 관련해서도 "6학급 규모의 학교는 교장과 교감이 학급 담임 또는 교과 전담을 겸임해도 된다."면서 "두 학년 이상을 한 교실에서 가르치는 복식 수업을 해소하고 과중한 담임 업무를 나눠 맡는다는 점에서 바람직한 일"이라고 밝혔다. 이 당시 전교조는 교육부에 요구한 단체협약 내용에서 "소규모 학교의 교장, 또는 교감이 학급 담임 또는 교과 전담을 맡아 복식 수업을 해소하고 과중한 수업 시수를 줄일 수 있도록 한다."는 문구를 요구하기도 했다.

2010년 서울과 경기도 교육청이 체벌을 금지했다. 체벌 금지는 전국 교육청으로 확산될 기세다. 이런 상황에서 학생 상담의 중요성은 나날이 커지고 있다. 상당수 학교에서는 성찰 교실 등을 마련하고 태도가 극히 불량한 학생에 대해서는 이곳으로 보내는 방안을 마련하기도 했다. 하지만 일선 학교에서는 이 성찰 교실을 관리할 교사가 없어 발을 동동 구르고 있다. 일반 교사들이 수업을 팽개치고 이 교실을 담당할 수는 없기 때문이다. 하지만 교무실에 있는 교장이나 교감이 이 성찰 교실 관리를 맡겠다고 나섰다는 소식을 아직 듣지 못했다.

한국교육개발원 자료를 보면 미국, 영국, 핀란드, 프랑스, 독일 등의 관리자들은 수업과 함께 학생 상담까지 맡고 있는 경우가 많다. 이들은 업무가 너무 많은 탓에 관리자 지원자가 부족할 정도다. 하지만 한국은 정반대다. 업무가 너무 적은 탓에 교장과 교감을 서로 하기 위해 이전투구를 하고 있는지도 모른다. 물론 수업을 하지 않고 아이들과 멀리 떨어져 있는 것 또한 이들에게 상당한 가치이기도 한 모양이다.

수석교사제의 도입은 교감제의 최대 위기

이처럼 한국의 교감제도는 비틀대고 있다. 이런 현상의 뿌리는 교사, 학생과 '교감'하지 못하는 교감제도에 있다. 될 수 있으면 교실에서 멀어지려고 하는 일부 교감들의 속성이 이런 현상을 부채질했다.

서울에 근무하는 한 교사는 트위터에 다음과 같은 글을 올려놓았다.

그런데 교감이 최소한 아이들에 대한 애정과 열정이 좀 있어야 상담이니 수업이니 가능한 거 아닌가요. 그게 있었다면 교감까지 되기도 힘들었을 분들이 많은데 (중략) 그리고 진짜 수업과 상담 활동을 해야 할 사람은 잉여 인력인 교장이라고 생각하는데요.

교감제도는 지금 최대 위기를 맞고 있다. 교감과 업무 중복이 되는 수석교사들이 큰 폭으로 늘어나고 있기 때문이다. 교과부는 7~10년 내에 현재 300여 명인 수석교사를 1만 명까지 늘린다는 내용의 제도 도입 시안을 이미 2010년 6월에 내놓은 바 있다. 이 제도는 1982년 논의를 시작한 이래 30년 만인 2011년 6월 29일 관련법이 국회를 통과해 법제화됐다. 법제화된 〈초중등교육법〉 제20조(교직원의 임무)에 의하면 수석교사는 교사의 교수·연구 활동을 지원하며 학생을 교육하는 교원 자격제다.

그런데 수석교사들이 늘수록 존재감 없는 교감제에 대한 문제 의식도 눈덩이처럼 커질 것이다. 교감 숫자 늘리기 운동을 해오던 교총이 수석교사제까지 주장하면서 교감제를 궁지에 몰아넣는 자충수를 둔 것일지도 모른다는 얘기다.

동훈찬 전 전교조 정책실장은 "외국 학교는 교감이 일절 없거나, 수업을 직접 담당하면서 장학 업무를 맡고 있는 우리나라의 수석교사제와 같은 교감들이 있을 뿐"이라면서 "전교조는 지금과 같이 교장을 대행해 결재 업무를 보조하는 교감제라면 폐지해야 한다는 주장을 계속 밝혀왔다."고 말했다. 이어 "복수 교감은 배치해선 안 되고 단수 교감들도 수업을 맡아 행정 업무 대행자가 아니라 교수 학습 전문성을 키울 수 있는 기회를 가져야 한다는 생각"이라고 덧붙였다.

교총의 생각은 정반대다. 김동석 대변인은 "43학급 이상의 학교는 소규모 학교와 달리 학교 경영이나 장학 지도에서 부하가 걸리는 경우가 많기 때문에 복수 교감은 꼭 필요한 제도"라면서 "엄밀한 직무 분석을 통해 마련한 복수 교감을 폐지해야 한다는 주장에는 전혀 동의할 수 없다."고 반박했다. 이어 김 대변인은 교감의 수업 지도에 대해서도 "어느 조직이나 각기 맡은 역할이 있는데 교감은 수업을 담당하는 역할을 갖고 있는 게 아니다."면서 "교사에 대한 장학 역할과 공문 수발을 접어둔 채 아무런 검증 없이 수업을 하도록 하는 것은 단선적 접근"이라고 말했다.

교감제 폐지 주장에 대해서도 김 대변인은 다음처럼 밝혔다.

"우린 절대 반대다. 어느 조직이나 CEO 밑에는 중간 관리자가 있기 마련이다. 도지사가 있으면 부지사도 필요하듯이 학교에서도 중간자적 역할을 할 사람이 필요하다."

'학생들 곁으로 교감 보내기 운동', 어떨까?

전교조가 주장하는 교감제 폐지, 이것을 당장 실행하기는 쉽지 않다. 어떤 식으로든 중간 관리자는 필요한 게 현실이라는 반론에 대한 대응도 필요하다.

다만 지금 교감제 폐지라는 주장이 나올 정도로 교감에 대한 원성이 자자한 것은 사실이다. 이렇게 된 데는 교감들 스스로의 책임이 크다. 교실과 아이들을 멀리한 채 교사 위에 군림하려는 교감, 교육청 눈치만 살피는 교감, 교장으로 가기 위해 수단과 방법을 가리지 않는 교감들이 존재하는 한 이런 소리는 더욱더 커질 것이다.

이에 따라 교감제가 제대로 서려면 교감과 아이들과 '교감'할 수 있는 제도를 마련하는 것이 필요하다는 의견도 커지고 있다. 우선 복수 교감 가운데 한 명과 소규모 학교에 배치된 교감은 수업을 담당하는 것이 필요하다. 이렇게 해야 장학이라는 본래 업무도 제대로 추진할 수 있을 것이다. 공문 처리와 학생 상담도 교장과 할 일을 나눠 맡는 방식으로 교감들이 직접 나서는 게 필요한 상태다.

최근 일부이긴 하지만 몇몇 학교에서는 교감의 새로운 모습도 나타나고 있다. 교원 업무 정상화 차원에서 신설한 교무 업무 전담팀을 맡는다든가, 학생인권조례에 따른 학생인권복지 전담팀 등을 맡아 일하는 것이 그것이다. 일부 교감은 보결 수업은 물론 정규 수업을 직접 하려고 노력하기도 한다.

이처럼 '학생들 곁으로 교감 보내기 운동'이 필요한 때다. 이는 단순히 교사들의 수업 시수를 줄이기 위한 것이 아니다. 오히려 교감 제 할 일 찾아주기 성격이 더 크다.

교감에 대한 평가제도도 손을 봐야 할 때다. 현재 교감에 대한 평가권은 학교장과 교육청 담당 장학사가 반반 정도씩 갖고 있다. 다면평가제가 있지만 실제로 교감 근무 평정에 영향을 주는 데는 역부족이다. 따라서 교감은 교장과 장학사에게만 신경을 곤두세우는 것이다. 평가와 직접 상관없는 교사나 학생, 학부모는 교감들의 관심권에서 뒤로 밀린다.

교육계 안팎에서는 교감제도에 대한 일대 혁신이 필요하다는 목소리가 들려오고 있다. 학교에서 중간 관리자는 필요하지만 이것이 꼭 지금과 같은 '교감'일 필요는 없다는 것이다. 점수에 따른 교장승진제도가 폐지된다면 점수에 따른 '꼬마 교장'을 만드는 교감승진제도 설 자리를 잃지 않을 수 없다. 이에 따라 기존 교감승진제를 보직제로 바꾸자는 제안도 힘을 얻고 있다. 이는 곧 기존 교감승진제와 교장승진제의 폐지를 전제로 하는 얘기다.

사실 교장제도에 대해서는 연구와 논의가 제법 많다. 하지만 교감에 대해서는 거의 없는 게 현실이다. 지금부터라도 교감제도에 대한 심각한 논의가 필요할 때다.

*이 글은 계간 『우리교육』 2010년 겨울호에 쓴 기사를 깁고 더한 것입니다.

현행 교장임용제도 모순의 핵심 개념, '승진'

이순철_역삼중학교 교사

들어가며

1987년 6월 항쟁 이후 한국의 변화가 이제 25년을 경과하고 있다. 6월 항쟁은 일반적으로 강압적 독재국가를 해체하고 민주주의 실현을 향해 나아간 '민주주의 혁명'으로 인식된다. 하지만 25년이 지난 오늘의 한국을 자세히 들여다보면 이제 '민주주의'라고 할 수만은 없는 풍토가 만연해 있다.

공교육 분야도 마찬가지다. 6월 항쟁 이후 이전의 한국 공교육에 대한 규정은 간단하게 '국가주의'로 인식되었다. 따라서 개혁 방향도 자연스럽게 '교육 민주화'였다. 그러하다면 지금 공교육 분야에 민주주의가 정착해 있어야 마땅할 것이다. 과연 민주주의가 정착했는가? 단순히 '경험적' 사실 몇 가지만으로도 전혀 아니라고 할 수 있다. 가령 2011년 학교 폭력 문제가 부각되자, 모든 학교에서 '스포츠클럽'을 운영하고 체육 수업을 주당 1시간 늘리라는 '교육과정 수정' 조치가 있었다. 이런 조치가 정당한가 아닌가를 떠나서 장관의 명령으로 전국의 모든 학교에 일제히 '강제'되었다는 사실이 문제가 되는 것이다. 간단히 말해서, 이는 지난 25년간 교육에서 '민주주의'가 제대로 실현되지 않았음을 대변하는 지표라 할 수 있다.

사실 '민주주의'를 대체한 자리에 신자유주의의 흐름이 틈입하였다. 심각한 문제는 여기에도 있다. 가령 1995년의 5·31 교육개혁 조치의 맥락에서 입안된 교육행정기관의 구조 조정이 현재 어떠한 상태인가를 봐도 간단히 알 수 있다. 이런 경향은 과대 성장한 국가기구를 슬림화하는 과정으로 여겨지면서 사실 '교육행정의 소비자와 교육행정의 공급자' 관점을 선택했다는 점에서 신자유주의 혹은 시장원리도 함의하고 있다. 이미 영국의 공공 기관 민영화나 지방행정 민영화와 같은 맥락에서 5·31 교육개혁안 속에는 교육행정기관의 대대적인 구조 조정도 내포되어 있었다.

하지만 문제는, 이렇듯 '신자유주의' 원리의 구조 조정조차 되지 못한 채 한국 공교육이 어떤 시점과 지점에서 '정체' 상태에 처해 있다는 것이다. 요컨대 '국가주의'를 해체하는 경향은 교육의 민주화와 교육의 신자유주의화 양쪽에 내재된 경향이었지만 이 두 방향 모두 제대로 이루어지지 않았다. 여전히 한국의 공교육은 거대한 교육관료체제 속에서 국공립학교를 규제하고 있지만, 각종 '자율형' 초중고교와 사립대학은 거의 '규제 철폐'의 신자유주의 원리 적용에 따라 숱한 부작용을 양산하고 있다. 그 부작용의 핵심은 '가격 인상'인데, 이는 자율형 사립고, 특목고의 등록금과 대학의 등록금 폭등으로 상징된다.

수직적 관료체계의 강화와 교육 민주화의 지연

　신자유주의와 함께 낡은 교육행정관료체제도 고스란히 '보존'
되고 있다. 사실 5·31 교육개혁안에 근거한 교육행정기관의 구조
조정 방안은 교육행정기구를 50개 정도로 '중역화'한 다음, 교육
청도 50개만 두도록 한다는 생각이었다. 요컨대 시도 교육청과 시
군구 교육청을 모두 통폐합하는 방향이었다.

　하지만 이는 전혀 이루어지지 못했다. 겨우 시군구 교육청의 명
칭을 '교육지원청'으로 바꾼 정도이다. 그리고 교육지원청의 업무
에서 중요한 방향으로 '학교 현장 컨설팅' 정도를 설정하고 있는
수준이다. 그러나 이런 '컨설팅' 업무조차 사실 교육지원청으로
아직 '전환'되지 못하고 있다. 요컨대 교육지원청은 여전히 '2000
년대 이전'에 머무르고 있는 것으로 보아야 한다. '독자적인 사업'
을 설정해서 관할 학교에 내려보내는 '경향'이 잔존하는 것처럼,
수직적 명령으로 단위학교를 '규제'하는 것을 자신의 임무로 여기
는 경향은 전혀 불식되지 않았다.

　그리고 여기에는 '교사' 출신이지만 스스로 교사가 아니기를 더
바라는, '전직'한 전문직이 하나의 '시스템'으로서 견고한 이익집
단을 이루고 있다. 교육청과 교육지원청에 근무하는, 원래 교사였
다가 전직하여 '전문직'이라는 '장학사, 장학관, 연구사, 연구관'

명칭을 얻은 집단의 존재와 교육행정기관의 구조 조정 실패는 밀접히 연관되어 있다.

이것은 한국의 교장임용제도가 기이한 '모순' 속에 진입해 있기 때문이다. 원래 이런 임용제도는 과잉 교육열을 진정시키기 위해서 국가가 각급 학교를 폭발적으로 확장하던 시점에는 매우 유효했다. 학교 운영이란 사실 수용소 같은 건물에 학생들을 학년과 반, 번호를 부여해서 '수용'한 다음, 간편하게 요약된 교과서를 전수하는 정도의 수업을 진행하는 방식이었다. 당연히 이와 같은 '과정'을 '행정'으로 경험한 교사들을 학교장으로 보임했다.

그런데 산업화가 포화상태에 이르면서 '후기 산업사회'가 도래하고, 학교의 확장이 더 이상 이루어지지 않는 조건에 다다르자 이런 학교장 임용제도가 모순에 부닥치기 시작했다. 그 모순의 핵심은 전직과 승진이 기묘하게 혼합된 데 있다. 한국의 학교장 임용에서 핵심은 점수에 있다. 점수에서 경력이 가장 중요하게 여겨지므로, 연공서열에 맞닿은 임용제도라고 할 수 있었다. 그런데 민주정부 시기를 경과하면서 경력이 차지하는 비중은 점차 감소되고, 차츰 다른 평정 요소들이 중요해졌다. 하지만 여전히 승진 개념에서 점수를 채워야만 '명부'에 들어가고 명부에 들어간 순서대로 임용이 이루어진다는 점에서 사실 연공서열이 여전히 강하게 작동하는 제도이다.

이런 이유로 인맥이 매주 중요할 수밖에 없다. 임용을 받으려면 점수를 따야 한다. 그런데 사실 30대 중반부터 미리 점수를 준비하지 않으면 늦는다. 그래서 자율형 사립고나 특목고 때문에 사

197

실상 초등 4학년 때쯤 잠정적으로 학생들의 진로가 결정되듯, 학교장이 되는가 여부는 30대 중반에 이미 결정되는 것이다. 그래서 30대 중반에 승진의 길을 가고자 결정한 교사는 결국 이미 승진한 기득권 집단에 기댈 수밖에 없다. 이때 가장 중요한 통로는 다름 아닌, '전문직'으로의 전직이다.

전직의 방식은 공개경쟁 시험을 통한 선발 방식인데 이 시험도 바늘구멍 통과하기만큼 어렵다. 문제가 어려워서 그러한가? 아니다! 인맥이 오히려 난이도보다 더 중요하기 때문이다. 이것은 왜 교육행정기관의 구조 조정이 전혀 이루어지지 않는가에 대한 답을 제공한다. 전문직으로 전직한 장학사나 장학관은 스스로를 결코 교사라고 여기지 않기 때문이다. 전문직 시험은 사실 고등고시와 같은 공개경쟁 선발 시험이라 할 수 없다. 기출문제와 답안 작성 요령을 제대로 전수받는 등 암암리에 인맥에 따라 챙겨주는 배경이 있어야 합격이 가능하다.

일단 전문직에 합격하면, 사실상 전문직이 된 것이 아니라 일종의 '교감과 교장 승진이 예정된' 장교 집단에 진입한 것처럼 여겨진다. 이런 이유로 '기수' 문화는 장학사 사회에도 만연해 있다. 군대처럼 수직적 명령과 지시, 하달, 명령복종 관계가 이 기수 문화에 성립한다. 이런 전문직 집단이 반발하면 교육행정기관의 구조 조정은 사실 불가능하다.

연공서열과 승진, 업적주의의 난맥상

　현재 한국의 교원정책은 글자 그대로 '복잡함' 속에 놓여 있다. 문제의 핵심은 어떤 일관된 원리에 바탕하고 있지 않다는 데 있다. 과거의 유산이 정리되지 않은 채 온존하면서도 그나마 경쟁원리가 제대로 관철되는 것도 아니고, 그렇다고 업적주의가 일관되게 반영되는 것도 아니다. 요컨대 현행 한국의 교원정책에서 특히 교장임용제도는 과거형의 누적된 경력이나 쌓인 점수에 입각한 연공서열주의와 더불어, 경쟁과 업적을 내세운 시장원리가 혼효된, 일종의 기묘한 과도기 형태로서 존재한다.

　현행 교장임용제도는 완전한 연공서열식은 아니다. 그 이유는 학교장 임용에 반영되는 경력이 예전의 25년 이상에서 현행 10년 이상으로 대폭 감소되었기 때문이다. 그렇다고 해서 완전한 업적주의도 아니다. 교육부 자체가 '공모제 방식'의 교장임용제도를 마련해놓고 교장 자격증을 가진 교사에 한하여 공모제에 응하도록 했기 때문이다. 요컨대 공모제 교장제도는 자격증을 획득했지만 연공서열 혹은 명부의 순위상 교장 임용이 아직 안 되는 교사들이 빠르게 임용되는 통로가 되었다는 것뿐이다. 그나마 이런 자격증 있는 교사들 사이의 교장임용 '경쟁' 방식조차도 아주 약간의 효과는 보인다고 한다. 교육개발원의 연구에 의하면 공모제 교장이 기존 점수제 명부 임용식 교장보다 업무 효과를 높게 올린다는 것이다. 그런데 사실상 가장 높은 효과를 올리는 '내부형 공모' 교장제도를 교육부 스스로 무력화시켰다는 점이 큰 문제다.

요컨대 문제의 핵심은 첫째 교장 임용이 '승진' 개념으로 고착화되어서, 둘째 기존의 연공서열 문화가 온전히 탈피되지 않은 가운데, 셋째 여기에 '전직' 개념의 장학사 선발제도가 사실상 교장 선발 공개경쟁 시험처럼 되어 부작용을 내면서, 넷째 결국 자격증을 가진 교사들 사이의 제한된 경쟁으로 그친다는 사실에 있다.

　현행 제도에서는 학교 현장에서 경력을 채우고 점수를 따서 교감 임용 명부에 들어가는 것도 어렵다. 이유는 무수하게 '가지치기'하여 엄청나게 분화된 '가산점'과 '연구점수' 때문이다. 일정 경력을 채우고 여기에 연구점수가 충분히 차면 이제 명부에 들기 위한 점수를 가산점에서 얻어야 한다. 이런 이유로 가산점을 주기 위해서 사업을 '만드는' 사례가 생성된다. 이렇게 해서 전직 개념으로 설계된 장학사 제도가 부작용을 더 내게 된다. 왜냐하면 장학사가 되는 것 자체로 가산점을 부여받기에 앞서 승진할 수 있기 때문이다.

　사실 장학사 시험에 합격하면 '전직'이라고 하지만, 문제는 이렇게 전직했으면 학교 현장으로 쉽게 돌아오면 안 되는데, 너무도 쉽게 돌아온다는 점이다. 그것도 교감이나 교장으로 승진해서 돌아온다. 그래서 장학사 시험의 합격은 전직이 아니라 실질적으로 승진이 된다. 일종의 변형된 고시제도인 셈인데, 그나마 공개경쟁 임용이라기보다는 '전직자' 집단에 소속되는 지위집단 선발 제도처럼 된다. 주민 직선에 의해 선출된 교육감이라 하더라도 이러한 제도를 어찌할 도리가 없다. 전문직 인사는 관료집단 내부의 근무 평정 점수에 따라 이루어지기 때문에 사실상 인사권이 관료집단 내부에서 행사되는 꼴이다. 그러다 보니 교육감이 자신의 교육정책을 제대로 이해하고 이를 집행할 수 있는 사람을 기존 전문직 집단에서 찾아 적재적소에 배치하기 어렵다. 오히려 관료집단이 민주적으로 선출된 교육감의 뜻에 반하는 부작용이 나타나기도 한다.

다른 문제도 있다. 가산점이다. 연공서열과 점수제를 결합한 교장임용제도의 문제점이 최근 학생 수 감소 추세 속에서 더욱 드러나고 있다. 달리 말해 점수가 찬 교사들이 점점 늘어가고 있지만 이들이 갈 곳이 없다는 것이다. 과거시험 합격자를 지나치게 많이 배출해놓고 임용할 관직이 없었던 때와 매우 유사하다. 이런 이유로 장학사로 전직을 해도 교감 임용이 되려면 초등은 5년, 중등은 7년을 기다려야 한다고 한다.

그나마 승진명부상에서 조금이라도 상위로 올라가려면 점수 차이를 약간이나마 벌려놓아야 한다. 바로 이때 작동하는 기제가 가산점이다. 가산점에서 점수 차이를 만들고, 다른 영역의 점수는 거의 차이가 없기 때문이다. 이 가산점이 교육행정기관의 구조 조정을 가로막는 원인이 될 지경이다. 이른바 '권한 위임'의 경향이 왜곡되게 작동하기 때문이다. 장학사나 장학관은 특정한 사업을 담당하는 경우 권한 위임을 받게 되면 자신의 사업 예산을 자율적으로 배정할 수 있다. 그런데 이렇게 위임된 권한을 행사하면서 위임된 권한에 의해 임의적으로 자신의 부서 사업을 계획하게 된다. 이런 사업계획에서 가장 쉬운 경향은 기존의 교육과정이나 수업, 업무 등은 전혀 조정하지 않으면서 '별도' 사업을 만드는 방식이다.

이러한 방식이 방과 후나 일과 전에 별도의 교육 프로그램을 운영하는 사업이다. 이런 사업을 장학관이나 장학사가 권한 위임을 받아서 사실상 개인 사업처럼 기획하여 집행한다. 이 경우 학교 전체의 운영 체제를 전혀 고려하지 않고 사업이 기획된다. 그리고 이런 사업의 학교 현장 집행이 결국 교육행정 관료집단의 인맥 관계에 따라 사적으로 결정되어 집행되기에 더욱 문제가 커진다. 이런 방향으로 왜곡이 심해지다 보니 교육청에서 기획되는 사업 자체가 특정 교육정책의 실현이라는 방향보다는 특정 인맥이나 혹은 특정 가산점을 부여하기 위한 목적으로 기획되는 경우도 발생한다.

전체 교육정책의 방향이 어떠하든지 간에 가산점 제도 자체가 이해관계가 걸린 장학사와 학교장, 교감 그리고 승진구조 속에 줄서 있는 부장 교사들에 의해서 심각하게 왜곡되는 것이다. 가산점 제도의 소위 '메리트'는 특정 정책을 촉진하거나 억제하는 데 작동하는 게 아니라 제도를 만들어서 가산점 받을 여지를 무작정 '펼치는' 방향으로 왜곡되게 작동한다. 그 이유는 현행 교장임용 제도에 덧붙여 전직이 곧 승진이 되는 장학사 임용제도의 모순 때문이다.

그래서 승진 인맥에 발을 걸쳐놓은 교사라고 하더라도, 학교 현장에서 학생들과 호흡하면서 좋은 수업과 생활지도를 위해 노력하다 보면 승진에서 점점 멀어지게 된다. 그 이유는 전직한 장학사와 장학관 그룹에서 특정 연한만 채우면 자동으로 명부의 상위

202

로 올라가서 곧바로 교감으로 발령받는 임용상의 잠재적 특혜 때문이다. 요컨대 본래 전직 개념으로 제도가 설계되었지만 아주 손쉽게 승진하여 학교 현장으로 돌아오는 관행이 누적되면서 최악의 제도적 효과를 낸다. '지위집단'이 형성되고 이들이 교육정책을 좌우하는 경향이 생기는 것이다. 어떤 교육적 목적 때문에 정책이 입안되는 것이 아니라, 가산점을 부여받지 못하는 특정 집단의 교사들에게 가산점을 부여하기 위해서 정책이 입안되는 셈이다.

가령 혁신학교에도 가산점을 부여해야 한다는 치열한 공방전이 벌어지는 이유가 여기에 있다. 또한 '교육력 제고 사업'이라는 희한한 사업이 설정된 이유도 교육복지특별지원사업을 통해 수많은 가산점이 남발되었지만 이 점수를 못 받은 비사업 학교 교사들을 '배려'하기 위한 것이라고 한다. 순전히 가산점을 위해 기획된 사업이라는 것이다. 물론 승진 경로에 일찌감치 발을 들여놓은 교사들을 위한 것이지 나머지 교사들에게는 아무런 의미도 없다. 어떤 정책이나 제도가 가산점을 주기 위해서 기획되는 이런 웃지 못할 사태가 벌어지는 것은 승진과 전직이 기묘하게 혼효된 현행 교장 임용제도가 기득권 집단에게 너무도 유리하게 설계된 탓이다.

결국 교장공모제 확대가 효과를 내지 못하는 이유가 밝혀진다. 기득권 집단을 유지하도록 하는 두 가지 원인 때문이다. 그 첫째는 교장 자격증 제도이며 두 번째는 전직 개념으로 설계되었지만 승진 개념으로 왜곡돼버린 현행 장학사 충원 제도이다. 이 두 가지가 맞물려 학교를 교육이 아니라 관료적 행정이 우위를 점하는 구조로 고착시킨다. 게다가 '학부모의 요구'라는 명분으로 결국 학교교육이 입시 경쟁 교육으로 획일화되고 있는 것도 현재의 관료적 행정이 유지되는 원인이 된다.

요컨대 교육학적 관점에서 볼 때 현행 교육관료체제는 결코 '보수'라고 하기도 어렵다. '가치를 지키는' 보수가 아니라 '이익을 지키는' 보수일 따름이다. 학부모의 요구를 상업주의 맥락에서 수용하면서 부담은 교사들에게 떠넘기는 구조가 성립하는 이유이다. 물론 현재 한국의 공교육은 학교 관리자나 혹은 교육청 행정을 맡는 교사들이거나 현장에서 수업하는 교사들이거나 할 것 없이 모두 제도와 정책에서 체계적으로 소외된 구조에 진입해 있다. 이렇게 되는 원인의 하나가 변화하지 않는 교육행정관료구조, 특히 가산점과 승진에 목을 맨 현행 장학사 장학관 등의 교사 출신 교육행정관료제도에 있다. 교육 전문가도 아니고 그렇다고 행정 전문가도 아닌 기이한 그룹이 형성되어 오직 승진에만 목매는 구조를 혁파해야만 미래 100년을 향해 나아갈 수 있다.

'전직'과 '승진' 개념 바로잡기

이와 같은 구조를 혁파하는 방법은 단순하다. 가장 먼저 전직 개념의 원래 취지만 살리면 될 것이다. 교사가 교육 전문직으로 전직했으면 교육행정 관청에서만 일하도록 하는 방식이 적절하다. 장학사(관), 연구사(관)으로 근무하고자 하는 교원은 오직 교육청에서 근무하면서 장학과 연구 활동을 하도록 한다. 학교로 되돌아와서 교감이나 교장으로 다시 전직하는 일이 없도록 한다. 장학과 연구를 담당하는 장학사(관)나 연구사(관)는 그 업무 계통에서만 승진하도록 한다. 이와 같이 본래 설계된 전직 개념에 충실하도록 운영하면 될 것이다.

학교장은 학교 현장에서 임용하는 구조를 마련하면 지극히 단순하다. 가산점을 받고 승진 점수를 쌓아 승진하는 트랙을 없애고, 아주 단순하게 교육적 업적을 토대로 학교 현장의 교원과 학부모들이 교감을 선출하는 구조를 확보하면 된다. 이런 구조로 가야 비로소 학교 현장에서 수업과 학생 교육에 전념하는 교사를 가장 우대하는 교육 문화를 형성할 수 있을 것이다.

사립학교 교장임용제도 개선 방안 탐색

이병호_서인천고등학교, 가톨릭대 강사

1. 머리말

우리나라의 교장임용제도에는 많은 문제점이 있다. 특히 사립학교는 더욱 그렇다. 우리나라 사립학교의 비중은 초등학교는 5,882개교 중 76개교로 1.3%, 중학교는 3,153개교 중 647개교로 20.5%, 고등학교(일반계)는 2,282개교 중 947개교로 무려 41.5%나 된다(2011년 한국교육개발원 교육통계 서비스). 따라서 사립학교를 제외한 교장임용제도의 개혁은 온전한 교장임용제도의 개혁이라 하기 어렵다.

최근 국공립학교에서는 공모제 도입 등 교장임용제도의 개선을 위한 크고 작은 노력이 있어왔지만, 사립학교는 사학의 특수성 및 자주성 보장이란 미명하에 개선 노력이 거의 없었다고 할 수 있다. 근래에 국공립 및 사립학교의 교장 임기를 4년에 중임 1회로 한정한 것은 그나마 다행스러운 일이다. 그러나 이 또한 사학 스

206

스로 개선한 것이 아니라, 정부에 의하여 타율적으로 이루어졌다는 점에서, 앞으로 사학이 자체적으로 교장임용제도를 개혁할 가능성은 매우 희박해 보인다.

학교법인 또는 개인이 학교를 설립한 사학의 특수성을 고려하여 교장을 포함한 교원의 임면권을 사학법인 또는 사립학교 운영자에게 부여하는 것은 자본주의 국가에서 어느 정도 타당한 일이다. 그러나 우리나라 대부분의 사립학교가 국가의 상당한 재정적 지원을 받는 공교육 기관이라는 점을 고려하면, 사학의 자주성 못지않게 교육의 공공성이 강조되어야 한다. 특히 사립학교 교장임용제도 개선에 관한 국내의 연구가 거의 부재하기 때문에 이 글이 필요하다 할 수 있다. 우리나라 교육행정 연구에 매우 권위 있는 학술지 중 하나인 『교육행정학연구』의 최근 논문을 살펴보면, 국공립학교의 교장임용제도 개선에 관한 연구는 여러 편 있지만 사립학교 교장임용제도 개선에 관한 논문은 찾기 어렵다.

최근 국공립학교 교장임용제도 개선의 대표적 방안은 교장공모제이다. 2007년부터 정부가 연구 시행해온 교장공모제는 교장에 대한 신뢰와 교사 효능감 및 학교 만족에 영향을 주어 전반적으로 효과가 있다는 연구 결과가 나왔다.김혜진·곽경련·홍창남, 2011[16] 교장공모제의 도입 목적은 크게 다섯 가지로 정리할 수 있다. 첫째, 현행 승진제도 문제점의 보완, 둘째, 교장 임용 방식의 다양화, 셋째, 젊고 유능한 교장의 발탁 가능성, 넷째, 단위학교의 요구에 부응,

---

[16] 2009년 교과부가 실시한 '교장공모제 학교의 효과 분석'이란 자료에서도 공모 교장(84.1점)이 일반 학교 교장(74.6점)보다 10점 정도 높은 총점 수치를 나타냈다(『주간 교육희망』 2009. 3. 23).

다섯째, 교장의 장기간 근무 보장을 통한 책무성 확보 등이다.^{박상완,} 2010

이 글의 목적은 우리나라 사립학교 교장임용제도의 실태와 주요 특징을 파악하고, 개혁 방향 및 개선 방안을 탐색·제시하는 데에 있다. 이를 위하여 ① 국공립학교와 사립학교의 교장임용제도의 법적 비교, ② 사립고등학교 교장 임용의 실태와 주요 특징 탐색, ③ 사립학교 교장임용제도의 개선 방안 탐색을 한다. 이 글은 하나의 완성된 연구 및 논문이 아닌, 사립학교 교장임용제도의 개혁 방향 및 개선 방안을 시론始論적 수준에서 탐구하고 제시하는 데에 의의가 있다. 이 글은 사립학교 중에서도 상급 학교 진학을 목표로 하는 일반계 고등학교에 초점을 맞추었고, 또, 7개교만을 분석 대상으로 하였기 때문에 분석 결과를 우리나라 전체 사립학교의 특징으로 일반화하기는 어렵다.

2. 국공립과 사립학교 교장임용제도의 법적 비교

본 절은 우리나라 교육 관련 법률에 나타난 국공립학교와 사립학교의 교장임용제도를 비교함으로써 사립학교 교장임용제도의 문제점과 개선 방안 탐색의 토대를 마련하고자 한다. 교장임용제도에 있어서 주요 요소[17]로 볼 수 있는 ① 교장 자격, ② 임용권자, ③ 임용 방법, ④ 임용 기간을 중심으로 국공립과 사립학교의 교장임용제도를 분석 비교하면 〈표 1〉과 같이 나타낼 수 있다.

〈표 1〉 국공립과 사립학교 교장임용제도의 법적 비교

	국공립	사립
교장 자격	(중등학교) 1. 중등학교의 교감 자격증을 가지고 3년 이상의 교육 경력과 소정의 재교육을 받은 자 2. 학식·덕망이 높은 자로서 대통령령이 정하는 기준에 해당한다고 교육부 장관의 인정을 받은 자 3. 교육대학·전문대학의 학장으로 근무한 경력이 있는 자 4. 특수학교의 교장 자격증을 가진 자 *초중등교육법 제21조 제1항 관련 별표 1	국공립학교의 교원의 자격에 관한 규정에 의함 *사립학교법 제52조(자격)
임용권자	• 임용 제청권자 : 교육부 장관 • 임용권자 : 대통령 *교육공무원법 제29조의 2(교장 등의 임용)	학교법인 또는 사립학교 경영자 *사립학교법 제4장 사립학교교원 제1절 자격·임면·복무 제53조(학교의 장의 임면)
임용 방법	① 교장은 교육부 장관의 제청으로 대통령이 임용한다. *교육공무원법 제29조의 2(교장 등의 임용) ① 초중등교육법 제2조에 따른 학교(국공립학교에 한정)의 장은 학교운영위원회의 심의를 거쳐 같은 법 제21조 제1항에 따른 교장 자격증을 받은 사람 중에서 공모를 통하여 선발된 사람을 교장으로 임용하여줄 것을 임용 제청권자에게 요청할 수 있다. ⑧ 제1항부터 제7항까지 정한 사항 외에 공모 교장의 공모 방법, 임용, 평가 등 필요한 사항은 대통령령으로 정한다. *교육공무원법 제29조의 3(공모에 따른 교장 임용 등)	*관련 법률 없음 *학교법인 정관에 제시됨 예: ① 이 법인이 설치, 경영하는 학교장은 이사회 의결을 거쳐 이사장이 임면한다. 출처: 학교법인 00학원 정관 제30조(임면)
임용 기간	② 교장의 임기는 4년으로 한다. 교장은 한 번만 중임할 수 있다. 다만, 공모 교장으로 재직하는 횟수는 이에 포함되지 않는다. *교육공무원법 제29조의 2(교장 등의 임용)	③ 각급학교의 장의 임기는 학교법인 및 법인인 사립학교 경영자는 정관으로, 사인인 사립학교 경영자는 규칙으로 정하되, 4년을 초과할 수 없고, 중임할 수 있다. 다만, 초·중등학교의 장은 1회에 한하여 중임할 수 있다. *사립학교법 제53조(학교의 장의 임면)

17 교장임용제도 개선 연구에 있어서 주요 요소를 무엇으로 볼 것인가에 대해서는 보다 면밀한 분석과 연구가 필요하나, 필자는 선행 연구 고찰과 탐구 과정을 통하여 교장 자격, 임용권자, 임용 방법, 임용 기간 등 4요소를 설정했다.

〈표 1〉은 교장임용제도의 주요 요소에 대한 국공립학교와 사립학교의 법률 사항을 비교 분석하고 있다.[18] 먼저 교장 자격에 대해서는 국공립 및 사립학교 모두 초중등교육법을 통해 제시하고 있다. 또한 임용권자와 임용 기간에 대하여 국공립학교는 교육공무원법에, 사립학교는 사립학교법에 명시되어 있다.

여기서 주목할 점은 사립학교의 교장 임용 방법에 대해서는 사립학교법에 어떠한 법적 조항도 없고, 사립학교 정관에 일임하고 있다는 점이다. 이는 구체적으로 제시하고 있는 교육공무원법과 매우 대조가 된다. 즉, 사립학교의 교장 임용 방법에 대해서는 겨우 해당 사립학교 정관에 "학교장은 이사회 의결을 거쳐 이사장이 임면한다."고 간단히 명시되고 있을 뿐이다. 따라서 교장 자격을 빠른 시간 내에 가질 수 있는 인사일 경우, 사립학교 경영자가 마음만 먹으면 누구라도 쉽게 임용할 수 있다. 또한 국공립학교의 교장 임용 자격에 대해서는 교직 경력과 근무 평정 점수 등, 제 요소에 대하여 매우 구체적으로 명시하고 있으나, 사립학교의 현재 교장 임용 자격은 매우 느슨하고 모호한 상태이다.

국가나 시도 교육청으로부터 재정적 지원을 받지 않으면 학교 운영이 불가능한 상당수의 사립학교에 대하여 학교 경영의 최고 책임자인 학교장 임용을 사립학교 이사회에 전권을 부여하는 것이 교육적으로 또는 법적으로 타당한가에 대해서 면밀한 논의와 체계적 연구가 필요하다.

---

18 교장 임용에 관한 법적 규정은 〈표 1〉에 제시된 법률적 내용 이외에 제반 규정으로 나타난다. 그러나 본 글은 교육 관련 주요 법률에 나타나는 내용으로 제한하여 살펴봤다.

3. 사립학교 교장 임용의 실태와 주요 특징

가. 사립학교 교장 임용의 실태

본 절은 학교의 유형, 성격, 역사 등을 고려하여 필자가 평소에 어느 정도 알고 있고, 또 본 글에 도움이 될 것이라 판단되는 7개 사립 고등학교를 대상으로 교장 임용 실태를 분석한다. 조사 방법은 대상 학교의 교장 임용 역사와 유형, 성격, 역사에 대해서는 대체로 학교 홈페이지의 학교 연혁을 통하여 조사 분석하였고, 기타 궁금한 사항은 인터넷 검색이나 해당 학교에 근무하는 교원과의 전화 인터뷰 방법을 통하여 이루어졌다.[19] 먼저 통일고(가명)에 대해 살펴보면 다음과 같다.

통일고_개교한 지 수십 년이 지난 비교적 긴 역사를 가진 고등학교이다. 설립자이자 실질적인 이사장이었던 교장은 40여 년 동안 교장직을 맡았다. 퇴임 때 그의 나이는 80세가 넘었고, 퇴임 후 몇 명의 교장을 거쳐 지금은 그의 아들이 교장직을 맡고 있다.

설립자이자 실질적인 이사장이 매우 오랫동안 교장직을 수행한 사립학교 교장 임용 형태의 대표적 사례라 할 수 있다. 설립자이자 실질적인 이사장이 이렇게 오랫동안 교장직을 수행할 수 있었

---

19 본 글에서 학교명은 학교의 명예를 위하여 가명으로 나타냈고, 교장 임용 실태의 제시는 해당 학교를 비판하거나 해당 학교의 실제적인 개선 활동에 목적이 있는 것이 아니라, 우리나라 사립학교 교장 임용제도의 전반적인 문제점과 개선 방안을 찾는 데 의의가 있다.

던 이유가 무엇이었는지, 그리고 장기 직무 수행에 따른 장점과 문제점은 무엇이었는지, 이에 대한 면밀한 검토와 연구가 필요한 사례이다. 설립자이자 이사장으로서 학교에 대한 열정이 크다 하더라도, 장기간 교장직을 맡거나 노령화하면 육체적·정신적 기능이 현격히 떨어진다는 점에서, 적정 연령에 퇴임하는 것이 바람직하다. 또, 일정한 연령에 이르면 퇴임해야 후속 인물이 교감, 교장 등으로 승진할 수 있어 조직의 활성화와 변화·발전이 가능할 것이다.

다산고_개교한 지 수십 년 동안 가족 및 친척들이 교장직을 맡아왔다. 이 학교의 설립자이자 실질적인 이사장인 초대 교장도 앞에서 소개한 통일고와 같이 20여 년간 교장으로 재직했다. 최근 ○○개월 동안은 ○명의 교장이 바뀌는 등 매우 불안정한 모습을 보이다가, 최근 ○○교육청의 어느 교육행정가가 퇴임하며 이 학교의 초빙 교장으로 임용되었다.

설립자이자 실질적인 이사장이 장기간 교장직을 수행한 통일고와 유사한 사례다. 여기서 초빙 교장으로 교장, 교감이나 교수, 교사 등 교육자 출신이 아닌 교육청에서 퇴임하는 일반 교육행정가를 초빙 교장으로 임용했다는 점을 주목할 필요가 있다. 학생들을 직접 가르친 경험이 없는 일반 교육행정가가, 교장으로서의 직무와 역할을 제대로 수행할 것으로 보기는 어렵다.

희망여고_개신교 종립고등학교로 개교 50여 년이 되며 최근 학생과 학부모가 매우 선호하는 학교로 떠오른 여고이다. 지금까지 대부분 내부의 교감이 승진하여 교장이 되었다. 1대 교장만 8년을 역임했고 이후 교장들은 약 4년씩 교장으로 근무한 뒤 정년퇴임을 하였다. 비교적 안정된 교장임용체제를 지닌 고등학교이다.

사립학교임에도 불구하고 설립자가 교장을 역임하지 않았으며 내부 교사 중에서 교감으로, 또 내부 교감이 교장이 되는 등 순차적 교장 임용 형태를 보인 학교다. 최근 학생과 학부모가 매우 선호하는 학교로 떠오른 이유 중 하나가 이와 같이 설립자가 교장이란 자리에 연연하지 않고, 교육적이고 바람직한 교장임용체제를 유지했기 때문이라는 생각이 든다. 설립자가 교장을 하지 않고 이사장으로만 남은, 설립과 소유 및 경영을 분리한 모범적인 사립학교라 할 수 있다.

마리아여고_개교 70여 년이 되는 천주교 종립학교이다. ○○수녀회가 학교법인으로 학교를 운영하며, 고등학교는 수녀 교사가 교장직을 맡는다. 반면, 중학교는 수녀 교사가 아닌 일반 교원이 교장이 된다. 고등학교 수녀 교장이 중학교를 포함한 대표 교장이 되고, 교원의 정년퇴임과 관계없이 4년의 교장 임기를 수행하는 매우 안정된 교장임용제를 보이고 있다.

천주교 수녀회의 학교법인 운영 때문인지 매우 안정적이고 체계적인 교장 임용 형태와 교장 임기를 보이는 학교이다. 공모나 초빙이 아닌 내부형 임용이란 점이 종립학교의 특징을 나타낸다. 천주교 종립학교로서 수녀회의 결정에 따라 수녀 교사가 일정 기간 교장직을 수행하는 것에 대해 해당 학교 교원들은 이를 대체로 이해하고 수용하는 분위기라고 한다.

대한고_우리나라의 대표적인 특목고 중 하나다. 개교한 지 20여 년이 된다. 개교 초기에는 학교법인의 재정적 어려움으로 폐교 직전까지 갔으나 전 교직원의 노력으로 다시 부활한 학교다. 현 교장은 대학에서 정년퇴임한 교수 출신이며, 4년 교장 임기를 수행한 뒤, 다시 교장으로 추대되어 중임 중에 있다. 이 학교의 설립자인 이사장은 1년 6개월 동안 비교적 짧게 교장으로 활동한 뒤, 이후로는 교장 임용 및 학교 관리 등 사립학교 경영자로서만 활동하고 있다.

설립자인 이사장이 비교적 짧은 기간만 교장직을 맡고, 교육에 대한 전문성과 덕망이 큰 인사를 교장으로 임용한 뒤, 자신은 교장·교감 임용 등 이사장으로서 학교 경영만을 하고 있는 비교적 모범적인 사립학교 교장 임용 사례이다. 이 사립학교 경영자 역시 희망여고와 같이 소유와 경영을 분리 인식하고, 모범적인 사립학교 운영자로서 모습을 보이고 있다.

민주고_20○○년 개교하였으나 몇 년 전 학교법인이 바뀌면서 매우 명성이 높은 인사를 교장으로 초빙하였다. 취임한 교장은 해당 학교에 새로운 교육과정을 신설·운영하는 등 창의적이고 혁신적인 학교

운영을 하고 있다. 또한 해당 교장은 전국 ○○교장협의회 회장을 맡는 등 교내외적으로 활발한 활동을 하고 있다.

학교법인이 바뀜에 따라 바뀐 학교법인이 우선적으로 탁월한 역량을 갖춘 교장을 영입하였고, 영입한 교장에게 많은 행·재정적 지원을 함으로써, 교장을 중심으로 학교개혁과 발전을 꾀하고 있는 사례이다. 이는 앞에서 제시한 다산고와 같이 외부 영입(또는 초빙)을 통한 교장 임용 형태이다. 외부 영입을 통한 교장 임용은 탁월한 경력과 역량을 갖춘 인사를 교장으로 임용할 수 있다는 장점이 있는 반면, 내부의 기존 교원들에게는 교감 및 교장 승진 기회가 박탈된다는 문제점이 나타난다. 따라서 교장의 외부 영입과 기존 교원의 승진 문제를 어떻게 조화시킬 것인가가 중요한 연구 과제가 된다.

개성고_개교 100년이 넘는 종립 사립고교이다. 30여 년 전 대기업에서 학교법인을 인수한 뒤 오랫동안 학교 내부에서 교장을 임용해 왔으나, 지난해 전국 단위로 공모하여 공개경쟁을 통해 사대부고 교장을 역임하고 사범대학의 교육학과 교수로 정년퇴임한 인사를 교장으로 임용하였다. 이번 교장 공모에 총 ○○명이 지원하였으며, 1차 서류 심사와 2차 심층 면접 및 토론을 거친 뒤, 최종적으로 이사장이 임용하는 등 사전 내정 없이 완전한 공개경쟁을 통해 교장을 임용했다. 이 학교 교장공모제에서 특히 주목할 점은 기존의 내부 교원들에게도 교장 공모에 지원 기회를 부여했다는 점이다.

이 학교는 오랫동안 학교 내부 교원 중에서 교감과 교장을 임용해오던 기존의 틀을 깨고, 과감히 전국 단위의 완전 경쟁을 통한 교장임용공모제를 실행했다. 특히 학교법인은 학교 내부 교원들 대부분이 교장 자격증이 없다는 점을 고려하여, 교장으로 임용되었을 경우 몇 개월 이내에 교장 연수를 받아야 한다고 공지하며, 교장 공모에 응시 기회를 주었다는 점이다. 우리나라 상당수의 사립학교 법인이 교장공모제에 있어서 초빙 형식을 취하거나 또는 사전 내정하는 형식을 취하고 있는 데 비하여, 이 학교는 완전 공개경쟁을 통한 교장 공모를 하고 있다는 점에서 향후 사립학교 교장임용제도 개혁에 큰 시사점을 준다.

나. 사립학교 교장 임용의 주요 특징

앞 절에서 살펴본 우리나라 사립학교의 교장 임용 실태를 보면 학교별로 매우 다양한 모습을 보이고 있다. 이러한 다양성은 사립학교의 교장 임용 방법을 학교법인에 일임하고 있는 것에 가장 큰 원인이 있다. 이러한 다양성 속에서도 몇 가지 특징을 찾으면 다음과 같이 네 가지로 제시할 수 있다.

(1) 학교법인의 성격 및 유형에 따라 교장 임용 형태가 달라진다

앞에서 살펴본 고교 중 희망여고와 마리아여고는 교장의 임기가 비교적 일정하고 단임으로 끝나는 안정성이 있다. 이런 특성은 두 학교가 개신교 또는 천주교 등 종립학교이기 때문인 것으로 판단된다. 아울러 사대부고 등도 비교적 안정된 교장임용제도를 운영하고 있다. 학교법인이 '종립학교', '사범대부속학교', '기업에서 세운 학교', '개인이 세운 학교' 등 성격 및 유형에 따라 교장 임용 형태는 차이가 있다고 할 수 있다.

(2) 학교법인이나 사립학교 경영자의 자산(재력) 정도에 따라 교장 임용 형태가 달라진다

사립학교들이 자사고 및 자율고 등이 되기 위해서는 학교법인에서 일정 규모의 재단 전입금을 낼 수 있는 재력이 있어야 한다. 이와 관련하여 본 글의 조사, 분석 및 고찰에 의하면, 비교적 자산 규모가 큰 사립학교는 재력이 상대적으로 적은 사립학교에 비하여 교장 및 교원의 임용에 있어 소유와 경영의 분리 원칙을 좀 더 추구하는 경향이 있는 것으로 판단된다.[20]

(3) 학교법인 및 사립학교 경영자의 설립 정신 및 학교 경영관 등 교육관에 따라 교장의 임용 방법이 달라진다

우리나라 사립학교는 설립 목적이나 설립 정신, 학교의 규모와 역사 등 여러 측면에서 매우 다양하다. 또한 교장의 임용 방법이나 임기 등 교장 임용 형태도 매우 다양하다. 이것은 무엇보다 교장의 임용권이 학교법인 또는 사립학교 경영자에게 있기 때문이다. 학교법인 및 사립학교 경영자의 교육관 및 학교 경영관이 서로 다르기 때문에 이런 결과가 나타나는 것으로 판단된다. 따라서

---

20 이는 본 글에서 살펴본 7개교 학교에서 그런 경향이 발견된다는 것이다. 따라서 정확한 예측을 하기 위해서는 보다 면밀한 조사와 연구가 필요하다.

사립학교 교장임용제도의 개선 방안을 찾기 위해서는 학교법인 및 사립학교 경영자의 설립 정신 및 학교 경영관이 학교장 임용에 어떠한 영향을 미치는가에 대해 살펴볼 필요가 있다.

(4) 공개경쟁을 통한 교장공모제를 실시할 학교가 늘어날 것으로 기대된다

아직까지 체계적인 연구 조사가 없어 단정 짓기는 어렵지만 앞에서 살펴본 개성고와 같이 초빙이나 내정이 아닌 공개경쟁을 통한 교장공모제를 실시하는 학교가 늘어날 것으로 전망된다.[21] 이런 전망을 하는 이유는 첫째, 교장공모제의 효과가 크다는 연구 결과와 정부의 교장공모제 필요성에 대한 인식 증가 및 실질적 조치의 확대, 둘째, 사립학교의 교원 임용 방법을 1차 필기시험 및 수업 시연, 2차 심층 면접 등 국공립학교 교원 임용고사 형태를 취하도록 권장 또는 지시하는 교육부 및 교육청의 지침 변화 등을 들 수 있다.

4. 사립학교 교장임용제도의 개선 방안 탐색

지금까지 살펴본 사항을 토대로 우리나라 사립학교 교장임용제도의 개혁을 위해 노력해야 할 사항을 제시하면 다음과 같다.

---

21 한편, 최근 개교한 ○○광역시의 ○○고등학교는 교장공모제 형식을 통하여 교장을 임용하였다. 그러나 공개경쟁에 의한 임용이 아니라 사전에 내정되어 있었다는 것이 관계자들의 중론이다.

가. 사립학교 교장임용제도 개선에 대한 관심과 체계적 연구의 확대

사립학교 교장임용제도의 개선 또는 개혁을 위해서는 무엇보다 먼저 사립학교 교장임용제도 개선에 대한 관심과 논의 및 체계적인 연구가 필요하다. 국공립학교의 교장임용제도 개선에 대해서는 많은 논의와 연구 및 공모제 시행 등 정부의 적극적인 개선 노력이 있지만, 사립학교는 일반고의 경우 41.5%를 차지함에도 불구하고 학교의 특수성과 자주성 보장이란 미명하에, 교장임용제도에 대한 관심과 연구가 거의 부재한 상태이다. 바람직한 교장임용제도를 실시하는 사립학교도 있지만, 그렇지 않은 사립학교가 많다는 데에 문제의 심각성이 있다.

나. 소유와 경영의 분리 인식 확대

소규모 집단에서는 소유와 경영을 동시에 할 수 있지만, 학교와 같은 대규모 공공집단에서 소유와 경영을 분리하는 것이 바람직하고 필요하다. 교장은 설립자가 하고 싶다고 하여 누구나 맡을 수 있는 그리 가벼운 자리가 아니다. 작게는 학교라는 사회에서 몇백 명 또는 수천 명의 교육을 책임지며, 사회와 국가뿐만 아니라 세계와 인류의 보편적 가치를 추구하는 공교육 기관의 최고 책임자로서 그 직무가 막중하다. 학교교육에 대한 열정뿐만 아니라 전문성과 지도성 등 탁월한 역량 및 실천력이 있어야 한다. 이러한 측면에서 학교법인 또는 사립학교 경영자가 우리나라 교육 발전에 기여하기 위해 학교를 세웠다면, 소유(이사장)와 경영(교장)을 분리하여 인식하는 교육관을 가져야 한다. 대학의 경우 이러한 인식은 이제 어느 정도 보편화되어 있다고 볼 수 있으나, 초중고의 경우에는 아직도 웬만하면 교장을 할 수 있다는 잘못된 인식을 가지고 있는 사람도 있다.

다. 초빙형과 내부형을 겸한 공개경쟁의 공모제 실시

교장공모제의 효과성은 여러 연구에서 나타나고 있다. 지금까지 교장공모제의 효과는 주로 국공립학교를 대상으로 한 연구 결과였지만, 사립학교에서의 공모제 실시도 국공립학교와 사립학교의 조직구조가 거의 동일하다는 측면에서, 그 효과성이 유사할 것으로 판단된다. 공개경쟁을 통한 공모제를 실시할 경우, 학교법인 또는 사립학교 경영자가 어떤 인사를 학교장으로 임용하고 싶다면, 그 인사를 다른 지원자들과 동등하게 공모에 지원하여 공개경쟁을 치르도록 하면 된다. 이때 내정한 인사가 탁월한 역량을 지닌 적임자라면, 그 내정자는 학교운영위원회 또는 교장임용위원회의 심사를 통해 법인 이사회에 올라올 것이다. 이렇게 될 경우 이사장은 그 인사를 임용하면 된다. 그러나 적임자가 아니라면 선발과정에서 탈락할 것이고, 이에 학교 경영자는 아쉬움을 느끼겠지만, 한편으로는 학교 발전을 위한 전화위복의 기회라고 긍정적으로 생각할 필요가 있다.

경쟁을 통한 공모제의 구체적인 방법과 내용은 좀 더 구체적인 연구가 필요한 사항이지만, 앞서 개성고의 사례와 같이 1차 서류전형과 2차 심층 면접 및 토론 형식을 취하여 2명 정도로 압축하여 법인 이사회에 올리면, 이사회에서 학교 경영자가 최종 임용하는 방식이 좋을 것이다. 이때 중요한 것은 어떻게 해서라도 내정한 인사를 임용하려는 것이 아니라, 공개경쟁을 통해 역량 있는 인사를 임용하겠다는 학교법인 또는 학교 경영자의 확고한 의지일 것이다.

또한 타 학교로 전출이 어려운 사립학교 교원의 기본적 특성을 고려하여, 학교장 자격증이 없는 학교 내부 교원에게도 교장공모제에 응시할 수 있도록 지원 기회를 주는 것이다. 이는 사립학교에서도 교장으로서 역량과 열의가 있는 사람이라면 누구나 교감 또는 교장이 될 수 있다는 희망과 기대를 교원들에게 부여하는 기회가 된다.

주간『교육희망』이 수집한 '교장공모제 학교의 효과 분석'이란 교과부 자료에 따르면 교장공모제 유형 가운데 내부형 교장의 총점이 85.1점(100점 만점)으로 가장 높았다. 이어 교직 외 다른 분야 전문가를 교장으로 채용하는 개방형(83.5점)이 뒤를 이었고, 교장 자격자만 응모 자격을 주는 초빙형은 81.7점으로 최하위를 기록했다(『교육희망』2009년 3월 23일자).

라. 관련 법령의 개정

사립학교 교장임용제도 개선을 위한 논의 및 연구 결과 사립학교의 교장임용제도를 개선해야 한다면 조속히 사립학교법 및 관련 법률을 개정해야 한다. 앞에서 살폈듯이 우리나라 사립학교의 교장 임용 형태는 학교에 따라 매우 다양하다. 바람직한 모습을 보이는 학교가 있는 반면 그렇지 못한 학교도 많다. 정부 차원에서 더욱 적극적이고 체계적인 연구를 통해 실태를 파악하고, 문제점이 있으면 적극적으로 개선을 해나가는 것이 중요하다. 현행 관련 법령을 보면 사학의 자주성 보장이란 미명하에 우리나라 사립학교의 교장임용제도는 자유방임적 상태라 할 수 있다. 즉 모호하고 폭넓게 적용할 수 있는 교장 자격의 제시, 임용 방법의 일임, 설립자의 임기 제한 예외 등 좀 더 면밀한 검토와 분석이 필요한 사항이 많다. 이러한 검토와 분석을 사학단체 또는 개별 학교가 해결하기에는 많은 어려움과 한계가 있다. 국가나 전문 연구단체 또는 개인 연구자가 이를 적극 검토·연구해야 하고, 연구 결과에 따라 법령의 개정이 필요하다면 과감히 개정해야 한다. 우리나라 사립학교 교장임용제도의 개혁 방향을 그림으로 제시하면 아래와 같이 나타낼 수 있다.

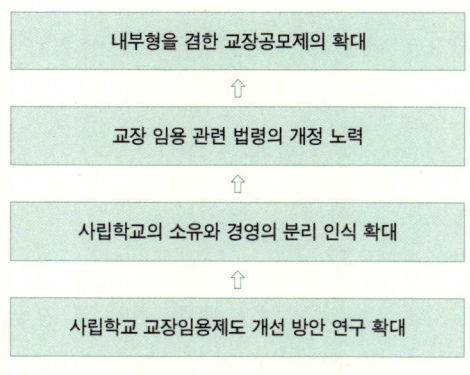

〈그림 1〉 우리나라 사립학교 교장임용제도 개혁 방향

5. 결론

교육의 효과는 교원의 수준과 질을 넘지 못한다는 말이 있다. 교원 중에서도 교장의 역할과 비중은 이루 말할 수 없을 정도로 중차대하다. 좋은 학교교육을 위해서는 역량 있고 열정적인 교장이 임용되어 직무를 수행해야 한다. 하지만 현재 우리나라 사립학교의 교장임용제도는 많은 문제점을 가지고 있다. 국가를 대신하여 학교를 세웠다는 이유로 우리나라 교육법은 학교교육의 성패를 좌우하는 학교장의 임용을 사립학교 법인 이사회에 일임하고 있다. 사립학교의 평교사를 임용할 때는 1차 필기, 2차 면접 등 공개경쟁을 통해 선발하도록 지시하고 있으면서, 학교교육의 수장인 교장 임용은 자유방임적 모습을 보이고 있다. 이는 사립학교의 특수성과 자율성 보장이 아니라 국가의 막대한 재정적 지원을 받는 공교육 기관으로서 사립학교에 대한 방임 행위일 뿐이다.

지금까지 자유방임적 교장 임용 형태를 보이는 사립학교 교장임용제도에 대한 체계적이고 종합적인 조사와 연구가 거의 없었다. 우리나라는 사립학교 학교장이 장기 집권을 하고 또 잘못 학교를 운영한다고 해도, 학교법인 또는 학교 경영자를 상대로 이의를 제기할 수 없는 상태이다. 그 이유는 법이 그렇게 되어 있기 때문이다. 이제 국가 차원에서 사립학교 교장임용제도에 대해 적극적인 관심을 가지고 면밀한 검토와 실천적인 연구를 실행할 때가 되었다. 필요하다면 적극적으로 관련 법령을 개정해야 한다. 이는 사학단체 및 사립학교를 탄압하는 것이 아니라, 합리적이고 효과적인 사립학교 교장임용제도를 개혁 또는 개선함으로써 사립학교 본연의 설립 정신 및 이념을 실현할 수 있도록 국가가 지원하는 것으로 보아야 한다.

|참고문헌|

교육혁명공동행동 연구위원회(2012), 『대한민국교육혁명』, 살림터.
김혜진·곽경련·홍창남(2011), 「교장공모제 효과 분석: 학교 풍토에 대한 초등학교 교사의 인식을 중심으로」, 『교육행정학연구 29(4)』, pp.439~460.
박상완(2010), 「교장공모제 시범 운영 성과에 대한 비판적 분석」, 『한국교육』, 37(2), pp.177~201.
신현석(2010), 『한국의 교원정책』, 학지사.
심성보·강순원·김언순·한만길 엮음(2012), 『새로운 사회를 여는 교육혁명』, 살림터.
주간 『교육희망』 2009년 3월 23일자.
한국교육개발원(2012), 교육통계서비스. http://cesi.kedi.re.kr.
한국교육행정학회(2003), 『교장론』, 하우출판사.
Nick Davies(2000), 이병곤 옮김, 『위기의 학교The School Report』, 우리교육.

외국의 학교장 임용제도의 특징과 시사점

성병창_부산교육대학교 교수

1. 왜 외국의 학교장 임용제도를 알아야 하는가?

학교장 제도뿐만 아니라 모든 제도는 고정적인 것이 아니라 바람직한 방향으로 계속적인 변화가 필요하다. 바람직한 변화를 위해서는 방향 키key가 중요하다. 방향 키를 잡는 방법 중 하나는 다른 나라와의 비교이다. 이는 현 제도의 부족성과 발전성을 함께 발견하여 항해의 출발점을 삼을 수 있기 때문이다. 물론 한 나라의 제도는 그 자체의 역사성과 문화성을 지니고 있기 때문에 절대적으로 어떤 제도가 더욱 바람직하다고 말하기는 어렵다. 그러나 학교장 임용제도와 같이 현행 유지와 변화에 대한 입장이 이해 관계집단 간에 주요 논란이 되고 있고, 변화 방향에서도 상호 간에 첨예하게 다를 경우에는 더욱 그 제도의 약점과 강점 파악이 필요하고, 어떤 방향으로 변화하는 것이 바람직한가 체계적인 분석이 요구된다. 이러한 논란과 분석의 배경지식으로 유용하게 활용 가능한 것이 바로 다른 국가의 제도와 비교해봄으로써 그 시사점을 찾는 것이다.

우리나라 학교장 임용제도는 평교사에서 교감을 거쳐 교장으로 승진하는 형태로 오랫동안 관행적으로 고착되었다. 이 제도의 문제점이 계속 지적되었고, 2000년대 전국교직원노동조합을 중심으로 '교장선출보직제'의 제안이 이 제도 변화를 유발시키는 중요한 촉매제로 작용하였다. 이후에 많은 논란을 거듭한 결과, 현 학교장 임용제도는 기존의 학교장 승진 임용을 기본 골격으로 하면서 부분적으로 초빙임용(초빙교장제)과 공모임용(교장공모제)과 같은 대안적 임용제도를 시행하고 있다. 이러한 대안적 학교장 임용 방식에 대해서 아직도 많은 논란이 있고 계속적으로 선출보직을 주장하는 집단도 있으며, 대안적으로 도입된 임용제도의 효과에 대해서도 서로 다른 견해를 제시하고 있는 실정이다. 새롭게 도입된 이러한 대안적 임용제도들은 이미 외국에서 많은 논란의 과정을 거쳐 제도로 정착되었거나 아직도 개혁의 주요 주제로서 논의되고 있다. 그래서 우리의 학교장 임용제도에 대한 활발한 논의를 통해 보다 합리적인 제도 형성과 정착을 위한 하나의 방편으로 외국의 학교장 임용제도의 특징들을 살펴보는 것은 매우 의의가 있을 것이다.

학교장 임용제도의 핵심은 결국 단위학교에 어떤 사람을 학교장이라는 자리에 배치하고 업무를 보게 해야만 학교교육의 질을 높일 수 있는가이다. 학교장이라는 자리는 단위학교의 교육을 총체적으로 관장하기 때문에 그 역할과 책임은 교육의 질과 밀접하게 연관되어 있다. 그래서 대부분의 나라에서는 학교교육의 질을 높이고자 하는 개혁의 주요 정책 중 하나를 학교장 임용제도 개선에 두고 있다. 그러한 정책의 주안점은 주로 '학교장의 자격 요건을 어떻게 할 것인가'와 '임용할 때 어떤 기준과 과정을 통해 누가 선발을 할 것인가' 등이다. 이것은 현재 우리나라의 학교장 임용제도의 논의에서도 핵심적인 내용이고, 이는 학교교육의 발전과도 밀접하게 관련되기 때문에 외국의 학교장 임용제도 특징을 비교하고 살펴보는 것은 의의가 있다.

이 글은 최근 다양한 학교장 임용제도 논의 속에서 과연 우리나라의 학교장 임용제도는 궁극적으로 어떤 방식으로 나아가는 것이 바람직한가를 알아보고자 한다. 이러한 목적을 달성하기 위한 방식으로 이 글은 학교장 임용제도에 대해 그동안 우리나라보다 많은 논의 과정을 거친 나라들의 학교장 임용제도의 특징을 비교하여 살펴보고, 이를 통해 시사점을 찾고자 하는 것이다.

2. 외국의 학교장 임용제도는 어떠한 특징이 있는가?

이 장에서는 외국의 학교장 임용제도의 특징을 크게 두 가지로 구분하여 살펴보려 한다. 그것은 학교장 임용제도의 핵심이 되는 학교장의 자격과 임용 과정이다. 그 범위는 우리에게 시사점을 줄 것으로 여겨지는 미국, 영국, 독일, 프랑스, 일본 5개국을 중심으로 하고자 한다.

가. 외국에서 학교장은 어떤 자격이 요구되는가?

이들 5개국의 경우, 학교장이 되고자 하는 사람에게 여러 자격 요건들을 제시하고는 있지만, 우리나라처럼 '승진을 위한 교장 자격증 제도'를 시행하고 있지 않다는 것이 공통점이다.

(1) 미국

미국에서 학교장이 되는 경우를 보면, 교사에서 바로 학교장이 되거나, 교감 또는 행정적 경험을 갖추고 나서 되거나, 교육과정 전문가나 교과 어드바이저subject matter advisor 또는 학교 카운슬러, 사서 등의 다양한 직위에서도 교장이 된다. 이는 미국의 학교장 자격 기준이 주state 혹은 지역교육구school district에 따라 다르기 때문이다.

대부분의 주에서는 학교장이 되려면 기본적으로 일정한 교직 경력, 대체적으로 3년 이상의 교직 경력을 요구하고 있다. 이러한 교직 경력을 갖고 있는 자 중에서 일정한 자격 요건을 갖춘 자를 학교장으로 선발한다. 대부분 공립학교 학교장 자격 요건으로 교육행정 또는 교육지도성 전공의 석사학위를 요구하거나 박사학위나 교육행정전문가과정 학위를 요구하기도 한다. 사립학교에서는 학사학위를 요구하지만, 대부분의 학교장들은 석박사 학위를 가지고 있다. 2009년 현재 학교장 자격 프로그램을 보면, 석사과정 472기관, 박사과정 472기관 그리고 전문가과정이 162기관에서 운영되고 있다. 이와 같이 미국에서 학교장 자격을 받기 위해서는 대부분의 주에서 대학원 과정 이수를 기본 요건으로 하고 있다.

학교장 자격을 받기 위한 교육행정 프로그램들은 대부분 대학에서 제공하고 있고, 그 프로그램들은 교사교육 프로그램 인증기관인 국가교사교육인증협의회National Council for Accreditation of Teacher Education: NCATE와 교육지도성양성협의회Educational Leadership Constituent Council: ELCC에서 인증하고 있다. 대부분의 주에서는 이러한 기관에서 인증한 대학에서 교장 양성 프로그램을 이수하여 학교장 자격을 취득하였는가를 반영하여 학교장을 선발하고 있다. 하지만 이러한 프로그램의 질적 수준에 대해서 계속적으로 의문이 제기되었다. 즉, 학교장이 되기 위한 대학원 과정 프로그램의 질적 수준이 그렇게 높은 편이 아니라는 것이다.Styron & LeMire, 2009 1990년대 중반부터 학교장 자격 기준을 표준화하여 주 정부 간의 연계를 강화하기 위해 학교장 자격 인증 컨소시엄ISLLC : Interstate School Leader Licensure을 구성하여 학교행정가 자격 기준을 만들고, 2004년 현재 35개 주에서 이를 바탕으로 교장 자격 기준을 설정하고 있다.박상완, 2004 그리고 플로리다 주를 비롯한 17개 주에서는 ISLLC에서 개발한 학교지도자 자격시험SLLA: School Leaders Licensure Assessment 통과를 정규 학교장 자격증 취득 요건으로 규정하고 있다.차성현, 2009 또한 2004년에 미 교육부의 주도로 대안적인 학교장 준비 프로그램을 제안하고 있다. 이 프로그램은 6개의 혁신 프로그램으로 주로 주 교육부와 대학 그리고 지역 교육청이나 독자적인 전문 양성기관 등과의 협력 체제를 통해 학교장 자격을 부여하고 있다.Styron & LeMire, 2009

(2) 영국

영국은 1970년대까지는 승인되지 않은 여러 가지 짧은 과정의 프로그램을 통해 학교장 자격을 부여하였다. 1970년대 중반부터 대학원에서 교육경영 석사과정을 통해 주로 교장을 양성했으며, 1990년 초부터는 교육지도성 박사과정에서 양성했다. 이러한 프로그램은 표준화되어 있지 않았다.

그러다가 1990년 중후반부터 학교장의 지도성이 학교 발전의 핵심이라는 인식이 확산되어 중앙정부가 국가 수준의 교장 자격 취득을 위한 지침에 의거하여 승인된 프로그램을 통해 학교장 자격을 부여하게 된다. 1997년에 〈고등교육 및 교원관련법〉 공포 후, 국가교장자격증제도를 도입한다.http://www.education.gov.uk/inthenews 2000년에 기존의 교원연수원TTA: Teacher Training Agency과 별도로 국립교장연수원NCSL: National College for School Leader을 개설하였다. 기존의 국가교장자격증NPQH: National Professional Qualification for Headership 프로그램을 교원연수원TTA에서 담당하던 것을 2000년 이후부터 국립교장연수원NCSL에서 담당하게 하였고, 2004년 4월 1일부터 신규 교장의 경우에는 국립교장연수원에서 제공한 프로그램인 국가교장자격증 취득을 의무화하였다. 2009년까지는 전통적 양성 제도가 부분적으로 허용되었으나 2009년 4월 1일부터는 국가교장자격증을 이수한 사람만이 신규 교장으로 임용되게 하고 있다.Cowie & Crawford, 2008

2012년에 국가교장자격증NPQH 프로그램들이 예비 학교장들에게 최고의 직무기술을 갖출 수 있도록 하고 있는지에 대해 심도

230

있는 분석이 이루어졌다. 그래서 학교장 자격증 취득과 평가에서 더욱 높은 수준을 갖추고자 프로그램 개정을 시도하고 있다. 또한 다른 우수한 양성 프로그램들과 병행하여 국가교장자격증을 선택적으로 활용하고자 계획하고 있다.http://www.education.gov.uk/inthenews

(3) 프랑스

프랑스에서는 학교급별에 따라 명칭이나 자격 요건 및 임용 방법에서 차이를 보이고 있다. 유치원과 교장은 le directeur, 중학교 교장은 le principal, 고등학교 교장은 le proviseu라고 불린다. 유치원과 초등학교 교장은 교원으로 인식되나 중등학교는 교수직인 교원과 행정직·관리직인 교감·교장이 명확하게 구분된다. 교장은 교사가 아닌 행정직으로 분류되기 때문에 교사가 교장이 되는 것은 승진이 아니라 다른 직업 경로를 선택하는 것으로 여겨진다. 참고로, 교원의 승진은 직급의 상승이 아니라 보다 큰 학교나 인기 지역의 학교에 근무하는 것으로 간주한다. 대체로 교사들 중에서 학교행정이나 경영에 관심 있는 사람들이 교육행정직에 지원하며, 교장이 다시 교사가 되는 경우는 거의 없다.

유치원이나 초등학교 교장은 3년 이상의 교사 경력을 자격 요건으로 하며, 중등학교 교장은 교사, 교육상담사, 직업심리상담사 등의 5년 이상 경력을 자격 요건으로 한다. 교장 응모 시 연령을 제한하고 있는데, 초중등 공히 30~50세로 정해져 있다. 이는 학교 운영의 안정성과 일관성을 위해 한 학교에 근무하는 교장의 임기를 9년으로 설정하고 있는 것과 관련된다. 이러한 자격 요건을 갖춘 자들은 유치원·초등학교 교장의 경우는 예비시험과 본시험과 같은 교장 임용 시험에 합격한 후 교장 후보자 명부에 등록되고, 명부는 3년간 유효하다. 그리고 중등학교 교장은 매년 실시하는 예비시험과 본시험을 통과하여 자격증을 취득한 후 교감으로 2년간 임명되고, 이후 공개 모집에 의해 학교장의 임용 과정을 거친다._{www.educoree-fr.com/bbs}

(4) 독일

독일은 주에 따라 학교법이 조금씩 다르기 때문에 학교장의 자격 요건 또한 각 주에 따라 차이가 있다. 별도의 학교장 자격증은 없으나 임용의 기본 자격 요건은 당연히 교직 자격을 갖춘 자이다. 즉, 일반교사 자격증을 갖추어야 한다. 독일의 교원 자격증은 초등교원자격증(1~4학년), 전기중등교원자격증(5~10학년), 후기중등교원자격증(11~13학년), 특수교원자격증으로 구분되며, 중등학교 교장 임용에는 교원 자격증에 따라 학교장 지원이 제한되기도 한다. 그리고 함부르크 주 등 일부 주에서는 해당 학교 근무 교원의 학교장 지원을 제한하고 있다._{박상완, 2004}

교사 자격과 더불어 선발 과정에서 중시되는 자격은 행정과 인사관리 능력 그리고 교육적 전문성이다. 이때 필수적인 자격 요건은 교직을 이수하고 일선 학교에서 다년간 교사로 근무한 사람이어야 한다. 교사 자격이 없고 교사 경력이 없는 외부 관리나 행정 전문가는 지원 자격이 없다. 이러한 이유는 독일에서 교장도 특별한 예외적인 상황이 없는 한 학교에서 수업을 한다는 것이다. 김나지움 교장의 경우, 대개 주당 4시간에서 6시간 정도 수업을 하고, 초등학교 교장의 경우에는 주당 10시간 정도 수업을 한다. 교장이라는 자리를 행정직으로 보지 않고 교육직으로 보기 때문이다. ^{김종기, 2004}

(5) 일본

일본에서 학교장의 자격이나 임용과 관련되어서는 〈학교교육법〉에 명시되어 있다. 학교장이 되기 위해서는 교사 자격증을 가지고 최소한 5년 이상 교육 관련직(교사, 학교행정 등)에 근무한 경력이 요구된다. 2000년부터 민간인 교장제도라고 하여 교사 자격증이 없는 사람 중에서도 교장이 될 수 있는 길을 열어놓았다. ^{태원경, 2005}

학교장이 되기 위해서는 기본적으로 학교장 임용 시험인 관리직 선고選考에 합격해야 한다. 선고는 공개적 선발이라는 의미이다. 대체적으로 관리직 시험은 필기시험과 면접으로 이루어지는데, 수험 자격은 일정한 연령, 교사 자격증 소유 여부, 교직 경력, 연수 등을 조건으로 하여 시험이 유형화되어 구분된다. 그러나 시험의 유형에 따라서도 교감 경력이 중요하게 작용하고 있는 점을 볼 때, 교직 경력이 많은 사람에게 유리하게 작용하고 있음을 알 수 있다.

선고는 도도부현都道府縣의 교육장이 시행하는 시험으로 이루어진다. 구체적인 시험 방식은 도도부현에 따라 다르다. 도쿄도의 교장 임용 시험을 보면, 크게 A시험, B시험, 그리고 특별시험으로 되어 있다. A시험은 젊은 교원 중에서 관리직을 육성하고자 하는 것이다. 응시 자격은 교직 경력 7년 이상 중 33~42세를 대상으로 합격한 사람이 교육관리직 후보가 된다. B시험은 중견 교사 중에 교직 경력 14년 이상 된 교원으로 44~56세 미만의 교원이 응시할 수 있어 대체적으로 주간급(부장 교사) 교사들이 응시하고 있다. 특별 시험은 별도로 정해져 있다. 학교장 임용 시험에 합격한 사람은 A시험은 5년, B시험은 2년간 교육관리직 후보가 된다. 이 기간 동안 '직무 로테이션'이라고 불리는 다양한 경험을 하게 되며, 그동안의 업적 평가, 연수 성적, 논문, 면접 등을 통해 임용 심사가 이루어진다.

2000년 이후부터 교사 자격증을 소지하지 않은 민간인을 임용하는 교장제도가 생겼으며, 2006년 현재 92명의 교장이 민간인으로 임명되었다. 민간인 교장 임용은 추천, 공모 방식에 의하며, 리포트와 면접 등을 통해 채용된다.^{박덕규, 1997; 박상완, 2004; 전경옥, 2005; 교육인적}
자원부, 2005

나. 외국에서 학교장은 어떤 과정을 통해 임용될까?

(1) 미국

미국에서 학교장의 임용 과정은 지원자의 주마다 조금씩 다르지만 기본적으로 공개경쟁으로 이루어진다. 한 학교에 학교장의 결원이 발생하면 그 지역의 학교구school district가 주관이 되어 학교장의 자격과 책임, 근무조건 그리고 직무기술서 등을 포함하여 공개적으로 채용 공고를 낸다. 그리고 적합한 지원자를 임용하기 위해 서류 전형과 면접 등을 거쳐 최종적으로 임용하게 된다. 구체적으로 보면, 대체로 다음과 같은 과정을 통해 임용이 이루어진다. 박상완, 2004; 전경옥, 2005; 차성현, 2009; 태원경, 2005 등

① 학교장 공고: 학교구가 주관
 • 학교장 자격과 책임, 근무조건 그리고 직무기술서 포함하여 전국에 초빙 공고
② 학교장 지원자 서류 제출
 • 학교구 간에 차이가 있지만 대체적으로 기본 이력 서류, 학교경영계획서, 포트폴리오 등 제출
③ 서류 전형
 • 지역사회 인사, 학부모, 타 학교구 학교장으로 구성된 학교장임용심사위원회searching committee를 구성하여(학교위원회에서 하는 경우도 있음) 다단계 서류 심사
 • 부적격자 등을 걸러 나가는 방식으로 선발 후보자를 최종 4~5명 또는 7~8명의 면접 대상자 선정
④ 면접
 • 학교장임용심사위원회에서 면접을 직접 하거나 별도로 학교위원회school board가 중심이 되어 면접위원을 구성하여 시행
 • 면접위원은 학교운영위원 대표, 학부모 대표, 지역사회 대표, 교사 대표, 교육청 인사 담당자, 인사 담당 교육위원 등

으로 구성

- 면접을 통해 2명 또는 3명의 임용 후보자 결정

⑤ 추천된 2~3명의 후보자에 대한 교육장 면접

- 대체적으로 재직할 학교 특성에 따른 경영 철학이나 방식 등을 중심으로 심층 면접
- 최종 임용 후보자 1명 선발

⑥ 교육위원회의 교장 임명

- 최종 선발된 자에 대해 회의를 거쳐 교육위원회가 사용주가 되어 학교장으로 해당 학교에 임명

미국에서 학교장은 계약 기간 동안만 임용된다. 미국의 학교장은 법적으로 정년이 없다. 대체로 처음 임용될 경우에는 1년씩 계약이 이루어지고, 최소한 2년을 성공적으로 마쳐야 다음 단계로 2, 3년씩 계속 계약을 한다.

(2) 영국

영국에서는 단위학교의 학교운영위원회school governing body가 주관하여 공개 전형을 통해 학교장을 임용한다. 그러나 지역 교육청의 자문과 협력에 따라 학교장 임용이 이루어진다. 학교운영위원회는 학교장의 임용, 평가, 연봉 결정까지 모든 책임을 지고 있지만, 임용 심사의 매 단계에서 지역 교육청의 지침과 자문을 받도록 되어 있다. 2004년 이후부터 국가교장자격증NPQH: National Professional Qualification for Headship을 가진 자들 중에서 공개 전형

과정을 거쳐 면접을 통해 학교장을 임용하고 있다. 영국에서 학교
장 임용 절차는 대체로 다음의 과정을 거치고 있다.^{박상완, 2004; Thody,}
2007; http://clerktogovernors.wordpress.com/2011/01/02

① 학교장 결원이 생긴 학교에서 지역 교육청에 결원 사실 신고
② 학교장 채용 공고와 승인: 학교운영위원회 주관
  • 그동안 중앙 일간지에 채용 공고를 의무화하였으나 2009년
    의 인사 규정staffing regulations에 의하면 의무사항은 아닌 것
    으로 변경되었음. 그러나 타당한 사유를 제시할 경우에는
    지역 교육당국의 승인하에 중앙 일간지 공고를 하지 않고
    다른 매체를 활용할 수 있음.
  • 공고문에는 학교장의 봉급 수준, 학교 특성, 직무기술서 등
    의 정보 명시(전체 학교운영위원 승인)
  • 채용 과정의 승인과 채용위원에의 권한 위임 사항 결정
③ 채용위원회 구성: 학교운영위원 중에서 선정
  • 학교운영위원 중 최소한 3명 이상으로 구성하여야 함
  • 다수에 의한 결정을 위해 가능한 홀수의 위원으로 구성
  • 모든 면에서 '안전한 채용'을 위해 위원 중 한 명은 교육을
    받아야 함.
④ 서류 전형과 면접
  • 서류 전형을 통해 면접 대상자 선정
  • 면접을 통해 최종 임용 후보자 명부 작성
⑤ 지역 교육청 통보

- 최종 임용 후보자 지역 교육청에 통보
- 교육청에서 부적합하다고 판단하는 후보일 경우에는 문서 상으로 최종 임용 후보자 명부 작성 단계에서 이를 학교운 영위원회에 알려야 함. 전형위원회 또는 학교운영위원회는 교육청의 의견을 존중해야 하지만 최종적인 임용 결정은 전형위원회 또는 학교운영위원회에 있음.

⑥ 최종 후보 결정
- 전형위원회에서 선정한 최종 후보자를 전체 학교운영위원 회(정원의 3분의 1 이상 참석)에서 추인

⑦ 지역 교육청 승인과 임용

영국에서 학교장의 임용은 학교운영위원회 주도로 공모와 계약에 기초하고 있다. 학교장의 임기는 제한을 두지 않고 계속적인 업무 수행 평가에 따라 재계약 여부와 연봉이 결정된다.

(3) 프랑스

프랑스의 학교장 임용은 교육청이 주관하여 학교장 수요에 따라 채용 공고를 내고, 서류 심사와 인터뷰를 통해 합격한 자를 일정한 연수를 받게 한 후에 정식 교장으로 임용하는 체제를 갖추고 있다. 구체적인 학교장 임용 과정 및 절차를 살펴보면 다음과 같다.프랑스 한국교육원 홈페이지, www.educoree-fr.com/bbs

① 학교장 채용 공고

- 교육청은 매년 관할 구역 내 학교장 수요에 따라 학교장 채용 공고

② 서류 심사(예비시험, 1차 시험)
- 예비 심사는 지방정부(교육장) 면접위원회에서 심사
- 개인 정보, 경력과 직업 기록, 학교 경영 자기계획서 등 다양한 서류 심사

③ 본시험(2차 시험)
- 개인 발표 및 면접시험 위주
- 개인 발표는 시험 당일 특정한 주제를 부과한 뒤 15분간 발표
- 면접은 대략 45분간 실시
- 심사위원은 장학관과 학교장들로 구성

④ 학교장 연수
- 유치원과 초등학교 학교장의 경우, 예비시험과 본시험 합격자는 채용 예정 인원의 400%를 선발하고 이들을 학교장 후보자 명부에 등록. 이 명부는 3년간 유효하며 그동안 학교장 후보자들은 교육청의 학교장 훈련 담당 부서에서 주관하는 임명 전 3주, 임명 후 2주간 학교장 훈련 실시.
- 중등학교 학교장 시험도 예비시험과 본시험으로 구성되나, 별도의 명부를 작성하지 않고 매년 경쟁시험을 치름. 중등학교 교사 자격은 학교급, 학교 유형(직업학교, 일반중등학교 등)에 따라 세분화되어 있기 때문에 중등 교장 임용 시험도 교사 자격에 따라 시험의 유형이 달라짐. C1 시험은 상급

교사, 고등지위 교사들이 응시하며, C2는 보통 교사 자격 소지자, 교육상담가, 직업심리상담사들이 응시함.

• 중등 학교장 임용 시험에 합격한 사람에 한해 이후 2년간 중등학교 교감으로 근무하는 훈련 과정을 거침. 교감은 학교장이 되기 위한 필수적 과정이며, 이는 실질적으로 학교장 양성 및 훈련 과정이라 할 수 있음.

⑤ 연수 기간 종료 후 정식 학교장으로 임용

• 중등학교 학교장은 교사와 직원 대표들로 구성되는 학교행정직원 자문위원회의 자문을 거쳐 장학관이 임명. 장학관은 학교장 공석이 생기면 해당 지역 내 현직 교장, 다른 지역 교장, 2년간 교감으로 근무한 사람 중에서 적임자 선발.

프랑스에서 학교장은 한 학교에 9년간 근무해야 하고, 7년째부터 다른 학교에 지원서 제출이 가능하다. 그리고 한번 학교장이 되면 정년까지 근무가 보장되어 있다. 학교장은 학교장 임용 시험 과정을 통해 학교장 자격증을 취득하고, 이후에는 공개 모집에 의해 교장 임용 과정을 거치고 있다. 2003년 이후부터는 교육청의 교육장으로부터 학교장 평가를 받도록 의무화되어 있다.

(4) 독일

독일의 학교장 임용에 가장 중요한 역할을 하는 곳은 학교 교사협의회Lehrerkonferenz이다. 주별로 학교장의 임용 방식에서 차이가 있다. 그러나 대체로 학교장 자리가 비면 그 학교 교사협의회에서 해당 학교의 능력 있고 신망 있는 교사를 교육청에 추천하는 방식을 활용하거나 주 교육청에서 교직 자격을 갖춘 자 중에서 교장직 수행에 적합한 자를 공모하여 임용하는 방식을 활용한다. 이 두 방식에서 공통점은 교육청에서 위임한 학교담당관과 해당 학교의 학교협의회Schulkonferenz의 긴밀한 협력에 의해 학교장이 임용된다는 것이다.

학교장 임용에서 기본적으로 일선 학교의 교사협의회 견해가 가장 우선시되며, 이를 교육청의 승인 또는 검증 과정을 거치고, 교사협의회 대표단이 중요한 구성원으로 포함되어 있는 학교협의회의 승인에 따라 이루어진다. 이러한 과정을 통해 선발되는 학교장은 대개 해당 학교의 교사 중에서 신망 있고 교육적 자질을 갖춘 교사일 수도 있고 공모에 의해 해당 학교 교사가 아닌 다른 사람이 임용될 수 있다.

해당 학교의 교사협의회에서 직접 해당 교육청에 신망 있는 동료 교사를 학교장으로 추천한 경우가 아닌 상황에서 학교장의 임용 방식은 대체적으로 다음과 같다.김종기, 2004

① 학교장 공개 모집 공고
  • 교육청에서 학교장 결원이 생기면 이에 대해 언론 매체를 통해 학교장 공개 모집 광고
② 서류 전형
  • 지원자의 근무 실적 평가, 수업 운영 평가, 개별 면담 등을 통해 약간 명의 지원자 선발

- 해당 학교의 교사협의회에 교육청 선발 기준을 첨부하여 대개 3명 추천
③ 교사협의회에서 최종 임용 후보자 선정
- 교사협의회에서는 교육청 담당관과 교육청 대표자가 배석한 가운데, 지원자의 소견을 청취한 후 전체 회의를 연 이후 최종 1명을 교육청에 추천.
- 교사협의회는 교육청에서 천거한 지원자들에 대해 교육청과 다른 견해를 가질 경우에는 구성원 3분의 2 찬성으로 새로운 지원자를 요구할 수 있음.
- 학교협의회에서 학교장 임용 건에 대해 일정한 견해를 제시할 수도 있고, 교장 임용에 관한 승인권을 가질 수도 있음.
④ 교육청의 최종 후보자 결정
- 교사협의회 또는 학교협의회에서 추천한 후보자를 최종 결정하여 통보
⑤ 수습 학교장
- 최종 선발자에 대해 18개월 동안 수습 학교장 신분 부여.
- 교육청은 수습 기간을 6개월로 단축하거나 연장할 수 있음.
⑥ 최종 학교장 임명
- 수습 기간 후 교육청은 교사협의회와 학교협의회의 의견을 바탕으로 정식 임명

독일에서 학교장 임용은 해당 학교 교사의 의견이 충분히 개진될 수 있도록 이루어지고 있으며, 관리직보다는 교육직의 의미로

서 신망과 존경을 받는 교원 중에 학교장을 임명하고 있는 점이 주요 특징이다.

(5) 일본

일본에서 학교장의 임용은 해당 학교를 설치한 지방 공공단체의 교육위원회에서 관장한다. 교육위원회가 학교장 임용을 주관하고, 심사하고, 최종 결정을 한다. 교감 또는 지도주사(장학사 성격) 임용은 교육위원회가 시행하는 선고(A선고, B선고, 특별선고로 구별)를 거치게 되며, 교장 임용은 관리직 후보(교감 및 지도주사) 기간 동안의 업적 평가, 연수 수강, 논문, 면접 등을 통해 종합적으로 판정하여 이루어진다.

일본에서 학교장의 임용 절차를 간략하게 제시하면 다음과 같다.

① 학교장 결원 파악
② 교장 임용(교육관리직 후보) 선고(시험)
　　• 교육위원회 주관으로 필요한 인원만큼 모집 공고
　　• 연령, 교사 자격증 소유 여부, 교직 경력, 연수 등의 조건에 따라 수험 자격 부여
③ 교장 임용(교육관리직 후보) 선발
　　• 필기시험과 면접을 통해 교육관리직 후보 선발
④ 교장 임용(교육관리직 후보) 연수
　　• 선고(시험)의 종류에 따라 5년 또는 2년간 교육관리직 후보로서 다양한 행정 직무 경험

⑤ 학교장 임용 심사
  • 연수(관리직 후보 기간) 기간 동안의 업적 평정, 연수 성적,
    논문, 면접 등을 통해 학교장 임용 심사
⑥ 학교장 임명

일본에서 학교장 임용은 교육위원회 주관으로 충분한 관리직 경험을 통해 선발하고 있다. 그리고 2001년부터 교사 자격증이 없는 민간인 교장제도를 도입하여 민간인에게도 교장 입문의 길을 열어놓고 있다. 민간인 교장 임용은 추천·공모 방식에 의하며 리포트와 면접 등을 통해 채용하고 있다.

3. 외국의 학교장 임용제도가 주는 시사점은 무엇인가?

외국의 학교장 임용제도는 여러 측면에서 우리나라와 다른 나름의 특징들이 있다. 이러한 특징적 요소 중에서 우리나라 학교장 임용제도 개선에 시사점을 주는 것을 살펴보면 다음과 같다.

첫째, 학교장의 자격 요건으로 교직 경력보다 업무 수행 능력을 더욱 중시할 필요가 있다. 외국의 학교장 자격은 교직 경력을 통한 승진이 아니라 학교행정가 또는 전문가로서의 역량에 더 초점을 두고 있다. 이 나라들의 교장 자격 기준을 보면 최소한의 교육 경력을 요구하는 반면 우리는 거의 20~30년 정도의 교직 경력을 요구하고 있다. 또한 우리나라의 학교장 임용제도가 고질적인

병폐 중 하나인 근무성적 평정을 통한 교감 승진을 기반으로 하고 있는 데 반해, 외국은 학교장의 자격을 별도로 규정하고 이를 표준화된 프로그램을 통해 체계적으로 교육시키고 있다. 특히 우리나라와 같이 학교장 자격증 제도를 국가 수준에서 도입하고 있는 영국의 경우에도 별도의 국가 수준 학교장연수원을 설립하여 최고의 학교장 직무기술을 발휘할 수 있도록 양성하고 있다. 이러한 점에서 우리나라의 학교장 자격 요건을 현재의 교직 경력보다 낮출 필요가 있고, 더욱 전문적인 교육과정을 거쳐 양성할 필요가 있다.

둘째, 학교장 자격증 제도를 획기적으로 전환할 필요가 있다. 일본의 경우는 민간인 학교장 임용제도를 도입하고 있으며, 프랑스의 초등 교장이나 독일의 교장은 교원으로 인식되고 있고, 미국이나 영국은 학교행정가로서 인식되고 있다. 우리의 경우에는 학교장의 자격이 교수직을 바탕으로 출발하면서 실제 학교장은 이와는 전혀 다른 학교행정직의 역할을 수행하고 있다. 학교장의 직위를 어떻게 인식할 것인가에 따라 학교장 자격증 제도는 달라질 수 있다. 그래서 학교장을 교수직으로 볼 경우에는 교원들 중의 공모를 통해 학교장 지위를 부여하는 방안을 고려해볼 수 있고, 행정직으로 볼 경우에는 교수직과는 다른 양성 경로를 통한 학교장 자격 부여를 적극적으로 고려해볼 수 있다.

셋째, 학교장 임용에서 공개 전형 방법을 좀 더 적극적으로 도입할 필요가 있다. 앞에서 살펴본 나라들에는 교원의 승진평정을 통한 학교장 승진제도가 존재하지 않으며, 투명한 절차에 따라 공개 모집과 경쟁을 통해 학교장을 임용하고 있다. 우리나라의 경우에는 학교장 자격증을 갖춘 자들을 편의에 따라 학교에 배정하는 것을 골격으로 하여 운영하고 있다. 최근에 학교장 공모제 또는 초빙제를 도입하고 있지만 제도적 정착화에 아직 여러 가지 어려움이 있다. 현 제도의 부분적 개선이라는 의미에서 학교장 공모제와 같은 공개 전형 방식의 제도를 보다 적극적으로 확대할 필요가 있다. 그리고 임명된 학교에서 근무 기간을 현재보다 늘릴 필요가 있다. 외국의 경우에는 대체적으로 특별한 사정이 없는 한 임명된 학교에 장기간 근무할 수 있도록 하고 있다. 이는 학교에 대한 주인의식과 더불어 학교 발전의 안정성을 더욱 도모할 수 있기 때문이다.

넷째, 학교장 임용 과정에 학교 구성원들의 참여를 보장할 필요가 있다. 미국, 영국, 독일의 경우에는 학교장 임용에 교사, 학부모, 지역사회 인사들이 적극적으로 참여하고 있다. 이들 나라는 학교장 임용 과정에서 교장 후보자의 전문적 자질과 능력을 공개적이며 실질적으로 검증하고 있는 데 반해, 우리는 학교 구성원의 참여가 전혀 이루어지고 있지 않다. 학교장 임용에 학교 구성원이 참여함으로써 학교장 임용의 민주성과 학교장 임용 과정의 절차적 합리성을 한층 더 확보할 수 있다. 더욱이 해당 학교의 특성에 부합하여 학교 발전을 도모할 사람을 학교장으로 선발할 수 있다는 장점이 있으며, 이로써 학교 전체의 공동체 의식을 강화할 수 있다. 이러한 점에서 학교장 임용 과정에 학교 구성원의 참여를 적극적으로 반영하는 제도적 개선이 필요하다.

다섯째, 학교장 자리에 대한 인식의 전환이 필요하다. 외국에서는 학교장의 자리가 승진의 의미보다는 학교의 여러 업무 중 또 다른 업무 특성을 지니고 있는 자리라는 인식이 강하게 뿌리내려 있다. 그러나 우리나라의 경우에는 학교장 자리가 교사로서 최고의 승진 자리이고, 동료와의 치열한 경쟁을 통해 습득해야 하는 자리이다. 만약 동료와의 경쟁을 통한 승진에 실패한 경우에는 교직 생활의 자존감이 상실될 수 있으며, 이는 학생 교육의 질 향상에 역기능을 할 수 있다. 학교장의 자격 요건을 어떻게 할 것인가 그리고 어떤 임용 과정과 절차를 거칠 것인가라는 의문을 근본적으로 해결하기 위해서는 학교장이라는 자리에 대해 그동안 가져왔던 인식을 과감하게 전환해야 한다. 이러한 인식의 전환이 이루어진다면, 학교장의 자격과 임용 등의 제도적 변화는 자연스럽게 수반될 수 있기 때문이다.

|참고문헌|

김종기(2004), 「독일의 교장 임용제도」, 『교육개발 통권 145호』, 한국교육개발원.
박상완(2004), 「전문성 강화와 질 유지를 위한 외국의 다양한 교장임용제도」, 『교육개발 통권 146호』, 한국교육개발원.
전경옥(2005), 「국가 간 비교를 통한 교장임용제도 개선 방안」, 석사학위 논문, 전북대학교.
차성현(2004), 「미국의 교장공모제」(http://cafe384.daum.net/)
태원경(2005), 「주요 선진국의 학교장 양성 프로그램에 관한 비교 연구」, 『미래교육연구』 12-1(5), pp.141~162.
프랑스 한국교육원(http://www.educoree-fr.com/bbs)
Bush, T.(1998). The national professional Qualification for headship: the key to effective school leadership?. School Leadership & Management, 18(3), 321-333.
Cowie, M. & Crawford, M.(2008). "Being" a new principal in Scotland.Journal of Educational Administration, 46(6), 676-689.
Styron, R.A. & LeMire, S.D.(2009). Principal preparation programs: perceptions of high school principal. Journal of College Teaching & Learning, 6(6), 51-61.
Thody, A., et al.(2007). School principal preparation in Europe. International Journal of Educational Management, 21(1), 37-53.
http://clerktogovernors.wordpress.com/2011/01/02/
http://www.education.gov.uk/inthenews/

교장임용제도 개혁을 위한 제안 : 교장보직공모제

김달효_동아대학교 교수

새로운 교장임용제도의 필요성

학교란 무엇인가? 학교는 어린이와 청소년들이 장차 심신이 건강한 사회 구성원으로 성장하는 데 도움을 주기 위한 하나의 '공동체'이자 '작은 사회'이다. 그리고 학교는 사회의 외딴섬이 아니다. 학교는 하나의 체제이다. 학교는 사회로부터 영향을 받기도 하지만 사회에 영향을 미치기도 한다. 학교가 어떤 가치들(예를 들면 참여, 존중, 평등, 협동, 돌봄 등)을 바탕으로 학생들을 가르치고 실제로 상호 작용하는가에 따라, 그러한 가치들을 이해하고 실천할 수 있는 사회 구성원을 길러낼 수 있으며, 그렇게 될 때 그러한 가치들이 존중되는 사회로 변화될 수 있다.

하지만 우리나라의 현실은 학교를 마치 '실패한 학원'처럼 간주하는 경향이 농후하다. 어떤 수단과 방법을 동원해서라도 성적과 등수라는 숫자를 더 높이는 학교를 우수한(성공한) 학교라고 칭송

한다. 그 속에서 진정으로 존중되어야 할 교육적·인간적 가치들은 폄하되고 훼손된다. 학교가 학원화되고 있다. 이것은 개인적으로나 사회적으로도 옳지 않다. 따라서 우리가 오랫동안 망각하면서도 기대해왔던 건강한 학교, 학교다운 학교를 만들고 학교 구성원들이 행복과 만족을 느낄 수 있도록 최선을 다해야 한다. 지금까지는 그런 의미에서의 실질적인 최선을 다하지는 못했다. 그저 눈을 가린 채, 올바른 방향 감각도 없이, 무작정 달리기만 해왔다. 그러한 최선을 다하는 하나의 중대한 변수로서 교장을 고려할 수 있다. 현실적으로, 학교가 변화되기 위해서는 교사의 변화 못지않게 교장의 인식과 실천의 변화도 중요하게 요구된다.

그러나 현재의 보편적인 교장임용제도라 할 수 있는 교장승진제는 그러한 변화를 기대하기엔 역부족이다. 교장승진제는 경력평정, 근무성적 평정, 연수성적 평정, 가산점을 합산한 점수를 다점자 순으로 교장 승진 후보자 명부에 등재하고, 여기에 등재된 순에 따라서 임용하는 것이다. 이를 위해 교육청에 교장임용심사위원회를 설치·운영하도록 되어 있다. 또한 학교경영제안서를 작성·제출하도록 하며, 학교교육관, 학교경영관리, 지역사회관계, 리더십 등을 심사 기준으로 하는 면접을 하게 된다. 이 같은 과정을 거쳐 교장임용심사위원회가 적격의 교장 임용 후보자를 교육감에게 건의하고, 교육감은 적격자로 선정된 자를 교육부 장관에 추천하며, 교육부 장관의 제청에 의해 대통령이 임용한다.

이 같은 교장승진제는 기본적으로 경력을 중요시하기 때문에 유능하고 리더십 있는 젊은 교장이 나타날 수 없는 구조적 문제가 있다. 그리고 가장 많은 점수를 차지하고 있는 근무성적 평정은 타당성과 신뢰성을 잃었다는 비판을 받고 있다. 즉, 근무성적 평정의 평정 사항과 평정 요소가 만들어져 있기는 하지만 그 측정이 객관적이고 공정하게 되는지에 의문을 갖게 되고, 실제로는 경력과 연줄에 의해 평정 점수가 결정된다는 비판을 받고 있다. 현재 교장승진제 방식의 문제점을 간략히 정리하면 다음과 같다.

- 교장이 되기 위해서는 교사 때부터 필요 이상의 과도한 경쟁을 해야 한다.
- 그러한 과도한 경쟁 속에서 소위 승진 트랙 교사와 승진 포기 교사로 나뉨으로써 교사공동체의 협력을 저해하는 학교 문화가 초래된다.
- 교장으로 승진하기 위해서는 교육 본연의 역할(학생들에 대한 사랑과 돌봄, 수업에 대한 충실)보다는 행정·사무에 두각을 나타내야 하고, 인정을 받아야 한다.
- 교장으로 승진하기 위해서는 교육청 및 인사 담당 관료들과의 친밀성이 있어야 하고, 그 친밀한 관계도 오랜 기간 동안 두텁게 쌓아야 한다.
- 그 과정에서 학연, 지연, 혈연, 서열 등의 파벌과 갈등이 발생함과 동시에 연줄을 찾고 결속력을 다지기 위한 부조리한 일들이 야기된다.
- 그렇게 해서 어렵게 교장이 되면, 대부분 권위주의적·관료주의적 사고방식에 지배받게 되고, 학생·학부모·교사들을 존중

하려는 마음은 사라지고 만다.

- 그리고 교장이 되기 위한 실질적인 과정에서 교육자로서의 철학, 도덕성, 인성, 민주적 리더십 등은 중요한 반영 요소가 아니었기에, 교장이 된 이후 그러한 가치들을 기대하기가 어렵다.

이 같은 문제점들로 인해, 교장으로 승진된 자는 자신도 모르게 어느덧 관료주의적 의식에 동화되기 쉽다. 그래서 교육자로서의 철학과 소명의식 그리고 도덕성 등은 무의식 속에 닫아둔 채 방치하기 쉽다. 교장이 되기 위해서는 단순한 경력과 점수가 중요한 것이 아니라 학교 운영에 대한 철학, 인성, 민주적 리더십 등이 강조되어야 한다. 학교교육 본연의 목적과 기능을 성실히 추구하려는 교장이 임용될 수 있는 기회를 마련해주는 것이 사회적 요구로서 필요한 시점이다. 비록 완벽하지는 않을지라도, 안토니오 그람시Antonio Gramsci가 말한 '비관적 지성pessimism of the intellect'과 '낙관적 의지optimism of the will'의 자세[22]로 새로운 교장임용제도를 모색해야 한다.

---

22 비관적 지성이란, 자신이 현재 알고 있는 것이 전부(최선)라고 만족하지 않고 의문을 가지며 더 나은 것을 추구하려는 회의적·비판적 지성을 의미한다. 낙관적 의지란, 현실이 처한 여건이 아무리 힘들더라도 노력하면 변화시킬 수 있다는 긍정적 의지를 의미한다.

기존의 대안적 교장임용제도에 대한 검토

앞에서 지적한 교장승진제의 문제점에 대한 대안으로 검토된 것이 교장공모제와 교장선출보직제이다. 이에 관한 내용을 간략히 정리하면 다음과 같다.

교장공모제

교장공모제는 기존의 교장승진제식 교장임용제도의 과정 및 결과의 문제점들을 개선하고자, 승진 점수와 경력에 직접적인 제한을 받지 않고도 교장으로 임용될 수 있도록 지난 참여정부 때부터 본격적으로 논의·시행된 대안적 교장임용제도이다. 즉 단위학교에서 교장 지원자를 공개 모집하고, 학교 구성원들이 교장 선정에 참여하는 과정을 거쳐 교장을 임용하는 제도이다. 구체적으로, 일정한 자격(내부형 교장공모제는 교직 경력 15년 이상인 자, 개방형 교장공모제는 교육 관련 경력 3년 이상인 자, 초빙형 교장공모제는 교장 자격증 소지자)을 갖춘 교장공모제 지원자가 지원에 필요한 서류(교장 공모 지원서, 경력 및 주요 활동 실적, 학교경영계획서 등)를 제출한다. 그러면 학교운영위원회가 주관하는 1차 공모 교장심사위원회의 심사를 거쳐 3배수를 선발하여 교육(지원)청에 추천하고, 다시 교육(지원)청이 주관하는 2차 공모 교장심사위원회의 심사를 거쳐 2배수로 선발하여 교육감에게 추천하면, 교육감이 추천 순위를 고려하여 최종 1명을 선정하고 교육부 장관에게 임용 추천을 한다.

교장공모제는 2007년부터 교장공모제가 시범 운영되었고, 2010년 서울시 교육청(당시 공정택 교육감)의 교원 인사 비리 개선책의 하나로 교장공모제가 확대 운영되었다. 구체적으로 2007년에 55명을 교장공모제로 임용하여 시범 운영하는 것을 시작으로, 2008년에는 128명, 2009년에는 209명, 2010년에는 562명, 2011년에는 670명, 2012년에는 583명으로 확대되었다. 그리고 2011년부터는 교장 결원 예정 학교의 50%를 공모제 방식으로 임용하되, 시·도의 여건에 따라 10% 범위에서 조정 가능하도록 되었다.

이 같은 교장공모제는 기존의 교장승진제의 핵심적인 변수였던 경력과 점수 체제에 직접적으로 영향을 받지 않고, 학교 구성원들의 참여를 바탕으로 심사하고 지원자들의 자질과 역량 그리고 책무성을 강조한다는 면에서 진일보한 제도임에는 틀림없다. 실제로, 교장공모제의 긍정적인 효과 근거는 다음과 같은 연구 결과들을 통해 입증될 수 있다.

- 교장공모제를 통해, 학교가 학교혁신 프로그램의 핵심 원리(① 네트워크를 통한 학교 역량 강화: 고립을 넘어서 연대로, ② 배움의 공동체를 통한 교사의 성장 추구: 학교 밖 학습을 학교 안 학습으로, ③ 참여와 소통을 통해 함께 학교 만들어가기: 지시와 명령에서 토론과 합의로)를 실현할 수 있었고, 그 결과 불리한 여건에 처한 학교에 긍정적인 변화가 나타났다.[김성천, 2009]
- 교장공모제가 적용된 이후 교장 직무표준 영역별로 정도의 차이는 있었으나, 단위학교는 학교 비전을 달성하기 위해 지

역적 특색을 활용하여 교육과정을 다양화하고 있었으며 학교 자원의 효율적인 관리를 위하여 외부 자원을 활용하고 있는 것으로 나타났다.^{문찬수·김혜숙, 2011}

- 공모제 시범 적용 학교에서 공모 교장과 전임 교장 간의 직무 수행 정도를 비교한 결과, 공모 교장은 전임 교장에 비해서 학교 발전 비전, 교수-학습 지원, 교내 조직관리, 인적 자원 관리, 물적 자원 관리, 대외 협력 등 모든 직무 영역에서 직무 수행 점수가 더 높게 나타났다. 그리고 공모제 시범 적용 학교의 교장과 일반 학교 교장 간의 직무 수행 정도를 비교한 결과, 모든 직무 수행 영역에서 공모 교장의 직무 수행 점수가 더 높게 나타났다.^{나민주 외, 2009}

- 교장공모제를 적용한 이후 교사 간 협력, 교장에 대한 신뢰, 교사 효능감, 학교 만족에 유의미한 차이가 나타났다. 그리고 일반 학교에 비해 교장공모제를 적용한 학교의 교장에 대한 신뢰, 교사 효능감, 학교 만족은 더 높게 나타났다.^{김혜진 외, 2011}

하지만 교장공모제의 한계점도 나타났다. 원래의 취지대로 세 가지 유형의 교장공모제(내부형, 개방형, 초빙형)가 원활하게 진행되지 못하고, 주로 초빙형으로만 이루어져 '무늬만 공모제'라는 비판을 받았다. 또한 교장에게 집중되어 있는 권한을 분산시키지는 못함으로써, 교장을 '학교의 장'으로 각별히 인식해야 하는 관행도 여전하다는 비판을 받았다. 그리고 교장공모제의 추진·선발 과정에서 다음과 같은 갈등이 발생하는 것으로 나타났다.

- 학교는 교장공모 과정에서 조직 내외의 구성원들(교원, 교직원, 학부모, 지역 인사 등) 간의 서로 다른 이해관계로 인하여 많은 갈등과 혼란을 겪고 있는 것으로 나타났다. 교장공모제의 선발 과정에서 아무리 타당한 선발 기준을 제시하고 공정한 절차를 거친다 하더라도 개인의 선호와 가치, 이해관계에 따라 이익집단을 형성하고, 개인과 집단의 목표를 달성하기 위하여 권력과 영향력을 행사하며, 자기 사람 심기, 통제하기, 비방과 모함하기, 회피하기 등의 전략을 활용하는 것으로 나타났다. 임미화·신상명, 2012

교장선출보직제

교장선출보직제는 교장의 임용을 기존의 '승진 임용'의 개념이 아닌, 하나의 '선출 보직'의 개념으로 간주하여 교장을 선출하자는 제도이다. 간단히 말해, 학교에 재직하는 교사들 중에서 역량과 덕망이 있는 자를 학교 구성원들이 선출하여 일정한 기간 동안 교장직을 보직으로 맡아 민주적·교육적·인간적 학교 운영의 책임을 다한 후, 다시 교사의 신분으로 환원되는 제도를 뜻한다. 마치 대학의 교수로 재직하다가 학장이나 총장의 보직 임기를 마치면 다시 교수로 교단에 서는 것과 같은 원리이다.

구체적으로, 1급 정교사 중 교직 경력 20년(담임교사 경력 7년) 이상인 지원자가 지원에 필요한 서류(종합인사기록카드, 자기평가서, 학교운영계획서 등)를 학교에 제출한다. 그런 다음, 지원자의 소견 발표 및 교사들에 의한 집단 면담 형태의 인터뷰를 거친 후,

교직원회의 투표를 통해 복수의 후보자를 선출하고, 학교운영위원회에서 심의하여 최종 1인의 교장 후보자를 선정하면, 특별한 법적 결격 사유가 없는 한 그 후보자를 시도 교육감이 교장으로 임명하자는 방안이다.

이 같은 교장선출보직제는 〈교육기본법〉 제5조 1항 "국가와 지방자치단체는 교육의 자주성과 전문성을 보장하여야 하며, 지역 실정에 맞는 교육을 실시하기 위한 시책을 수립·실시하여야 한다."는 규정 및 제5조 2항 "학교 운영의 자율성은 존중되며, 교직원·학생·학부모 및 지역 주민 등은 법령으로 정하는 바에 따라 학교 운영에 참여할 수 있다."는 규정에 기초한 것으로서, 기존의 교장승진제의 많은 문제점을 해결하는 방안의 하나로 전교조가 참여정부 출범 전후로 제안하였던 것이다. 비록 여러 가지 정치적·현실적 문제와 비판을 받아 아직 실행되지는 못하였지만, 교장선출보직제의 아이디어는 기존의 교장승진제의 많은 문제점들을 해결하고 학교 구성원들의 학교 참여와 학교 자치의 민주적 가치를 실현하는 데 시사하는 바가 크다. 하지만 학교 내에 한정된 지원자와 소수의 내부 심사자들에 의해 교장이 선정되기 때문에 뜻하지 않은 부조리와 제한적 전문성의 문제가 발생할 수 있다는 비판을 받는다.

이상에서 살펴본 내용을 고려할 때, 대안적 교장임용제도로 제안된 교장공모제와 교장선출보직제는 몇 가지 단점도 있지만, 기존의 교장승진제의 많은 문제점들을 해결할 수 있는 가능성이 있기 때문에 보완하는 것이 필요하다. 즉, 교장공모제와 교장선출보직제의 장점은 극대화하면서 단점은 극소화할 수 있는 새로운 교장임용제도가 필요하다. 이에 '교장보직공모제'를 새로운 교장임용제도의 대안으로 제안한다.

새로운 교장임용제도 : 교장보직공모제

교장보직공모제란, 학교 교장직에 결원이 생길 경우 이에 대한 공모를 학교 내외에 하여 교사들 중 일정한 조건을 충족시키는 지원자들을 대상으로 심사를 거쳐 일정 기간 동안 보직으로서 교장직을 수행할 교장을 임용하는 제도를 뜻한다. 이는 교장승진제의 많은 문제점들을 해결하기 위해, 교장공모제와 교장선출보직제의 강점(학교 참여와 학교 자치의 민주적 가치)은 살리면서도, 교장공모제의 한계점(지원자가 교장 자격증 소지자에 한정되는 초빙제의 일반화)과 교장선출보직제의 한계점(학교 내로 한정될 수 있는 지원자와 소수의 내부 심사자들에 의한 교장 선출로 제한적 전문성과 부조리의 가능성)을 보완하는 교장임용제도이다.

교장보직공모제의 가장 뚜렷한 특징은 다음의 네 가지(① 교장자격증제도 폐지, ② 승진이 아닌 보직으로서의 교장, ③ 학교 참여와 학교 자치의 민주적 가치, ④ 교장보직공모 심사 과정의 공정성과 개방성)이다.

- 교장 자격증제도 폐지: 이것은 극소수에게만 주어지는 교장 자격증을 따려고 일반 교사 때부터 점수따기식의 일에 매몰되는 것을 방지하고, 상대적으로 젊고 유능한 교사도 교장직을 수행할 수 있도록 하기 위해 필요한 조건이다. 이를 위해서 교장 자격증 없이, 일정한 기준(예를 들면 교직 경력 15년 이상인 자, 학교 경영 관련 연수 프로그램 이수자 또는 관련 분야의 대학원 학위 소지자 등)을 충족하는 자라면 누구나 교장직에 지원할 수 있도록 하는 것이 필요하다.

- 승진이 아닌 보직으로서의 교장: 이것은 교장을 학교의 '최고 권력자'로 간주하는 위계서열과 상명하복식의 학교 문화를 평등하고 건강하며 소통하는 학교 문화로 바꾸기 위해 필요한 조건이다. 이를 위해서 역량과 덕망 그리고 민주적 리더십을 갖춘 교사가 일정한 기간 동안 교장을 보직으로 맡아 책무성을 다하고 나면 다시 교사직으로 되돌아오도록 하는 것이 필요하다.

- 학교 참여와 학교 자치의 민주적 가치: 이것은 민주주의의 핵심 요소인 참여를 학교 현장에서 참되게 실현하고, 학교 여건을 고려하여 발전적인 학교 경영을 하기 위해 필요한 조건이다. 이를 위해서 민주적인 학교 경영을 위한 리더십과 인성을 가지고 교장직에 헌신하려는 지원자가 존중되고, 학교 관계자들이 직접 참여·심사하여 교장을 선출하는 것이 필요하다.

- 교장보직공모 심사 과정의 공정성과 개방성: 이것은 교장보직공모제의 시행 과정에서 나타날지도 모르는 이해 관계자들

간의 불필요한 갈등을 예방하기 위해 필요한 조건이다. 이를 위해서 한정된 지원자와 소수의 내부 심사자들에 의한 교장 선출이 아닌, 폭넓은 지원자와 다양한 사람들이 참여하고 심사할 수 있도록 하고, 학교경영계획서 공개는 물론이고 모든 심사 과정을 공개하는 것이 필요하다.

이러한 특징이 있는 교장보직공모제의 간략한 시행 절차(안)는 다음과 같다. 먼저 교장 결원이 발생하는 학교가 있을 경우, 각 시도 교육청 홈페이지에 교장보직공모를 알린다. 일정한 자격(교직 경력 15년 이상인 자, 학교 경영 관련 연수 프로그램 이수자 또는 관련 분야의 대학원 학위 소지자)을 충족하는 지원자는 필요한 서류(교장보직공모 지원서, 인사종합기록카드 사본, 자기소개서, 학교경영계획서 등)를 학교에 제출한다. 단위학교 교장보직공모심사위원회(1차 심사)와 시도 교육청 교장임용심사위원회(2차 심사)의 서류 심사 및 면접 심사를 거쳐 최종 적임자 1명을 교육감이 교육부 장관에게 임용 추천한다. 이를 도식화하여 나타내면 〈그림 2〉와 같다(좀 더 구체적인 시행 방안은 〈부록〉에 첨부된 '교장보직공모제 시행 계획(안)'을 참조 바람).

이 같은 교장보직공모제의 시행 방안에 대해 현직 교장 및 교감이나 교육청 관료들은 심기가 불편할 것이다. 이들을 포함한 기득권층 및 보수 세력들이 내세울 반대 논리는 다음과 같을 것으로 예상된다.

259

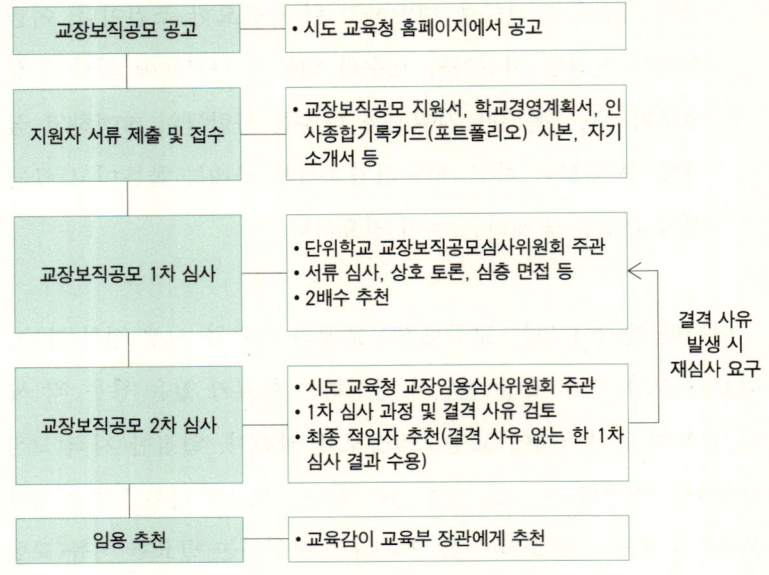

<그림 2> 교장보직공모제의 시행 절차(안)

- 학교가 무질서해진다. 즉, 권위를 가진 책임자(어른)가 없으면 학교 경영과 관리가 잘 되지 못할 것이다.
- 교장 자격증이 필요 없으므로, 교장의 전문성이 약화될 것이다.
- 특정한 교사를 교장으로 선출하기 위해 이해 관계자들 간 갈등이 생길 것이다.
- 교사가 승진을 위해 요구되는 여러 가지 노력을 하지 않을 것이다.
- 학교가 학생들의 학력 향상을 위한 노력은 많이 하지 않을 것이다.
- 학교 발전을 위한 체계적이고 지속적인 응집력을 도모하기가

어려울 것이다.

이같이 예상되는 반대 논리를 상쇄하기 위해서는 교장보직공모제의 시행과 함께, 다음과 같은 질문에 관해 고민하고 연구함으로써 교장보직공모제의 완성적 정착과 발전을 이끌 필요가 있다.

- 교장보직공모제의 취지를 살리기 위해서는 교장 권한을 축소하고, 그 권한을 교무회의와 각종 위원회에 분산시켜야 하는데, 교장보직공모제의 교장 권한과 책임을 어떻게 규정할 것인가?
- 이와 함께, 보직으로서의 교장과 수석교사의 관계를 어떻게 정립할 것인가? 또한 보직으로서의 교장과 수석교사 간의 지위 균형을 도모한다고 할 때, 수석교사를 특별한 승진 개념이 아닌 보편화를 위해서 그 자격을 어떻게 규정할 것인가?
- 보직으로서의 교장이 되면, 교육전문직(장학사(관))과 학교 현장 간의 전직 및 승진 문제를 해결하기 위한 교육청 조직 개편을 어떤 방향으로 설정할 것인가? 또한 교육청의 기능을, 지원(학생 관련, 시설 관련, 장학 관련)에 충실하도록 어떻게 조정할 것인가?
- 교장보직공모제의 지원을 위한 기본 자격으로서 교직 경력, 학교 경영 관련 연수 프로그램 이수 또는 관련 분야의 대학원 학위 취득 등을 고려할 때, 구체적인 기준을 어떻게 설정할 것인가?

- 교장보직공모제의 지원자와 심사자들의 전문성을 어떻게 보증할 수 있을 것인가? 또한 이해관계자들 간의 갈등 가능성을 어떻게 방지할 것인가?
- 보직으로서의 교장 임기를 기본 2년으로 하고 중임할 수 있도록 할 때, 평가 체제를 단순히 중임에 찬성 혹은 반대의 형태로 할 것인가, 아니면 좀 더 복잡한 체계로 할 것인가?
- 교장보직공모제의 보편적인 시행을 원활하게 하기 위해서는 시도 교육청에서 지원자들에 대한 인력 풀 시스템을 마련하는 것이 필요한데, 이를 어떻게 효율적·체계적으로 정비할 것인가?
- 교장보직공모제의 성공적인 정착을 위해 일정한 기간 동안 현행 교장승진제와의 병행을 어떤 방식으로 추진할 것인가?

교장보직공모제가 우리나라의 병들어 있는 학교 문화와 교직 문화를 개선할 수 있는 방안임에는 틀림없다. 하지만 기득권층과 보수 세력들의 무분별한 반대가 예상된다. 따라서 현재 교장승진 제의 많은 문제점들이 교장보직공모제로 해결될 수 있다는 것을 이해하고, 교장보직공모제를 시행하는 데 필요한 힘을 더해주려는 노력이 필요하다. 또한 현실적으로는 교육(정책)과 정치가 불가분의 관계에 있으므로, 교장보직공모제에 동의하는 사람들 각자가 교장보직공모제의 의미와 장점 그리고 시사점을 많은 사람들에게 알리려는 노력도 요구된다. 즉, 안토니오 그람시Antonio Gramsci의 개념으로 표현하자면, 우리 각자가 교장보직공모제에 관한 유기적

지식인organic intellectual으로서 진지전war of position[23]을 구축하는
것이 요구된다.

　　그리고 교장보직공모제가 자칫 학교 구성원들에게 과도한 부담
으로 작용되는 역효과를 가져오지 않도록 계속 주시하고 보완하
는 것이 필요할 수도 있다. 왜냐하면 교장보직공모제를 통해 선출
된 교장은 자신이 약속한 것을 달성해야 하는 과정에서, 2년마다
시행되는 평가로 인하여 결과 중심의 학교 경영을 무리하게 할 수
도 있기 때문이다. 이 같은 염려는, "교장공모제로 인해 단위학교
는 외부와 소통하는 학교의 모습으로 변화하는 긍정적인 양상을
띠고 있는 반면, 교감과 교사 및 행정 직원들에게는 업무량이 많
아지고 있어 일이 많은 학교라는 부정적인 의미로도 다가가고 있
었다.문찬수·김혜숙, 2011"는 교장공모제에 관한 질적 연구에서 나타난
사항이기도 한 것이다.

　　마지막으로, 교장보직공모제를 한 차원 높은 곳에서 바라보고
완성할 필요도 있다. 즉, 교장보직공모제가 시행되면 단위학교 차
원의 학교 자율화 쟁점이 더욱 가속화될 수 있다. 학교 자율화는
긍정적인 가치를 갖는 것도 사실이다. 하지만 학교 자율화를 방임
할 경우 자칫 학교(교육) 양극화를 불러일으킬 수 있다는 점, 그리
고 정부가 공교육에 대한 책임을 단위학교에 전가시킬 수 있다는
점을 경계해야 한다. 이와 관련하여, 제프 위티Geoff Whitty, 2002는 "학

23　유기적 지식인이란 사회적 약자의 입장에서 이들에게 도움이 되는 여러 가지를 (지식적·기술적·
사상적 차원에서) 지원해주려는 혁신적·비판적 지식인을 의미한다. 이것은 전통적 지식인traditional
intellectual과는 반대되는 개념이다. 그리고 진지전이란 자신의 위치에서 연대의 점차적인 확대를 추구
하는 것을 의미한다. 이것은 기동전war of movement과는 반대되는 개념이다.

교 자율화 교육정책이 교육적·사회적·문화적 불평등을 심화시킬 수 있다."고 우려하였다. 따라서 우리는 교장보직공모제의 순수한 장점만을 살리기 위해 끊임없이 노력해야 할 것이다.

|참고문헌|

김성천(2009), 「학교혁신의 핵심 원리: 교장공모제를 실시한 D중학교를 중심으로」, 『교육사회학연구』 19(2), pp.59~89.

김혜진·곽경련·홍창남(2011), 「교장공모제 효과 분석: 학교 풍토에 대한 초등학교 교사의 인식을 중심으로」, 『교육행정학연구』 29(4), pp.439~460.

나민주·이차영·박상완·김민희·박수정(2009), 「교장공모제의 공모 교장 직무수행에 대한 효과 분석」, 『교육행정학연구』 27(3), pp.297~320.

문찬수·김혜숙(2011), 「'교장공모제' 시범 적용 초등학교의 교장 직무수행 변화에 대한 질적 연구」, 『열린교육연구』 19(2), pp.1~27.

임미화·신상명(2012), 「교장공모제에 대한 미시정치적 분석」, 『중등교육연구』 60(1), pp.109~133.

Whitty, G.(2002). Making sense of education policy: studies in the sociology and politics of education. London: SAGE. 김달효 역(2012), 『신자유주의 교육정책의 비판: 교육정치학과 교육사회학의 관점』, 서울: 학지사.

교장보직공모제 시행 계획(안)

1. 대상 학교 선정
정년퇴임 및 교장 임기 만료로 인해 교장 결원이 발생하는 학교

2. 공고 내용 및 절차
가. 지원 자격 및 제한 조건
- 교장 임용 예정일을 기준으로 교직 경력 15년 이상인 자
- 학교 경영 관련된 연수 프로그램 이수자 및 관련 분야의 대학원 학위 소지자
- 지원자는 응모 기간 중 타 학교에 중복 지원 불가
- 현재 재직 중인 교장은 지원 불가
  (단, 지원학교 임용 예정일을 기준으로 재직 만료 예정인 교장은 지원 가능)
- 학교급별 교차 지원 금지

나. 교장의 권한 및 범위
- 기존의 권한인 교원 인사권, 교육과정 운영권, 예산 운영권, 의사결정권 축소
- 교무회의와 각종 위원회의 권한 강화
  *수석교사의 권한: 교내 장학에 관한 권한과 책임 부여

다. 공고 방법
- 각 시도 교육청 홈페이지에 공고

라. 지원자 제출 서류
- 교장보직공모 지원서
- 인사종합기록카드(*포트폴리오) 사본:경력, 주요 활동 실적 등
- 자기소개서
- 학교경영계획서

3. 심사 절차
　가. 심사 주관
　　• 1차 심사: 단위학교 교장보직공모심사위원회
　　• 2차(최종) 심사: 시도 교육청 교장임용심사위원회
　　　• 명확한 법적 결격 사유가 없는 한 1차 심사 결과 반영
　나. 심사위원회 구성
　　• 단위학교 교장보직공모심사위원회: 학교운영위원회, 학교교원인사위원회, 학부모회 대표, 교육청 인사담당 장학사(관), 교육행정 분야 전문가
　　• 시도 교육청 교장임용심사위원회: 교육청 인사담당 장학사(관), 각 교원 단체 대표, 학부모 단체 대표, 교육행정 분야 전문가, 법률 전문가
　다. 단계별 심사 절차 및 방법
　　• 1차 심사: 학교 단위 교장보직공모심사위원회의 서류 심사, 상호 토론 및 심층 면접을 거쳐 순위를 명기하여 2배수 추천
　　• 2차 심사: 시도 교육청 교장임용심사위원회에서 심의 및 최종 적임자 추천
　　　• 명확한 법적 결격 사유가 없는 한 2차 심사 결과 수용. 모든 후보자의 결격 사유 발생 시 재심사 요구

4. 임용 추천
　• 시도 교육청 교장임용심사위원회의 2차 심사 결과를 토대로 교장 후보자 1인을 교육감이 교육부 장관에게 임용 추천

■ 교장의 인사 관리
1. 임기 및 전보
　• 교장으로 임용된 자: 2년 임기(중임 가능)
　• 재임 중 원칙적으로 전보, 전직, 파견을 금지하나 징계 등으로 당해 학교에 근무할 수 없는 사유가 명백한 때 임용권자가 인사조치 가능
2. 평가
　가. 교장평가위원회 구성: 교장보직공모심사위원회 위원들로 구성
　나. 평가 주기: 2년
　다. 평가 기준안: 교육부에서 기준안 마련하고, 학교 자체에서 특수성 반영
　라. 평가 기준 점수 미달 시: 교장보직공모를 다시 시행

저자 소개

고춘식 2000년 11월에 교장 공모 과정을 통하여 한성여자중학교에서 4년 9개월 동안 교장으로 있으면서 민주적인 학교를 만들어가는 데 나름의 노력을 하였다. 교장 임기 후 2년 반 동안 평교사로 근무하다가 교직 39년 만에 정년퇴직을 했다. 공교육을 살리는 구체적인 대안으로 '작은학년제'에 대해 연구하였다. 현재 교육희망네트워크의 운영위원을 맡고 있다.

권재원 1992년부터 중학교에서 사회를 가르치고 있으며, 서울대학교, 상명대학교 강사로 사회 교사가 되려는 대학생들을 가르쳤다. 학생들이 단지 지식을 익히는 것을 넘어 사회 현상을 과학적이고 비판적으로 분석하고 해석할 수 있는 능력을 기르도록 애쓰고 있다. 최근에는 경제 교육과 민주 시민 교육에 관심을 가지고 이와 관련된 연구와 저술을 활발히 하고 있으며, 여러 편의 책을 출간하였다. 지은 책으로는 『학교에서 연극하자』, 『민주주의를 만든 생각들:고대편』, 『민주주의를 만든 생각들:근대편』(이상 공저), 『거짓말로 배우는 10대들의 경제학』, 『학교에서의 청소년 인권』, 『게임 중독 벗어나기』 등이 있다.

김달효 동아대학교 교육학과 교수이고, 대학교에서 교육행정, 교육정책, 공교육 등의 교과를 가르친다. 평소 학생들에게 평등을 지향하는 비판적 지식인이 될 것과 지식인의 책무성을 사회적 차원에서 성찰해볼 것을 당부하고 있다.

김영미 서울 보광초등학교에서 어린이들과 생활하고 있으며 초등교육과정연구모임 회원이다. 2007 음악과 교육과정 개발협력진, 바른생활 심의위원, 혁신학교 정책연구, 서울시교육청 수업평가연수 정책자문위와 교육과정 지침 개발 및 심의위원으로 참여했다. 초등교육의 정상화와 올바른 초등교육의 방향을 확립하고자 노력하고 있다.

서길원 보평초등학교 교장으로 학교혁신의 새로운 모델 만들기에 힘쓰고 있다. 남한산초등학교에서 작은학교 살리기 운동을 통해 새로운 학교 운동의 길을 열었으며 현재는 '새로운학교네트워크' 대표를 맡고 있다. 새로운 학교공동체 문화 만들기를 학교혁신의 주요한 방향으로 삼고 실천 운동을 전개하고 있다. 또한 혁신학교 확산과 지속 가능한 발전을 위해 힘쓰고 있으며 스쿨디자인 21, 경기도 혁신학교 추진위원으로 활동하고 있다.

성병창 한국교육과정평가원에서 책임연구원으로 근무하다가 현재 부산교육대학교 교육학과에서 교육행정 관련 과목을 강의하고 있다. 연구와 인연을 맺은 이후부터 계속적으로 한국적 교육 모델에 관심을 갖고 공교육 정립을 위해 교육조직 및 제도의 재구조화 그리고 학교인사정책 등에 관한 연구를 수행해왔다.

성열관 경희대학교에서 교육과정 및 교육평가, 지구시민교육, 교육사회학 등을 강의하고 있다. 그동안 신자유주의 교육정책에 대해 비판적인 연구 활동을 해왔으며, 한국 교육의 경로를 창출할 수 있는 혁신학교 운동에 관여해왔다. 평등한 사회로의 변화와 교육의 공공성 강화를 위해 글을 써오고 있다.

윤근혁 '교사하다가 기자하다가, 기자하다가 교사하다가' 이런 양다리 전략을 20여 년째 구사하고 있다. 현재는 서울 성북초에 이름을 올리고 있지만, 파견 휴직으로 전교조 신문인 『교육희망』에서 디지털신문국장을 맡고 있다. 월간 『우리교육』 기자, 주간 『교육희망』 편집국장 등을 맡아왔다.

이범희 흥덕고등학교에서 교장으로 아이들을 만나고 있다. 교문 앞 스토커로 불리며 아이들과 삶을 나누고 더불어 성장하는 교사를 꿈꾸고 있다. 학교혁신을 통한 미래 지향적인 학교를 만들어가기 위해 학생, 학부모, 교사들과 함께 노력하고 있으며 실천적 교사 모임인 '참여소통교육모임'을 통해 세상 모든 아이들의 행복한 삶을 실천하고 있다.

이병호 서인천고등학교에서 윤리를 가르치고 있으며 수원대학교와 가톨릭대학교에서 교직실무와 교육과정을 강의하고 있다. 교사를 위한 국가 교육과정기준 문서체제의 개선과 학생을 위한 고교의 진로집중교육과정 편성 운영에 대한 연구를 하였고, 교육 현실에 기반을 둔 지속적이며 안정적인 교육개혁을 중요시하며 이에 대한 공부와 연구를 계속하고 있다.

이순철 역삼중학교에서 과학을 가르치고 있다. 학교교육 체제의 전반적 혁신을 연구와 실천의 주된 영역으로 설정하고 있다. 풍요로운 선진사회에 적합한 학교 체제와 교육과정 운영 및 수업의 비약적 향상에 관심이 많다. 교육과정 운영 중심의 학교 체제 확립이 최근의 핵심 관심사이다.

이용환 혁신학교인 서울 상원초등학교에서 내부형 공모 교장으로 선출되어 새로운 교육을 실험하고 있다. 대안교육과정으로서의 참교육과정 연구, 지역아동센터 자기주도학습 프로그램 개발 및 현장 적용 연구, 구조 중심의 협동학습 연구에 참여했다. 최근에는 '프레네 교육'과 '행복배움수업'에 관심을 가지고 연구모임을 하고 있다.

이형빈 한국교육연구네트워크 연구원으로 일하면서 교육학 박사과정 공부를 하고 있다. 이 책의 기획과 편집을 담당했다.